复合地层盾构隧道理论及应用

朱建才 金小荣 张 磊 李东泰 编著

中国建筑工业出版社

图书在版编目（CIP）数据

复合地层盾构隧道理论及应用 / 朱建才等编著. —北京：中国建筑工业出版社，2023.3
ISBN 978-7-112-28265-4

Ⅰ.①复… Ⅱ.①朱… Ⅲ.①隧道施工—盾构法—研究 Ⅳ.①U455.43

中国版本图书馆 CIP 数据核字（2022）第 240598 号

本书基于国内近年来软硬复合地层的盾构隧道工程实践，并依托杭州环城北路-天目山路提升改造工程开展研究，通过现场实测结合理论分析与数值模拟，对复合地层大直径盾构隧道的变形控制技术进行深入研究。全书共分 6 章，主要内容包括：绪论；软硬复合地层盾构隧道土体变形特征；软硬复合地层盾构隧道管片力学特征；软硬复合地层盾构隧道掘进开挖面支护压力特征；盾构穿越复合地层振动传播和衰减规律；软硬复合地层盾构掘进姿态控制与纠偏。

本书旨在为软硬复合地层大直径盾构变形控制提供理论依据以及合理的施工参数，并为类似隧道工程的设计与施工提供参考和技术储备，可供盾构隧道工程相关领域的施工、设计及科研人员参考使用。

责任编辑：辛海丽
责任校对：张惠雯

复合地层盾构隧道理论及应用

朱建才　金小荣　张　磊　李东泰　编著

*

中国建筑工业出版社出版、发行（北京海淀三里河路 9 号）
各地新华书店、建筑书店经销
北京红光制版公司制版
北京建筑工业印刷厂印刷

*

开本：787 毫米×1092 毫米　1/16　印张：12¾　字数：314 千字
2022 年 12 月第一版　　2022 年 12 月第一次印刷
定价：50.00 元
ISBN 978-7-112-28265-4
（40713）

版权所有　翻印必究
如有印装质量问题，可寄本社图书出版中心退换
（邮政编码 100037）

前　言

随着社会经济的发展以及城市化不断深入，城市地表交通建设用地资源日趋紧缺。为缓解城市地表交通压力，进一步利用地下空间资源，盾构隧道施工技术的运用越来越广泛。盾构法作为目前最为先进的隧道施工方法之一，具有安全、高效、环保以及自动化程度高等特点，已逐渐成为当下软土地区隧道施工中的主流施工方法。近年来，盾构开挖直径不断增大，外加实际工程中地质条件的复杂性，导致盾构施工不可避免地遇到复杂地质条件，其中最为常见的是上软下硬的复合地层。上软下硬复合地层中的盾构施工技术是一项处于迅速发展阶段的新型技术。盾构隧道施工的实质是开挖过程中原状土被扰动破坏和开挖后隧道周围土体再重塑固结的复杂力学响应过程，由于剪切、挤压和注浆压力作用，隧道周围土体的变形及地表建（构）筑物的沉降与盾构工艺技术密切相关。

作者最早接触复合地层盾构是在杭州市环城北路-天目山路提升改造工程第 2 标段工程项目，该项目遇到的关键工程问题是：盾构施工穿越强度差异大的软硬复合地层，同时近距离下穿既有地铁线路。该工程位于杭州市中心繁华区域，车流量大，建（构）筑物及管线众多。南北线盾构区间均存在中等风化晶屑玻屑凝灰岩基岩凸起，属坚硬岩，岩体较完整；而隧道顶部存在淤泥质黏土地层，呈流塑状，属高压缩性、低强度软土层。根据前期勘察资料，该工程软硬复合地层的强度差别大，盾构掘进过程中可能存在地面沉降等施工风险，更可能对周边密集的建（构）筑物产生较大影响，而目前国内针对复合地层中盾构掘进的相关理论研究相对欠缺。

本书以杭州市环城北路-天目山路提升改造工程第 2 标段工程为背景，针对上软下硬复合地层，研究了盾构隧道掘进开挖过程中土体的变形特征、管片的受力特征、开挖面支护压力的特性、盾构开挖振动特性及盾构机姿态的控制。本书基于对复合地层中盾构开挖时隧道周围土体孔隙水压力和地表沉降的监测，提出了复合地层的地表沉降模型；对复合地层管片受力及开挖面支护压力进行了数值模拟计算，可为今后类似复合地层盾构施工提供一定的借鉴与参考。

全书分为六章。第 1 章介绍了目前国内外盾构隧道施工过程中的技术概况；第 2 章介绍了复合地层中盾构隧道开挖地层损失和盾构机姿态偏转引起的地表沉降，建立了复合地层中盾构隧道开挖的数值模型，分析了隧道开挖过程中的土体变形特性；第 3 章介绍了软硬复合地层中盾构隧道管片受力的理论模型，介绍了软硬复合地层中盾构隧道开挖过程中上部软土和下部硬土作用于管片的主动土压力模型，建立了复合地层盾构隧道开挖过程中管片的数值模型；第 4 章针对典型的软硬复合地层，介绍了盾构隧道开挖面的支护压力理论和数值分析方法、开挖面的支护压力特征及其分布，可为开展这类复合地层下的盾构隧道掘进提供理论依据和技术支撑；第 5 章采用现场测试和数理分析的方法对盾构机在软土地层和上软下硬地层掘进时的振源特性进行了分析，通过数理统计方法对影响机体振动因素进行排序；第 6 章介绍了盾构刀盘和刀具的类型及其适用范围，分析了盾构掘进过程中的姿态变化特性及影响因素，提出盾构姿态控制和纠偏技术。

本书主要由中铁隧道股份有限公司"天目山路隧道修建关键技术"及浙江大学平衡建筑研究中心"基于软硬复合地层的大直径盾构变形控制研究"课题组成员参与编写，具体章节分工如下：第1章由朱建才（浙江大学建筑设计研究院有限公司）、金小荣（浙江大学建筑设计研究院有限公司）及史盛（浙江大学建筑设计研究院有限公司）编写；第2章由朱建才、史盛、丁智（浙大城市学院）及张磊（杭州市城市建设发展集团有限公司）编写；第3章由王金昌（浙江大学-浙江交工协同创新联合研究中心）、史盛、张磊及沈扬（浙江大学建筑设计研究院有限公司）编写；第4章由李强（浙江海洋大学）、朱建才、张磊及宋金龙（浙江大学建筑设计研究院有限公司）编写；第5章由王哲（浙江工业大学）、袁宗浩（浙江工业大学）、金小荣及邓智宝（浙江工业大学）编写；第6章由丁智、祝凤金（浙江大学建筑设计研究院有限公司）、李东泰（中铁隧道股份有限公司）及董毓庆（杭州岩通科技有限责任公司）编写。全书由朱建才、金小荣、张磊、李东泰及史盛负责统稿编著。

中国工程院院士、浙江大学龚晓南教授是课题的总顾问，对课题的总体思路及本书的成稿都给予了很大的支持，在此深表感谢。感谢浙江大学周建教授及徐日庆教授对本书的支持与帮助。感谢浙江大学齐永洁博士研究生及尚肖楠硕士研究生所做的工作。同时感谢杭州市城市建设投资集团有限公司和杭州市城市建设发展集团有限公司的各级领导及现场工作人员的大力支持。感谢中铁隧道局集团有限公司总工程师洪开荣及中铁隧道股份有限公司课题组成员的大力支持。感谢浙江大学建筑设计研究院有限公司岩土与地下工程设计研究院院长干钢研究员的大力支持。感谢浙江大学建筑设计研究院有限公司岩土科技所全体同事的辛苦付出与支持。感谢浙江大学平衡建筑研究中心配套资金对本书的资助。

由于时间仓促，作者水平有限，不妥甚至错误之处，敬请指正。

朱建才

2022年9月

目 录

第 1 章 绪论 1
  1.1 背景和意义 1
  1.2 国内外研究现状和发展趋势 2
    1.2.1 复合地层盾构施工技术研究 2
    1.2.2 复合地层盾构隧道管片力学性能研究 6
    1.2.3 复合地层盾构隧道施工土体变形及控制技术研究 9
  参考文献 11

第 2 章 软硬复合地层盾构隧道土体变形特征 18
  2.1 上软下硬地层盾构隧道土体变形理论分析 18
    2.1.1 盾构隧道开挖过程中地层的沉降分析 18
    2.1.2 上软下硬地层盾构隧道土体损失引起的地层沉降计算模型 20
    2.1.3 上软下硬地层盾构隧道机偏心引起的地层沉降计算模型 29
  2.2 上软下硬地层盾构隧道土体变形数值分析 34
    2.2.1 数值模型建立 34
    2.2.2 数值模型的计算 37
    2.2.3 数值模拟结果分析 39
  2.3 复合地层盾构隧道变形及地表沉降监测分析与预测模型 45
    2.3.1 盾构穿越上软下硬地表沉降的影响因素 46
    2.3.2 测点的布设 47
    2.3.3 监测结果分析 49
    2.3.4 考虑先行线开挖扰动影响的双线隧道地表沉降预测模型 54
  2.4 本章小结 57
  参考文献 57

第 3 章 软硬复合地层隧道管片力学特征 59
  3.1 软硬复合地层隧道管片受力的理论模型 59
    3.1.1 隧道管片结构设计理论 59
    3.1.2 隧道管片结构设计计算模型 60
    3.1.3 软硬复合地层隧道管片内力计算方法 62
  3.2 复合地层盾构隧道的管片受力模型 63
    3.2.1 上软下硬地层中隧道管片荷载的计算模型 63
    3.2.2 上软下硬地层隧道开挖面顶部主动土压力的计算模型 67
  3.3 复合地层盾构隧道施工阶段管片受力数值分析 73
    3.3.1 盾构隧道施工阶段管片所受荷载理论分析 73

3.3.2　数值模型中单元力学特性 75
　　3.3.3　数值模型计算 77
　　3.3.4　数值计算结果分析 79
3.4　本章小结 88
参考文献 89

第4章　软硬复合地层盾构隧道掘进开挖面支护压力特征 90
4.1　均匀地层开挖面支护压力的理论模型 90
　　4.1.1　支护压力理论发展 90
　　4.1.2　开挖面支护压力的主要理论分析方法 91
4.2　复合地层中开挖面支护压力的理论分析法 103
　　4.2.1　复合地层盾构隧道开挖面支护力的极限分析法 103
　　4.2.2　复合地层条件下盾构隧道开挖面支护力的极限平衡分析 108
4.3　盾构隧道开挖面支护压力数值分析 112
　　4.3.1　均质地层中盾构隧道开挖面支护压力分析 113
　　4.3.2　复合地层中盾构隧道开挖面稳定性验证分析 118
　　4.3.3　盾构隧道开挖面支护压力与稳定性分析工程实例 120
4.4　本章小结 128
参考文献 128

第5章　盾构穿越复合地层振动传播和衰减规律 132
5.1　盾构穿越复合地层机体振动影响 132
　　5.1.1　盾构掘进机体振动实时监测 132
　　5.1.2　盾构机在不同地层掘进时机体振动分析 136
　　5.1.3　盾构掘进机体振动影响因素 138
5.2　盾构穿越复合地层环境影响 142
　　5.2.1　盾构掘进地表振动实时监测 142
　　5.2.2　地表测点响应监测结果 145
5.3　盾构穿越复合地层环境振动传播和衰减 153
　　5.3.1　振源振动传播和衰减规律分析 153
　　5.3.2　盾构有限元数值模型 156
　　5.3.3　振源振动强度对振动传播和衰减的影响 161
　　5.3.4　地层厚度对振动传播和衰减的影响 163
5.4　本章小结 165
参考文献 165

第6章　软硬复合地层盾构掘进姿态控制与纠偏 166
6.1　刀盘及刀具的选择 166
　　6.1.1　刀盘的选择 166
　　6.1.2　刀具的选择 168
6.2　盾构掘进姿态变化特性 171
　　6.2.1　盾构姿态参数 171

- 6.2.2 盾构姿态的空间位置特征 …… 173
- 6.2.3 盾构姿态变化过程 …… 175
- 6.3 盾构姿态影响因素分析 …… 176
  - 6.3.1 盾构机性能的影响 …… 176
  - 6.3.2 始发架的影响 …… 176
  - 6.3.3 土体性质的影响 …… 176
  - 6.3.4 管片姿态的影响 …… 177
  - 6.3.5 推进系统区压的影响 …… 177
- 6.4 盾构姿态控制及纠偏技术 …… 182
  - 6.4.1 盾构姿态控制 …… 182
  - 6.4.2 盾构姿态纠偏技术 …… 184
  - 6.4.3 浮动分区的提出与纠偏应用 …… 186
- 6.5 近场动力学方法在盾构姿态控制与纠偏中的应用 …… 189
  - 6.5.1 近场动力学方法的引入 …… 189
  - 6.5.2 近场动力学方法简介 …… 190
  - 6.5.3 软硬复合地层滚刀破岩的近场动力学模拟 …… 191
- 6.6 本章小结 …… 192
- 参考文献 …… 193

第1章 绪　论

1.1　背景和意义

近年来随着我国经济的迅速发展，城市化进程不断地向纵深推进，导致城市地表交通压力愈发增大。为了有效缓解城市地表交通压力及用地资源，目前迫切需要进一步利用地下空间资源，因此隧道施工技术的应用越来越广泛。盾构法作为目前国内外最先进的隧道施工技术之一，具有工期短、安全性高和劳动强度低等优势，已在城市地下隧道建设中得到广泛应用。盾构隧道法源于19世纪早期，由法国工程师麦克·布鲁内尔发明，最初是一种用于单一软弱地层下小面积隧道的施工方法，于1825年应用于泰晤士河隧道的施工。后来经过漫长的发展和改进，逐渐成为一种集地层掘进、弃渣转送、管片拼装、壁后注浆以及测量导向纠偏等功能于一体的先进施工技术。早在20世纪50年代，国内北京、上海等地已经尝试使用盾构隧道施工工艺。20世纪60~80年代，上海通过不断地研究和改进，从最开始全部使用国外引进的盾构机组，逐渐实现了盾构机组自主研制、国产化并成功应用于隧道施工。1995—1997年期间，广州成功利用盾构技术实施了地铁1~4号线的施工。

随着当前国内城市发展向地下空间扩展的迫切需求，大埋深、大直径是盾构隧道的发展方向，目前国内埋深超过20m、直径大于10m的盾构隧道频繁出现。随着盾构隧道开挖直径不断增大，加之实际工程中隧道地层复杂的地质条件，使得适应于软土隧道的盾构技术不能继续为工程服务。其中最为常见的要属上软下硬的复合地层，即隧道断面上部是第四纪较软的地层而下部是不同地质时代坚硬的岩石，上部是软岩层而下部是坚硬岩层，硬岩层中夹软岩层，软岩层中夹硬岩层，岩石地层中夹破碎带、溶洞等几大类特殊地层。上软下硬复合地层中的盾构隧道施工具有以下难点：(1) 上软下硬复合地层隧道作用在衬砌结构上的围岩压力与均质的岩质隧道及土质隧道有着显著的区别，导致隧道周围土体压力及隧道开挖出渣量难以控制。(2) 当盾构隧道处于上软下硬地层中时，上部软土与下部硬岩由于岩土层性质差异，相应的地层抗力系数及侧压力系数各不相同，导致作用在隧道管片的压力上下不均匀。(3) 在上软下硬地层中，坚硬岩层仅在隧道开挖面下半部分出露，下部土层自稳性较好而上部土层自稳性较差，软硬不均现象明显，局部存在不均匀风化夹层。由于隧道轴线变化及下卧岩层分布起伏的特点，易出现隧道下部土层不均匀分布、纵向基岩面突变等现象，导致结构受力及沉降的不均匀问题。(4) 在上软下硬地层中，上部的土层或软岩层具有不稳定性，而下部硬岩层又具有很高的强度，这将导致盾构在上软下硬地层中掘进时姿态难以控制。盾构主机有着向地层较软一侧偏移的惯性，特别是当盾构机需要向硬岩一侧调线时，姿态将更难控制，甚至造成盾构机的"卡壳"。(5) 上软下硬复合地层不同于均质软土地层，盾构施工穿越此类地层时，由于开挖面岩土体物理力学特性的巨大差异，盾构掘进施工过程中容易出现上方软土超挖导致掌子面失稳、地层损失严重、地表沉降过大甚至塌陷、土仓压力难以控制、盾构掘进姿态控制困难、刀具磨损严重、开舱换刀频率增加、刀盘结泥饼、千斤顶受力不均以及管片破损等一系列问题，极易造成较大的地表沉降与土体变形，对周边环境造成很大影响。我国交通建设的快速发展历程中，采用大直径泥水盾构施工的隧道越来越多，穿越的地层也越来越复杂，盾构在掘进过程中难免会遇到各种不同的地质条件，尤其是在泛珠三角地区的盾构隧道施工将穿越更多的上软下硬地层，逐渐成为隧道工程学科研究的热点和难点。这种复杂的地层不仅增加了盾构的施工难度，易造成盾构偏离轴线、喷涌、开挖面失稳、结泥饼、刀盘刀具严重磨损、软硬交界面处刀具的崩裂和导致地面严重沉降，同时还延误施工工期，增加工程整治费用。因此，对于大直径泥水平衡盾构穿越上软下硬地层的施工技术研究就显得尤为迫切和重要。虽然近年来国内外针对上软下硬土层中盾构掘进技术进行了一定的研究，但研究中的"上软下硬"地层更多表现为粉砂土、黏土与圆砾、软岩的对比，上软下硬的强度差异相对有限，并不适用于强度上下差异较大的软硬不均地层的盾构。

鉴于此，本书以杭州市环城北路-天目山路提升改造工程第2标段工程为研究背景。该工程段南北线盾构区间内隧道底部均存在中等风化晶屑玻屑凝灰岩基岩凸起，属坚硬岩，岩体较完整；而隧道上部主要为淤泥质黏土地层，呈流塑状，属高压缩性、低强度软土层。根据地质勘察资料，该工程属于盾构施工穿越强度差异较大的软硬复合地层，盾构隧道在掘进过程中可能存在地面沉降、土体位移过大等施工风险，会对周边密集的建构筑物产生较大影响。而目前国内针对此类软硬差别较大的复合地层中盾构掘进的相关理论研究非常欠缺。因此本书首先基于水土平衡压力进行深入研究，建立软硬复合地层中大直径盾构隧道掘进支护压力模型；然后在此基础上结合相关监测数据，通过对施工工艺及施工参数的进一步优化，在保障盾构隧道的安全建设的同时，降低对周边既有城市建（构）筑物及环境的影响，相关研究成果可以为类似软硬强度差异较大地层中的隧道工程提供有益参考，具有显著的社会效益和经济效益。

1.2　国内外研究现状和发展趋势

针对上软下硬复合地层盾构隧道土体变形及施工技术，国内外大量文献根据实际工程中出现的一些重要问题进行了包括现场试验、理论和模型试验在内的许多研究，为复合地层盾构隧道的工程设计、施工及后期运营提供了重要的支撑。本书从以下三方面对国内外文献进行分析，主要包括：复合地层盾构施工技术研究，复合地层盾构隧道管片力学性能研究，复合地层盾构隧道施工土体变形及控制技术研究。

1.2.1　复合地层盾构施工技术研究

隧道在盾构施工过程中的质量管理是一项具有挑战性的课题，主要包括管片拼装精度、施工掘进参数的调整和盾构姿态控制与纠偏的及时性和准确度等。其中施工过程中盾构机运动轨迹偏离隧道设计轴线（DTA）是造成盾构隧道质量低下的重要原因，因此盾构施工过程需要时刻调整盾构机的姿态和位置，最大限度地减少盾构机偏离设计轴线的情况。DTA是盾构隧道施工过程中设置的最优路径，但是施工过程中由于盾构机类型及各部件与隧道周围土体的摩擦阻力不同、盾构穿越的土质不同等多种因素的差异，使得实际施工中对盾构姿态和位置的控制十分困难。盾构隧道施工过程中盾构机姿态的偏转带来的问题非常大，不仅包括增大管片拼装难度、提高管片受损概率，还会造成隧道的超挖，给工程稳定带来严峻挑战。如果盾构方向偏差更大，就会改变隧道设计的掘进方向，这将对隧道工程的成本和进度造成严重的风险，因此盾构隧道施工过程中盾构姿态和施工参数的控制是保证盾构隧道施工质量的重要条件。盾构隧道施工过程中盾构姿态的控制主要分为三步：首先，在盾构隧道施工中能够较为准确地预测盾构机的实时姿态和位置，对盾构姿态的控制起着重要的指导作用；其次，通过采取控制技术保证盾构轨迹一直沿着隧道设计轴线平稳运行；最后，在遇到急转弯或者地层不良的情况下，盾构姿态容易产生比较大的波动，此时需要及时采取纠偏措施让盾构姿态快速稳定并回到设计路线上来。

此外，隧道在施工过程中大多会遇到穿越地质条件复杂的区域，尤其对于同一工程，不同的地段或同一断面上下的地质条件差异较大。因此盾构隧道穿越的地层复杂多样，大部分以软土、卵砾石类和岩石类的复合地层为主，这就对盾构机的选型及刀盘的适应性提出了很高的要求[1]。刘金祥等[2]在归纳砂性土地层盾构出现的问题时，发现当盾构砂性土层的标贯击数大于45击时，盾构刀盘所需材质耐磨性比一般砂性土层高。黄新淼等[3]采取数理统计的方法，对2008—2017年期间16座城市地铁掘进时的盾构选型及关键参数选取情况进行分析，研究了盾构机性能参数及选型与地层之间的差异性和规律性，研究结论对成都地铁18号线土建1标盾构选型起到了很大的指导作用。蒋磊等[4]针对隧道穿越岩溶地区时盾构出现的风险进行了分析，对盾构机核心部位重新进行了设计和改进。田四明等[5]基于盾构隧道设计与施工案例，从隧道穿越的水文地质和工程地质出发，分析了盾构机的选型问题和相关的技术参数。蒋超[6]依托佛莞城际铁路狮子洋隧道工程，针对盾构施工过程中出现的大直径、高水压、地质条件复杂、独头掘进和长距离掘进等问题，论证了复合地层掘进过程更换刀盘的可行性，提出了利用螺旋出土器携渣能力强的特点解决泥水盾构舱内岩体滞排问题。张厚美等[7]依托广州地铁3号线地铁项目盾构隧道，采用正交方法分析了盾构隧道施工过程中刀盘转速、盾构推力、土仓压力等掘进参数对刀盘扭矩以及掘进速度的影响，建立了以掘进速度和刀盘扭矩为参数的软土地层盾构隧道数学模型。

针对盾构地层的复杂特性，近年来国内外大量研究人员对软硬复合地层中盾构隧道设计和施工技术也进行了大量的研究。江招胜等[8]以广州地铁4号线为依托工程，研究了盾构机在复合地层条件下的适应性。刘晓毅[9]对复合地层条件下盾构机的刀盘磨损机理进行研究，给出了相应的刀盘改良技术。谭忠盛等[10]根据广州地铁2号线盾构隧道穿越软硬复合地层的工程背景，通过实地数据监测和数值模拟的手段对盾构隧道出现的盾构掘进姿态及管片裂损的成因进行了研究。李俊伟等[11]针对复合地层条件下盾构隧道出现的问题，评估了盾构机选型在复合地层条件下施工的风险，提出了复合地层条件下盾构机选型的相关建议。付艳斌等[12]对上软下硬地层中土压平衡的掘进技术进行了研究。李光耀等[13]根据上软下硬复合地层的狮子洋隧道施工经验，指出上软下硬复合地层中进行大直径盾构施工时应从刀盘刀具配置、掘进参数、姿态控制、同步注浆等方面关注可能出现的风险。刘建国[14]依据深圳地铁施工时软硬复合地层盾构技术，分析了掘进方式、对策和盾构选型对施工进度的影响。洪开荣等[15]考虑软硬复合地层盾构隧道掘进时可能出现的风险，对管片上浮、错台、注浆及对接技术等隧道掘进中的核心问题进行了研究，为复合地层的盾构提供了参考。王为乐等[16]以长沙市地铁 2 号线为依托工程,从盾构机选型、刀盘类型及布置方面研究了盾构机对复合地层的适应性。邓彬等[17]依托深圳地铁 2 号线侨香区间的盾构隧道技术,分析了掘进参数控制、渣土改良技术、带压开舱换刀技术等方面技术改良前后对上软下硬复合地层开挖的影响。王景峰等[18]针对上软下硬复合地层在盾构施工过程中出现的风险问题,提出了相应的改进措施和方法,全面提高了上软下硬复合地层中隧道开挖的质量。翟圣智等[19]以南昌地铁 1 号线穿越上覆砂砾下卧泥质粉砂岩复合地层为研究背景,基于现场监测和模型试验,对渣土改良进行了研究,提出了现场渣土改良的修正参数。吴起星等[20]根据广州地区软硬复合地层盾构施工的工程特点,简化了软硬复合地层的分层情况,根据 Rostami 公式建立了施工过程中盾构机刀盘受力的计算模型。刘辉[21]在总结长沙株湘城际铁路湘江盾构隧道施工经验的基础之上,研究了隧道穿越浅埋高黏性上软下硬地层的盾构掘进技术,并提出了相应的工法。周力军等[22]基于广州佛莞城际铁路某段上软下硬复合地层盾构隧道施工技术,分析了盾构断面内软硬岩高度复合比对地表沉降及隧道上浮的影响;基于此,提出了施工过程中保压、欠压推进、合理注浆、调整盾构姿态等施工技术措施。任颖莹等[23]提出了盾构推进姿态控制方法,该方法通过轨迹自动跟踪控制并结合模糊自适应 PID 闭环控制算法,实现了对各个分区液压缸的速度控制,保证了盾构推进轨迹按照设计的隧道轴线运行,提高了盾构施工过程中姿态控制系统的精度和性能。王焰等[24]依托狮子洋盾构隧道施工,分析了大直径盾构技术在软硬复合地层中的风险问题,提出了掘进优化参数,保障了掌子面泥水压力的施工安全。张亚洲等[25]从国内不同地区上软下硬复合地层中盾构隧道出现的问题案例出发,研究了不同地质条件和盾构参数下面临的工程问题,并提出了相应的解决方案。黄戡等[26]基于传统梁-弹簧法荷载体系,提出了上软下硬复合地层施工过程中隧道结构荷载的计算方法,并通过有限元分析方法验证了修正的梁-弹簧法荷载体系的正确性。李强等[27]以杭州地铁 2 号线隧道穿越上软下硬的复合地层为工程依托,分析了盾构施工过程中刀盘磨损现象及对应的施工异常,提出了地基加固结合常压换刀的技术。

隧道在上软下硬复合地层中进行盾构开挖时,隧道断面内岩土力学特性的差异会导致隧道结构受力与在均质地层中开挖时相比差异较大,如果将上软下硬复合地层近似按照均质地层来对隧道结构的受力进行计算时,就会产生较大的误差,给工程带来安全隐患。因此,很有必要进行复合地层中隧道结构受力模型的研究。对均质软土地层中盾构隧道结构压力计算模型的研究较多。Broms 等[28]在不排水条件下基于塑性极限分析理论对黏性土隧道开挖面的稳定性进行了研究。Peck 等[29]通过统计方法研究了软土隧道开挖面的稳定特性,其研究结论与 Broms 通过开挖面稳定系数法计算所得的结论相似。Davis 等[30]根据塑性极限分析理论研究了软土隧道开挖面坍塌和隆起两类破坏类型及相应的机理。Horn 等[31]在 Janssen 筒仓理论基础之上提出了盾构隧道开挖过程中开挖面三维楔形体的破坏模型概念。Monnet 等[32]基于开挖面楔形体受力模型,研究了砂砾地层条件下盾构隧道掌子面的支护压力。Fujiata 等[33]对盾构隧道周围土体三维破坏模型进行简化,提出了隧道土体的二维对数螺旋线滑动模型。Janssen 等[34]根据 Horn 建立的开挖面三维楔形体的破坏模型研究了隧道掌子面的支护压力。Atkinson 等[35,36]基于极限平衡理论,研究了干砂地层中盾构隧道掌子面的最大和最小极限支护力,分析了隧道埋深比和直径对支护力的影响。李韵等[37]考虑了泥水压力对隧道开挖掌子面的影响,基于极限平衡理论研究了考虑泥浆渗透模型的开挖面安全系数的计算。Sagaseta 等[38]采用数值计算的方法研究了开挖面不同支护压力下地表的沉降规律，发现盾构施工过程中地层损失是开挖面失稳的主要影响因素。张冬梅等[39]在对盾构隧道开挖过程中结构受力进行计算时，将开挖面的正面作为荷载作用面，并且将荷载简化为圆形均布荷载。Lee 等[40]采用数值计算的方法模拟了隧道开挖面渗流力的水平分量，计算结果表明开挖面支护压力中水平渗流量的占比较大，并考虑渗流力计算了隧道开挖面的极限支护力。Trckova 等[41]通过模型试验和数值模拟的方法研究了不考虑地下水渗流情况的隧道开挖面稳定性问题。Konishi 等[42]基于刚塑性理论采用有限元模拟了不考虑渗流条件下支护压力对隧道开挖面稳定性的影响。秦建设等[43]采用数值模拟的方法分析了盾构隧道开挖面稳定时的极限支护压力。Chambon 等[44]采用模型试验研究了均质砂土中盾构隧道时逐渐减小开挖面支护力下不同埋深隧道的失稳破坏机理，并分析了隧道开挖面的破坏类型及开挖面的极限支护力。Mair 等[45]分析了均质黏土和砂土地层中盾构隧道开挖时的破坏形式。徐东等[46]根据上海地区软土盾构的工程实例，采用离心试验研究了隧道开挖过程中的成拱能力。Komiya 等[47]通过数值模拟的方法研究了隧道开挖过程中结构的受力特点，并验证了 Mair 的研究结论。易宏伟等[48]采用静力触探试验研究了盾构施工过程中地层的扰动因素。程展林等[49]依托南水北调工程，通过数值模拟的方法研究了盾构隧道施工过程中的支护特点，分析了掘进过程中泥水压力对开挖面的作用机理，提出了计算泥水盾构隧道掌子面极限支护力的方法。蒋洪胜等[50]基于施工现场的实测资料，研究了盾构掘进过程对隧道周围土体的影响程度，并监测了盾构隧道掘进过程中掌子面周围土体的应力变化以及孔隙水压力的变化。朱合华等[51]根据上海轨道交通某区间段软土盾构隧道的现场资料，研究了土压力平衡条件下盾构隧道的力学模型，指出土仓的压力随埋深比的增大而增大。

目前，盾构隧道穿越软硬不均地层的研究中，"上软下硬"多表现为粉砂土、黏土与圆砾、软岩的对比，不同地区软土硬岩组合方式存在一定的差异，表 1.2.1 所示为国内一些地区的典型软土硬岩组合方式。本项目研究依托于杭州市环城北路-天目山路提升改造工程第 2 标段工程，该工程中，软土硬岩物理力学性质相差较大，是由淤泥质土和中风化凝灰岩组成的软硬复合地层，这对盾构施工过程中变形的控制提出了严格的要求。从目前国内外研究文献可以看出，现有的盾构隧道水土压力计算、盾构隧道地表沉降计算以及盾构隧道结构荷载计算的方法大多集中在均质地层，而关于上软下硬复合地层中盾构隧道土压力及隧道周围土体变形的研究还相对欠缺。近年来随着我国城市交通轨道的快速发展和大规模的建设，软硬复合地层中进行的大直径盾构隧道工程日益常见。由于在上软下硬复合地层中隧道轴线的变化及下卧岩石地层分布起伏的特点，易形成隧道下卧岩层分布不均、纵向基岩面突变的现象，从而导致结构受力及沉降不均问题突出。针对上软下硬地层，应从设计方案、盾构选型及配置、施工措施等多方面综合分析、研究与处理。从设计源头开始，设计方案应合理可行且有针对性；根据设计方案及地勘报告等资料，选购或改造合适的盾构机及关键部件配置；项目实施阶段，结合大量工程经验，提出施工处理措施、盾构施工参数及相关注意事项。

不同地区软硬复合地层组成　　　　　　表1.2.1

地区	软硬复合地层组成
杭州	淤泥质土、粉质黏土与中风化凝灰岩
广州	砂质黏土、粉质黏土与中风化、微风化花岗岩
佛山	粉质黏土与中风化泥质砂岩
深圳	粉质黏土、卵石与中风化凝灰岩
厦门	砂质黏土与中风化、微风化花岗岩
青岛	粗砂与中风化花岗斑岩
南昌	砂砾下卧泥质粉砂岩
长沙	强风化与中风化粉质泥岩
武汉	细粉砂与强中风化的泥质粉砂岩

1.2.2 复合地层盾构隧道管片力学性能研究

盾构隧道在施工过程中，管片接头不连续和管片边界约束条件不均匀，加之施工过程中作用在隧道管片结构上的荷载不确定，就会导致管片表现出异常复杂的力学响应。根据现场监测资料表明，盾构施工过程中隧道管片的破坏概率远大于运营阶段。鉴于此，国内外大量学者对上软下硬复合地层中盾构隧道管片的力学性能做了深入的研究。

何川等[52]对南京地铁1号线隧道在穿越砂性土时的盾构施工过程中力学特性做了数值模拟研究，分析了注浆压力、土应力释放、水压及管片环的组装形式对管片受力的影响规律，提出了盾构隧道在砂性土中施工时管片的一些原则和工艺。宋克志等[53]归纳总结了盾构隧道在施工期间管片的破坏类型及诱发破坏的主要原因，并结合某实际工程进行了现场试验和数值模拟，发现管片均在隧道的5~7环出现较大变形和应力集中，验证了盾构施工过程中千斤顶偏心推力、注浆压力和盾构机蛇行是导致管片出现破坏的主要原因。陈俊生等[54]为了研究盾构施工过程中隧道管片的力学特性，通过ADINA软件建立了一个9环的三维盾构隧道模型，计算结果显示隧道在纵向的不均匀主要是由施工过程中复杂的荷载引起的，而且施工过程中最不利荷载当属千斤顶推力，隧道周围楔形块会严重影响管片环的整体稳定性并且会导致管片出现变形。叶飞等[55]对盾构施工过程中隧道衬砌的力学行为及所受的影响因素进行了研究，发现衬砌结构在施工阶段所受的荷载具有三维特性和不确定性；通过分析管片裂缝、错台以及止水条破坏等因素与施工荷载之间的关系，提出了施工期间千斤顶的控制理论和盾构姿态调整的基本原则，研究结果为实际工程施工提供了理论指导。夏炜洋等[56]基于流固耦合的思路对盾构隧道管片的受力特性进行研究，对比分析了盾构施工过程中管片结构内力现场实测数据和数值模拟的结果，发现管片的力学特性与流固耦合密切相关，而地下水的渗流对管片的内力具有不利影响。唐孟熊等[57]通过分析地铁2号线盾构隧道管片内力的监测数据，反算了隧道管片的轴力和弯矩，而且将计算公式进行了理论化，为计算不同深度和地层条件下的管片内力提供了一定的借鉴。朱合华等[58]通过理论分析提出了梁-接头不连续模型，并利用该模型计算了大阪地铁7号线的管片受力情况，验证了管片接头不连续理论和注浆材料变刚度方法的合理性。王彪[59]基于现场试验研究了上海长江隧道衬砌整环结构1∶1拼装后的力学行为，同时通过数值模拟分析了管片的变形破坏特点，研究结论为隧道的施工方案提供了一定的借鉴。周文波等[60]通过原位测试得到了上海黄兴绿地至翔殷路的双圆盾构隧道管片内力的实测资料，通过分析施工阶段的内力变化并与理论计算结果进行比较，对施工阶段隧道内力的分布规律具有深刻的认识，为盾构隧道施工提供了一定的依据和经验。张鹏[61]通过有限元分析研究了考虑接头非连续性盾构隧道管片力学特性，分析了接头非连续性对施工条件下的管片力学响应的影响，研究了一般情况和特殊情况下隧道的管片受力特性，指出管片的破坏一般是由特殊施工工况导致的，常规施工荷载不会引起管片破坏的结论。沈水龙等[62]研究了隧道在盾构施工过程中盾构机头姿态偏转时产生的荷载，发现在盾构纠偏过程中，管片的外部环境容易发生变化；通过数值模拟研究了管片受力情况，并与设计计算结果进行对比，发现盾构姿态的偏转会导致隧道管片内力发生相当显著的变化，建议应在双圆盾构隧道衬砌设计的过程中考虑纠偏导致的内力重分布现象，以免在施工过程中管片出现破坏。叶冠林等[63]通过对上海长江隧道-超大截面盾构隧道进行了施工荷载的现场实时监测数据的分析，发现盾构施工过程中作用于管片上的各类荷载中，盾尾注浆压力对管片内力的影响最大，并将管片监测内力与设计内力进行对比，发现在施工荷载作用下管片的内力最大值会超出设计值。吴兰婷[64]通过对装配式管片接头的研究，建立了管片接头实体模型，并通过数值模拟研究了管片尺寸、荷载、螺栓型号以及所用垫片的材料对管片接头的影响，为隧道工程管片的选型提供一定的参考。张志强等[65]通过数值模拟研究了南京盾构地铁隧道工程在盾构施工过程中的土体变形和管片的受力特性，研究了砂土地层中开挖时出现的"前隆后沉"的机理，并指出可通过降低千斤顶推力、控制同步注浆的措施来解决盾构施工过程中出现的"前隆后沉"现象。华志刚[66]通过对富水软弱地层中盾构隧道变形的数值模拟和现场实测的研究，发现隧道土体的变形与二次补浆具有一定的联系，并建立了盾构开挖过程中地面沉降的理论预测模型，通过计算和实测资料发现，富水区域地层盾构施工过程中地层沉降稳定大约需要 1 年，最终沉降稳定大约需要 3 年。张海波等[67]通过对盾构隧道在采用连续型衬砌和装配式衬砌的问题上利用有限元软件 ANSYS 进行了模拟分析，发现连续型衬砌刚度要明显大于装配式衬砌的刚度，此外还分析了错缝拼接和通缝拼接对管片刚度的影响，发现错缝拼接能够有效增加管片接头处力的传递效果。赵永正等[68]通过监测苏州地铁 1 号线某一浅覆土施工区间盾构管片钢筋应力数据，分析发现新装管片主筋在施工荷载下的应力总体呈现先增大后减小的变化规律，而且分布钢筋，尤其在隧道上半部分 45°～135°区间内的分布筋应力会在注浆压力发生改变时产生显著的变化。盛佳韧等[69]基于理论研究和现场调查研究了软土地层中双圆盾构施工过程中地面的沉降特性，发现在软土地层中衬砌管片注浆是影响地表沉降的主要原因，针对软土地层中双圆盾构施工的注浆工艺的不足提出了改进。王晖等[70]归纳总结了目前盾构隧道施工中常用的注浆工艺的优缺点，并针对这些问题给出了相应的解决方案，为实际工程施工提供了一定的参考和借鉴。王其炎等[71]对杭州某地铁施工过程中隧道的上浮情况进行了工程监测，并用大型通用有限元软件 ABAQUS 对软土中管片的上浮进行了数值模拟计算，提出隧道的上浮可以分为激增阶段、平稳阶段和稳定阶段，管片的上浮量尤其是激增段上浮量对注浆压力反应敏感。石立成等[72]采用有限元分析的方法对上海地铁 2 号线西延段盾构隧道开挖进行模拟，研究了地铁盾构隧道开挖过程中管片出现错台、裂缝的原因和机理，发现管片脱离盾尾是管片错台形成的主要原因，且控制环间螺栓的预紧力是减小管片之间错台量的有效措施。秦建设等[73]根据盾构机与管片之间的相对位置关系，分析了不当的盾构机姿态调整对管片力学行为的影响，提出了盾构机姿态调整引起的工程问题及有效解决方案。黄正荣[74]首先建立了盾构隧道管片的三维等效连续壳-弹簧模型，然后基于建立的模型研究了盾构管片的纵向力学响应、横向力学响应以及管片接头对整个隧道的影响，根据不同拼装形式下管片的力学响应，提出了对管片的加强效应。周海鹰[75]以沈阳地铁盾构隧道为工程背景研究了隧道衬砌管片接头的力学特性，对管片接头进行了室内试验，建立了壳-弹簧三维有限元分析模型，定量地研究了衬砌管片间和环间接头之间的关系，并提出了管片接头张开量的理论计算公式，研究结论为实际工程提供一定的参考借鉴。薄帅帅[76]通过分析比较现阶段隧道管片接头的类型，提出了优化方法，采用有限元分析了隧道在盾构开挖过程中千斤顶推力产生偏角和注浆压力的不均对隧道管片内力的影响，同时指出管片的错缝拼装方式会对管片接头的薄弱面产生纵向加强效应。管会生[77]采用理论推导的方法给出了盾构隧道施工过程中结构荷载的计算公式，建立了盾构-土体-千斤顶推力的计算模型，之后基于成都地铁1号线工程对模型的正确性进行了验证。

此外，国外学者也对盾构隧道施工过程中的管片受力特性进行了研究。Yamaguchi等[78]以京都四条平行盾构隧道为工程背景，研究了一条隧道在掘进过程中推力对本隧道和其余三条隧道的影响，并且提出了隧道在掘进过程中对盾构机的控制及减小对临近隧道的影响理论判定方法。Jin等[79]基于对深埋隧道管片应力监测数据的分析，采用有限元对深埋盾构隧道施工过程中管片的受力特性进行模拟，研究了深埋盾构隧道施工过程中管片的受力特性，为隧道管片设计提供依据。Galli等[80]采用摩尔-库仑本构模型对盾构隧道开挖过程中管片的受力特性进行模拟，研究了开挖过程中周围土体与管片之间的相互作用，并且分析了土体特性对隧道的掘进进度和土体变形的影响。Yasutaka等[81]通过理论分析研究了盾构隧道施工过程中地下水压力对管片开裂的影响，研究思路为管片在水压下的裂缝开裂计算提供理论依据。Yoshimoto等[82,83]基于极限状态设计理论，研究了隧道衬砌横向设计中考虑施工荷载的计算方法。Jin等[84]基于深长盾构隧道施工时衬砌管片应力的监测数据，分析了管片拼装过程中的力学行为，并研究了隧道管片从拼装完成到脱出盾尾过程中应力的变化特点。Tomoaki等[85]从现阶段复杂的施工环境入手，着重考虑了对管片影响最大的千斤顶推力并且将其进行处理，基于盾构施工过程中管片内力的监测数据提出了千斤顶推力对管片影响的理论计算模型。Mroueh等[86,87]基于目前对盾构隧道管片荷载计算的缺陷，通过实测数据对管片所承受的静载和动载进行了更精确的分析，修正了管片内力计算的理论模型，提高了理论计算的可靠度。Shuichi[88]通过梁单元和面板单元来分别模拟管片和隧道周围土体的方法，建立了考虑施工过程影响的管片应力有限元计算模型，对隧道施工过程中管片-土体相互作用进行分析，计算了砂土和黏土地层中的盾构隧道结构的受力模型。Lee等[89]通过现场测试和室内试验提出了一种盾构在浅覆土施工条件下的土压力分布理论，并且研究了管片材料属性、管片接头螺栓的数量对管片结构整体性能的影响。Masud[90]利用三维离散元方法对砂性土中的浅埋隧道进行研究，通过对管片所受荷载的分析以及土体变形的测量对比得到管片在浅埋于砂性土时的内力状况。Sugimoto等[91,92]建立了盾构姿态动力学模型，数值模拟过程中实现了盾构机按照实际工程设计路线的开挖过程，研究了盾构姿态对管片结构受力的影响。

1.2.3 复合地层盾构隧道施工土体变形及控制技术研究

针对城市地铁隧道施工引起周围地层变形的研究始于 20 世纪 60 年代,以 Peck 提出盾构施工引起地表沉降的估算公式为开端。随后围绕这一问题国内外学者开展了大量的理论研究、工程监测和数值模拟研究[93]。截至目前,针对这一问题研究所取得的成果绝大多数只在假设的理想地层和工况下才能完全成立,而对于隧道穿越上软下硬地层地表沉降的研究相对较少。这种地层在隧道横断面的上方通常表现为第四系的软弱地层,但在隧道下部则表现为硬质岩石地层,也有一些隧道横断面的上部为软岩,下部为硬岩[94]。随着城市地铁隧道修建数量的剧增和隧道工程埋深的增大,上软下硬这类特殊地层中的隧道工程将会越来越普遍[95,96]。

针对上软下硬地层中盾构隧道施工引起的地表沉降问题,目前主要的研究方法分为经验法、解析(半解析)法、数值模拟、室内模型试验。对于经验法,大多数工作主要集中在根据实测数据进行反分析,从而对经典的 Peck 公式进行修正,起到预测地表沉降的目的[97];对于数值模拟,周力军等[98]、刘重庆等[99]、Lv 等[100]均研究了盾构在不同硬岩比地层中掘进所引起的地表沉降规律;对于室内模型试验,王俊等[101]采用 $\phi 800\text{mm}$ 的土压平衡盾构模型研究了上软下硬地层中盾构掘进对地表位移的影响。总的来说,现有研究大多针对单个工程分析,缺乏普遍性,难以直接应用于其他工程。而解析(半解析)法采用等效土体损失参数 $g(m)$[102]描述土体损失大小,可有效分析不同工程中隧道施工引起的地表沉降规律,适用范围广,但目前该方法大多基于均质地层,针对土岩复合地层的较少。Hashinoto 等[103]结合现场实测数据与有限元计算研究了盾构开挖过程中引起隧道周围土体变形的机理,指出掌子面与盾尾的地层应力释放率、土体的液限指数是影响地层变形的主要因素。Kasper 等[104]利用数值模拟结合室内试验的方法研究了盾尾注浆对土体变形的影响,计算结果表明注浆期管片外侧压力的分布对结构受力与地层变形起控制性作用。雷华阳等[105]依托北京地铁某区间工程的盾构隧道开挖,结合现场实测和数值模拟研究了盾构开挖引起的隧道周围土体的变形规律;结果表明,在一定范围内增大注浆压力能够有效减小地表沉降,而当注浆压力大于这一范围后,随注浆压力的增大,地表沉降变化不再明显。付艳斌等[106]依托深圳地铁 9 号线隧道工程,利用 Midas/GTS 有限元软件研究了同步注浆在不同压力模式下对隧道稳定性和地面沉降以及分层沉降的影响。包小华等[107]依托北京地铁 14 号线方十区间隧道工程,利用有限元研究了壁后注浆压力、注浆量、浆液随时间固结硬化以及先后掘进施工等因素对地表沉降的影响。方恩权等[108]依托广州地铁某盾构区间工程,研究了盾构施工时引起地表横向、纵向沉降规律,并基于 Peck 公式提出了一种利用插值法、最小二乘法的盾构隧道地表沉降预测模型。由于盾构隧道开挖过程中地层损失是导致地表沉降的主要原因,吴昌胜等[109]通过归纳总结大量工程的地表沉降监测数据,利用 Peck 公式反演了不同工程中的地层损失率,结合每个工程各自的特点,研究了地表沉降与不同隧道管片直径下地层损失率之间的关系。胡长明等[110]依托西安地铁某盾构区间工程,采用线性回归方法对现场实测的地表沉降数据进行分析,并在此基础上引入地表最大沉降修正系数 α 和沉降槽宽度修正系数 β 对 Peck 公式进行修正优化。李娴等[111]依托合肥地铁 2 号线某区间隧道工程,采用数值模拟的方法研究了双孔平行盾构隧道施工过程中地表的沉降规律,并结合理论方法引入了叠加效应系数来反应隧道间的沉降特点，同时引入了中心点法对 Peck 公式进行了优化。魏纲等[112]基于单线随机介质理论建立了修正的随机介质理论简化计算公式，并将该理论公式应用于近距离双线平行盾构施工引起的地表沉降计算。邱明明等[113]根据地铁隧道工程，采用数值模拟的方法研究了双孔平行隧道施工地表沉降分布规律及影响因素，提出了双孔平行盾构隧道施工地表沉降计算模型。马险峰等[114]对盾构隧道施工过程中的地层损失采用离心模型试验进行研究，分析了盾构施工过程中地表沉降与地层损失之间的关系，并在此基础上对隧道的纵向沉降特性进行了研究。Ocak[115]依托伊斯坦布尔地铁工程，通过分析现场监测数据建立了黏土与砂土地层中盾构掘进参数与地表沉降之间的关系，研究了掘进方法、掘进参数、隧道埋深、隧道尺寸和地层物理力学参数与地表沉降之间的关系，结果表明盾构开挖过程中开挖面的推力与回填土的性质是影响地表沉降的最重要因素。

数值计算法是分析盾构施工对周围环境影响的有效方法。盾构施工环境影响主要体现在隧道开挖引起地下土层的损失并在地表处产生沉降，沉降与施工过程中注浆压力、掌子面总推力、盾构收缩等施工因素，有限元方法能够有效灵活地计入上述影响因素，其中地层损失是造成地层变形的要素[116-118]。除了施工控制参数外，影响地表沉降的还有地质条件。李小青[119]等模拟了盾构施工造成地层损失的过程，分析了影响地表沉降的主要地质影响因素，包括隧道埋深、内摩擦角等，并在预测地表变形的基础上提出了控制地表沉降的措施。在城市地下空间开发的新时期，城市地下隧道也将面对更加复杂的施工条件，地下交叠隧道的发展和应用便是其中之一。孙钧[120]等对叠交隧道施工进行了模拟，得到了地表沉降的最大值会在盾构机掘进后产生陡增的结论。盾构施工对邻近建筑物变形影响也是重要的研究课题，特别当隧道穿越其他建（构）筑物下部基础时。刘波等[121]分析了隧道工程下穿已有基础引发变形的空间效应规律，并提出了应提高注浆体强度的建议，丁祖德等[122]结合深圳某地铁下穿住宅小区工程分析了不同隧道与建筑基础交汇角度对建筑物结构变形的影响，得出了不同交汇角度对建筑结构变形影响明显，但对结构内力影响较小的结论。盾构施工的环境影响研究问题还包括当盾构机在城市地下地层中掘进时，由于刀盘和掌子面地层的切削作用，造成盾构机体振动上升，这种振动影响不但作用在掌子面上，还会对隧道周围土体产生影响，甚至透过地基对邻近建筑结构和人群产生不良影响，目前针对该方面的研究相对较少。王冠琼等[123]以宁波轨道交通某区间隧道工程为研究背景，采用 FLAC3D 有限元软件，考虑盾构施工过程中壁后注浆压力的消散以及浆液固结硬化，研究了盾构壁后注浆对地表沉降的影响。

此外，上软下硬复合地层中盾构隧道掘进施工过程中地表沉降及控制变形方面，国内一些学者也进行了深入的研究。杨烨旻等[124]依托北京地铁 10 号线某区间盾构隧道工程，通过现场地表沉降实测数据结合盾构隧道地表沉降理论计算模型，研究了复合地层中施工引起的地表沉降的基本规律及其时滞特性。王恒等[125]根据深圳地铁 5 号线盾构隧道，通过数值模拟的方法研究了上软下硬复合地层中盾构隧道施工过程中周围土体及地表的沉降特性。孙鹤明等[126]通过现场监测的方法对重庆轨道环线区间盾构隧道开挖过程中地表的沉降进行分析，并结合数值模拟的方法研究了上软下硬复合地层中双线 TBM 隧道施工影响下围岩及既有结构的变形特点。肖明清等[127]根据盾构隧道的地层损失理论，模拟了引起地层损失的注浆过程，分析了上软下硬复合地层中盾构隧道施工对地表沉降的影响。郭乐等[128]依托深圳地铁 11 号线宝碧区间盾构隧道工程，结合数值模拟和现场实测数据，探究了砂-黏土复合地层盾构隧道施工引起的地表沉降规律。李亚翠等[129]通过现场实测和数值模拟的方法研究了上软下硬复合地层中盾构近距离掘进施工对临近桥梁桩基础以及桥面变形的影响。何小辉等[130]通过数值模拟对上软下硬复合地层盾构隧道变形特性进行了研究,结果表明复合地层中软硬地层比例对隧道拱底隆起量影响小,拱底变形主要与基底岩体力学特性有关,跟土层与岩层比例关系不大。尹业兵等[131]从盾构技术方面对上软下硬复合地层中盾构隧道地表沉降问题进行了研究,分析了复合地层盾构地表沉降的影响因素以及地表沉降的机理。张洋等[132]采用三维数值模拟的方法研究了盾构开挖过程中复合地层的黏聚力、内摩擦角和压缩模量等参数对地表沉降的影响,并进行了这两个参数的敏感性分析。王维等[133]结合现场实测数据和数值模拟,研究了上软下硬复合地层中盾构隧道开挖时周围地层与管片的变形规律。蔡兵华等[134]依托武汉某岩溶地区复合地层小型盾构隧道工程,采用数值模拟的方法研究了复合地层盾构开挖对地表沉降的影响,并结合现场实测数据分析了复合地层组合、溶洞直径以及溶洞埋深等因素对沉降的影响。

参考文献

[1] 陈健. 大直径盾构刀盘刀具选型及常压换刀技术研究[J]. 隧道建设(中英文), 2018, 38(1): 110-117.

[2] 刘金祥, 蔡辉. 砂性土层施工盾构选型应注意的问题——以西安地铁3号线 TJSG-4 标为例[J]. 隧道建设, 2015(S2): 171-175.

[3] 黄新森, 张军伟, 李雪, 等. 城市地铁盾构选型及关键参数区域化研究[J]. 隧道建设(中英文), 2019, 39(7): 1209-1216.

[4] 蒋磊, 钟可, 戴勇, 等. 穿越湘江水下岩溶发育区地铁盾构选型研究与应用[J]. 都市快轨交通, 2019, 32(2): 85-90, 131.

[5] 田四明, 赵勇, 王丽庆, 等. 大直径铁路盾构隧道设计及选型技术研究[J]. 现代隧道技术, 2019, 56(2): 1-9.

[6] 蒋超. 佛莞城际铁路狮子洋盾构隧道选型研究[J]. 施工技术, 2016, 45(23): 67-71.

[7] 张厚美, 古力. 盾构机姿态参数的测量及计算方法研究[J]. 现代隧道技术, 2004(2): 14-20.

[8] 江招胜, 黄威然, 竺维彬. 复合地层盾构隧道掘进机的改造[J]. 广东建材, 2006(3): 138-139.

[9] 刘晓毅. 复合地层中盾构机滚刀磨损原因分析及改进[J]. 隧道建设, 2006(S2): 77-80.

[10] 谭忠盛, 洪开荣, 万姜林, 等. 软硬不均地层盾构姿态控制及管片防裂损技术[J]. 中国工程科学, 2006(12): 92-96.

[11] 李俊伟, 李丽琴, 吕培印. 复合地层条件下盾构选型的风险分析[J]. 地下空间与工程学报, 2007(S1): 1241-1244, 1260.

[12] 付艳斌. 上软下硬地层中盾构法隧道施工技术[J]. 交通科技与经济, 2009, 11(4): 80-81, 84.

[13] 李光耀. 狮子洋隧道泥水盾构穿越上软下硬地层施工技术[J]. 铁道标准设计, 2010(11): 89-94.

[14] 刘建国. 深圳地铁软硬不均复杂地层盾构施工对策[J]. 现代隧道技术, 2010, 47(5): 79-84.

[15] 洪开荣, 杜闯东, 任成国. 大直径泥水盾构复合地层速凝浆液的同步注入技术[J]. 北京交通大学学报, 2011, 35(3): 33-38.

[16] 王为乐. 长沙地铁复合地层盾构选型与掘进参数研究[D]. 长沙: 中南大学, 2011.

[17] 邓彬, 顾小芳. 上软下硬地层盾构施工技术研究[J]. 现代隧道技术, 2012, 49(2): 59-64.

[18] 王景峰. 典型上软下硬地层盾构施工技术[J]. 铁道建筑技术, 2014(9): 21-23.

[19] 翟圣智, 胡蒙达, 叶明勇, 等. 南昌上软下硬地层土压平衡盾构渣土改良技术研究[J]. 铁道建筑,

2014(8): 27-31.
[20] 吴起星, 安关峰, 周小文, 等. 软硬复合地层中盾构掘进刀盘受力分析与计算[J]. 土木工程学报, 2015, 48(S2): 321-326.
[21] 刘辉, 杨海林. 长株潭城际铁路浅埋高黏性上软下硬不良地层土压平衡盾构施工技术研究[J]. 隧道建设, 2016, 36(2): 221-227.
[22] 周力军, 张孟喜, 王维, 等. 广州上软下硬复合地层中盾构隧道施工影响分析[J]. 铁道标准设计, 2018, 62(10): 113-117.
[23] 任颖莹, 孙振川, 褚长海. 盾构推进姿态控制策略研究[J]. 隧道建设(中英文), 2019, 39(6): 1038-1044.
[24] 王焰. 沿海复合地层泥水盾构施工适应性分析[J]. 铁道建筑, 2019, 59(7): 65-68, 92.
[25] 张亚洲, 温竹茵, 由广明, 等. 上软下硬复合地层盾构隧道设计施工难点及对策研究[J]. 隧道建设(中英文), 2019, 39(4): 669-676.
[26] 黄戡, 孙逸玮, 赵磊, 等. 盾构穿越上软下硬复合地层时的管片力学特性[J]. 中南大学学报(自然科学版), 2020, 51(5): 1372-1383.
[27] 李强, 甘鹏路. 复合地层盾构刀具磨损控制技术研究[J]. 现代隧道技术, 2020, 57(1): 168-174.
[28] Broms B B, Benermark H. Stability of clayatvertical openings[J]. ASCE Journal of Soil Mechanics and Foundation Engineering Division SMI, 1967(93): 71-94.
[29] Peck R B. Deep excavations and tunneling in soft ground[C]//Proc. 7th Int. Contsoil Mechanical and Foundation Engineering. Mexico City, State of the Art, 1969 (93): 225-290.
[30] Davis E H, Gunn M J, Mair R J, et al. The stability of shallow tunnels and underground openings in cohesive material[J]. Geotechnique, 1980, 30(4): 397-416.
[31] Horn N. Horizontaler erddruck auf senkrechte aʹbschlussflachen von tunnelrohren[J]. Landeskonferenz der ungarischen tiefbauindustrie, 1961: 7-16.
[32] Monnet J, Chaffois S, Chapeau C, et al. Theoretical and experimental studies of a tunnel face In gravel site. 8-11 MAY 1989[J]. Publication of: Elsevier Applied Science Publishers Limited, 1989.
[33] Fujita K. Underground construction in soft ground in Japan[J]. Journal of the Soil Mechanics and Foundation Enginneering, 1993: 53-63.
[34] Jancsecz S, Steiner W. Face support for a large mix-shield in heterogeneous ground conditions[M]. Tunnelling'94. Springer US, 1994: 531-550.
[35] Atkinson J H, Potts D M. Subsidence above shallow tunnels in soft ground[J]. Journal of the geotechnical engineering division, 1977, 103(4): 307-325.
[36] Atkinson J H, Potts D M, Schofield A N. Centrifugal model tests on shallow tunnel in sand[J]. Tunnels and Tunneling. 1997, 9(1): 59-64.
[37] 李昀, 张子新. 泥浆渗透对盾构开挖面稳定性的影响研究[J]. 地下空间与工程学报, 2007, 3(4): 720-725.
[38] Sagaseta C. Analysis of undrained soil deformation due to ground loss[J]. Geotechnique, 1988, 38(4): 222-226.
[39] 张冬梅, 林平. 地铁盾构推进引起周围土体附加应力的分析[J]. 地下空间, 1991, 19(5): 379-382.
[40] Lee I M, Nam S W. The study of seepage forces acting on the tunnel lining and tunnel face in shallow tunnels[J]. Tunnelling and Underground Space Technology, 2001, 16(1): 31-40.
[41] Jirina T, Petr P. Experimental and numerical modeling of the tunnel face stability[J]. Technology Roadmap for Rock Mechanics, 2003(5): 1247-1250.

[42] Konishi S. Evaluation of tunnel face stability by the rigid plasticity finite element method[J]. Railway Technology Avalanche, 2004, 5: 29.

[43] 秦建设. 盾构施工开挖面变形与破坏机理研究[D]. 南京：河海大学, 2005.

[44] Chambon P, Corte J F. Shallow tunnels in cohesionless soil: stability of tunnel face[J]. Journal of Geotechnical Engineering, 1994, 120(7): 1148-1165.

[45] Mair R J. General report on settlement effects of bored tunnels[C]//Fourth International Symposium of International Conference of Geotechnical Aspects on Underground Construction in Soft. AA Balkema, 1996: 43-53.

[46] 徐东, 周顺华, 黄广军, 等. 上海黏土的成拱能力探讨[J]. 上海铁道大学学报, 1999, 20(6): 49-55.

[47] Komiya K, Shimizu E, Twatanabe N K. Earth pressure exerted on tunnels due to the subsidence of sandy ground[J]. Proc. Gotechnical Aspect of Underground Construction in Soft Ground. Tokyo: Balkema AA, 2000: 397-402.

[48] 易宏伟, 张庆贺, 朱忠隆. 静力触探在盾构施工对土体扰动研究中的应用[J]. 世界隧道, 2000(2): 7-10.

[49] 程展林, 吴忠明. 砂基中泥浆盾构法隧道施工开挖面稳定性试验研究[J]. 长江科学院院报, 2001, 18(5): 53-55.

[50] 蒋洪胜, 侯学渊. 盾构掘进对隧道周围土层扰动的理论与实测分析[J]. 岩石力学与工程学报, 2003, 22(9): 1514-1520.

[51] 朱合华, 徐前卫, 郑七振, 等. 软土地层土压平衡盾构施工参数的模型试验研究[J]. 土木工程学报, 2007, 40(9): 87-94.

[52] 何川, 曾东洋. 砂性地层中地铁盾构隧道管片结构受力特征研究[J]. 岩土力学, 2007(5): 909-914.

[53] 宋克志, 袁大军, 王梦恕. 盾构法隧道施工阶段管片的力学分析[J]. 岩土力学, 2008(3): 52-56, 61.

[54] 陈俊生, 莫海鸿, 梁仲元. 盾构隧道施工阶段管片局部开裂原因初探[J]. 岩石力学与工程学报, 2006(5): 906-910.

[55] 叶飞, 何川, 王士民. 盾构隧道施工期衬砌管片受力特性及其影响分析[J]. 岩土力学, 2011(6): 1801-1807, 1812.

[56] 夏炜洋, 何川, 晏启祥, 等. 高水压岩质盾构隧道施工期结构内力分析[J]. 岩石力学与工程学报, 2007(0): 137-141.

[57] 唐孟雄, 陈如桂, 陈伟. 广州地铁盾构隧道施工中管片受力监测与分析[J]. 土木工程学报, 2009(3): 118-124.

[58] 朱合华, 丁文其, 李晓军. 盾构隧道施工力学性态模拟及工程应用[J]. 土木工程学报, 2000(3): 98-103.

[59] 王彪. 上海长江隧道衬砌结构整环试验与研究[D]. 上海：同济大学, 2007.

[60] 周文波, 郑宜枫, 滕丽, 等. 双圆盾构隧道施工过程中管片力学性状的原位测试研究[J]. 力学季刊, 2005(3): 459-463.

[61] 张鹏. 地铁盾构隧道管片接头的理论分析及应用研究[D]. 北京：北京交通大学, 2011.

[62] 沈水龙, 蔡丰锡, 李庭平. 双圆盾构纠偏时隧道衬砌的内力分析[J]. 岩土工程学报, 2007(10): 1563-1567.

[63] 叶冠林, 王吉云, 王建华, 等. 超大断面盾构隧道管片施工荷载现场监测研究[J]. 现代隧道技术, 2010(5): 91-95.

[64] 吴兰婷. 盾构隧道管片接头力学行为的有限元分析[D]. 成都：西南交通大学，2005.
[65] 张志强，何川，余才高. 南京地铁盾构掘进施工的三维有限元仿真分析[J]. 铁道学报，2005(1)：85-90.
[66] 华志刚. 富水软弱地层盾构掘进引起长期沉降研究[D]. 北京：北京交通大学，2014.
[67] 张海波，殷宗泽，朱俊高，等. 盾构法隧道衬砌施工阶段受力特性的三维有限元模拟[J]. 岩土力学，2005(6)：990-994.
[68] 赵永正，何平，梁英俊，等. 地铁盾构隧道施工对新装环管片受力的影响[J]. 都市快轨交通，2011(6)：86-89.
[69] 盛佳韧，叶冠林，桥本正，等. 双圆盾构盾尾注浆对地层沉降的影响分析[J]. 地下空间与工程学报，2014(6)：201-205.
[70] 王晖，李大勇，夏广红. 盾构机盾尾注浆施工中存在的问题及其对策分析[J]. 苏州科技学院学报（工程技术版），2004(1)：40-45.
[71] 王其炎，杨建辉，薛永利，等. 盾构在软土地层掘进过程中的管片上浮研究[J]. 现代隧道技术，2014(1)：144-152.
[72] 石立成，杜守继，张强. 盾构通缝拼装隧道纵向错台的数值模拟分析[J]. 石家庄铁道学院学报（自然科学版），2007(3)：37-40.
[73] 秦建设，朱伟，陈剑. 盾构姿态控制引起管片错台及开裂问题研究[J]. 施工技术，2004(10)：25-27.
[74] 黄正荣. 基于壳-弹簧模型的盾构衬砌管片受力特性研究[D]. 南京：河海大学，2007.
[75] 周海鹰. 盾构隧道衬砌管片结构的力学响应试验及理论研究[D]. 大连：大连理工大学，2011.
[76] 薄帅帅. 盾构施工对管片结构受力的影响分析[D]. 北京：北京交通大学，2010.
[77] 管会生. 土压平衡盾构机关键参数与力学行为的计算模型研究[D]. 成都：西南交通大学，2008.
[78] Yamaguchi I, Yamazaki I, Kiritani Y. Study of ground-tunnel interactions of four shield tunnels driven in close proximity, in relation to design and construction of parallel shield tunnels[J]. Tunnelling and Underground Space Technology Incorporating Trenchless Technology Research, 1998, 13(3)：289-304.
[79] Saito J, Kurosaki S, Takahashi A, et al. Damage factors of the segment during tunnelling in a large depth shield tunnel[J]. Doboku Gakkai Ronbunshuu F, 2007, 63(2)：200-211.
[80] Galli G, Grimaldi A, Leonardi A. Three-dimensional modelling of tunnel excavation and lining[J]. Computers and Geotechnics, 2004, 31(3)：171-183.
[81] Yuasa Y, Masuno M, Koizumi A. Study on watertightness of RC segment for underground river shield tunel[J]. Doboku Gakkai Ronbunshuu F, 2010, 66(4)：578-592.
[82] Yoshimoto M, Anan K, Ootsuka M, et al. The check method of the load acting on segment during tunneling[C]//Proceedings-Japan Society of Civil Engineers. Dotoku Gakkai, 2004：131-144.
[83] Yoshimoto M, Anan K, Ootsuka M, et al. Performance requirements of shield tunnel for transmission verified by limit state design method[C]// Proceedings-Japan Society of Civil Engineers. Dotoku Gakkai, 2004：255-274.
[84] Saito J, Kurosaki S, Takahashi A, et al. The damage control of the segment during tunnelling in a large depth shield tunnel[J]. Doboku Gakkai Ronbunshuu F, 2008, 64(2)：173-184.
[85] Takeuchi T, Emori Y, Suda Y, et al. Influence on segments by jack thrust of shield-driven tuneling[J]. Doboku Gakkai Ronbunshuu F, 2010, 66(4)：599-611.
[86] Mroueh H, Shahrour I. A full 3-D finite element analysis of tunneling-adjacent structures interaction[J]. Computers and Geotechnics, 2003, 30(3)：245-253.

[87] Mashimo H, Ishimura T. Evaluation of the load on shield tunnel lining in gravel[J]. Tunnelling and underground space technology, 2003, 18(2): 233-241.

[88] Yahagi S, Irie K, Ookado N, et al. Shield tunnel lining member forces calculation method by taking into account the shield excavation process[J]. Doboku Gakkai Ronbunshuu F, 2009, 65(2): 128-147.

[89] Lee K M, Ge X W. The equivalence of a jointed shield-driven tunnel lining to a continuous ring structure[J]. Canadian geotechnical journal, 2001, 38(3): 461-483.

[90] Karim A S M M. Three-dimensional discrete element modeling of tunneling in sand[M]. Pro Quest, 2007.

[91] Sugimoto M, Sramoon A. Theoretical model of shield behavior during excavation: I. Theory[J]. Journal of Geotechnical and Geoenvironmental Engineering, 2002, 128(2): 138-155.

[92] Sugimoto M. Causes of shield segment damages during construction[C]//International Symposium on Underground Excavation and Tunnelling, Bangkok, Thailand. 2006: 67-74.

[93] 王金明. 地铁隧道施工引起的地表沉降及变形研究[D]. 长沙: 中南大学, 2009.

[94] 吴波, 王鸣涛, 邓政. 上软下硬地层隧道稳定性因素及影响研究[J]. 地下空间与工程学报, 2019, 15(2): 589-600.

[95] 刘栋. 复合地层中土压盾构隧道开挖面稳定性研究[D]. 武汉: 华中科技大学, 2009.

[96] 王全华. 富水含砂软土地层轨道交通盾构选型及施工效果[J]. 都市快轨交通, 2017, 30(5): 78-82.

[97] 姚爱军, 卢健, 邱忠旺, 等. 土岩复合地层中地铁施工 Peck 沉降预测公式改进[J]. 铁道建筑, 2016, (6): 83-87.

[98] 周力军, 张孟喜, 王维, 等. 广州上软下硬复合地层中盾构隧道施工影响分析[J]. 铁道标准设计, 2018, 62(10): 113-117.

[99] 刘重庆, 曾亚武, 朱泽奇, 等. 厦门地铁上软下硬地层盾构施工引起的地表沉降研究[J]. 铁道科学与工程学报, 2018, 15(2): 444-449.

[100] Lv J B, Li X L, Fu H L, et al. Influence of shield tunnel construction on ground surface settlement under the condition of upper-soft and lower-hard composite strata[J]. Journal of Vibroengineering, 2020, 22(5): 1126-1144.

[101] 王俊, 何川, 胡瑞青, 等. 土压平衡盾构掘进对上软下硬地层扰动研究[J]. 岩石力学与工程学报, 2017, 36(4): 953-963.

[102] Lee K M, Rowe R K, Lo K Y. Subsidence owing to tunneling I: estimating the gap parameter[J]. Canadian Geotechnical Journal, 1992, 29(6): 929-940.

[103] Hashimoto T, Nagaya J, and Konda T. Prediction of ground deformation due to shield excavation in clayey soils[J]. Soils and Foundations. 1999, 39(3): 53-61.

[104] Kasper T, Meschke G. A 3D finite element simulation model for TBM tunnelling in soft ground[J]. International journal for mumerical and analytical methods in geomechanics, 2004, 28(14): 1441-1460.

[105] 雷华阳, 仇王维, 吕乾乾, 等. 盾构施工中注浆因素对地表沉降的影响研究[J]. 地下空间与工程学报, 2015, 11(5): 1303-1309.

[106] 付艳斌, 赵军, 吴祥, 等. 盾构隧道同步注浆壁后压力模式研究[J]. 防灾减灾工程学报, 2016, 36(1): 107-113.

[107] 包小华, 章宇, 徐长节, 等. 双线盾构隧道施工沉降影响因素分析[J]. 重庆交通大学学报(自然科学版), 2020, 39(3): 51-60.

[108] 方恩权,杨玲芝,李鹏飞. 基于 Peck 公式修正的盾构施工地表沉降预测研究[J]. 现代隧道技术, 2015, 52(1): 143-149, 162.

[109] 吴昌胜,朱志铎. 不同直径盾构隧道地层损失率的对比研究[J]. 岩土工程学报, 2018, 40(12): 2257-2265.

[110] 胡长明,冯超,梅源,等. 西安富水砂层盾构施工 Peck 沉降预测公式改进[J]. 地下空间与工程学报, 2018, 14(1): 176-181.

[111] 李娴,王思瑶,张标,等. 双孔隧道的地表沉降预测及其可靠度分析[J]. 地下空间与工程学报, 2019, 15(S1): 428-435.

[112] 魏纲,周杨侃. 随机介质理论预测近距离平行盾构引起的地表沉降[J]. 岩土力学, 2016, 37(S2): 113-119.

[113] 邱明明,杨果林,吴镇清,等. 双孔平行地铁盾构隧道施工地表沉降分布规律研究[J]. 现代隧道技术, 2017, 54(2): 96-105.

[114] 马险峰,王俊淞,李削云,等. 盾构隧道引起地层损失和地表沉降的离心模型试验研究[J]. 岩土工程学报, 2012, 34(5): 942-947.

[115] Ocak I. Interaction of longitudinal surface settlements for twin tunnels in shallow and soft soils: the case of Istanbul Metro[J]. Environmental Earth Sciences. 2013, 69(5): 1673-1683.

[116] 刘洪洲,孙钧. 软土盾构隧道推进中地面沉降影响因素的数值法研究[J]. 现代隧道技术, 2001(6): 24-28.

[117] 王克忠,程青云,王玉培,等. 粉质砂性土地基中盾构区间隧道开挖过程数值计算研究[J]. 浙江工业大学学报, 2012, 40(5): 587-590.

[118] 王克忠,王玉培,林峰,等. 平行双盾构隧道法施工地表沉降仿真计算研究[J]. 浙江工业大学学报, 2013, 41(3): 300-303, 308.

[119] 李小青,朱传成. 盾构隧道施工地表沉降数值分析研究[J]. 公路交通科技, 2007(6): 86-91.

[120] 孙钧,刘洪洲. 交叠盾构隧道法施工土体变形的三维数值模拟[J]. 同济大学学报(自然科学版), 2002(4): 379-385.

[121] 刘波,陶龙光,李希平,等. 地铁盾构隧道下穿建筑基础诱发地层变形研究[J]. 地下空间与工程学报, 2006(4): 621-626.

[122] 丁祖德,彭立敏,施成华. 地铁隧道穿越角度对地表建筑物的影响分析[J]. 岩土力学, 2011, 32(11): 3387-3392.

[123] 王冠琼,刘干斌,邓岳保. 盾构壁后注浆对地表沉降影响模拟研究[J]. 宁波大学学报(理工版), 2014, 27(3): 97-102.

[124] 杨烨旻,荣健,黄醒春. 复合地层盾构施工过程地表沉降时滞特性现场实测研究[J]. 城市道桥与防洪, 2010(2): 98-102+11-12.

[125] 王恒,程桦,许榕. 复合地层盾构施工土仓压力对地表沉降的影响[J]. 安徽建筑, 2012, 19(3): 96-97, 120.

[126] 孙鹤明,汪强宗,张磊,等. 复合地层双线 TBM 隧道施工对临近建筑物影响[J]. 地下空间与工程学报, 2016, 12(S2): 733-738.

[127] 肖明清,龚彦峰,周坤,等. 基于地层损失的复合地层盾构隧道施工沉降研究[J]. 城市轨道交通研究, 2017, 20(8): 113-117, 174.

[128] 郭乐. 砂-黏土复合地层盾构隧道地表沉降规律研究[J]. 现代隧道技术, 2017, 54(5): 130-137.

[129] 李亚翠,杨新安,裴子钰,等. 土岩复合地层盾构掘进对桥梁变形影响分析[J]. 地下空间与工程学报, 2019, 15(2): 533-542.

[130] 何小辉,周纯择,王海波,等. 上软下硬复合地层盾构隧道变形特征研究[J]. 现代城市轨道交

通，2019(2)：49-52.
- [131] 尹业兵，刘锐，张立．上软下硬复合地层盾构施工地表沉降控制探讨[J]．工程建设与设计，2019(22)：206-207.
- [132] 张洋，刘陕南，吴俊，等．盾构隧道掘进时地层参数变化对地表沉降的敏感性研究[J]．现代隧道技术，2019，56(4)：127-134.
- [133] 王维．土岩复合地层盾构施工参数对地层及隧道变形特性影响[J]．铁道建筑技术，2019(5)：12-16，21.
- [134] 蔡兵华，崔德山，冯晓腊，等．武汉岩溶区复合地层小型盾构施工引起的地表变形规律研究[J]．安全与环境工程，2020，27(1)：69-74.

第 2 章　软硬复合地层盾构隧道土体变形特征

近年来随着各大城市交通轨道的迅速发展，盾构开挖过程中出现软硬复合地层的现象也愈发常见，相比于均质地层，上软下硬复合地层条件同时拥有力学特性差的软土和力学特性好的硬岩，给盾构开挖带来了极大的挑战。对于软硬复合地层中盾构隧道岩土的变形计算，目前主要采用经验公式法和模型试验法，由于盾构施工过程中软硬复合地层的变形机理尚不明确，容易造成在盾构开挖过程中出现各种工程问题。为此，本章基于建立的软硬复合地层条件下盾构隧道结构荷载模型和土体变形理论模型，通过分析软硬复合地层条件下盾构隧道岩土的变形特性，揭示盾构隧道土体变形机理。

2.1　上软下硬地层盾构隧道土体变形理论分析

在进行盾构隧道施工时，盾构机向前掘进破岩产生的振动及对隧道断面范围内岩土的开挖，不但对隧道周围岩土产生扰动，而且会破坏地层原有的应力平衡，进而导致地层向隧道中心产生位移，引起地表的沉降。隧道在盾构开挖过程中会引起地表沉降，在地表产生的位移曲线可定义为沉降槽，如图 2.1.1 所示。

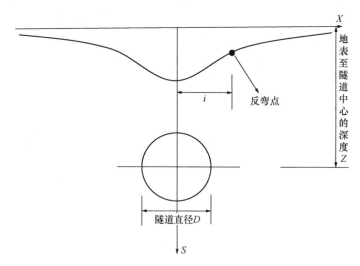

图 2.1.1　盾构隧道横向沉降示意图

2.1.1　盾构隧道开挖过程中地层的沉降分析

根据现有的文献研究可以发现，盾构隧道开挖引起的地表变形主要是由开挖导致的地层损失、地层原有应力平衡的破坏和岩土的再固结造成的。隧道在盾构开挖过程中引起的地表沉降具有时间效应，即地表沉降量是时间的函数，盾构施工过程中不同时间对应的地表沉降和诱发沉降的原因不同，而且影响沉降的主要因素也不同，盾构隧道地表的沉降是盾构施工过程中不同时间、不同因素诱发的沉降总和。因此要深入研究软硬复合地层中盾构隧道引起的地表沉降及诱发沉降的因素，需要从地表沉降随时间动态发展的效应上，对不同时刻和不同阶段的沉降量对应的影响因素进行研究。通过现场实测可以发现，盾构隧道诱发的地表沉降主要分为五个阶段，即超前沉降阶段、盾构到达沉降阶段、盾构通过沉降阶段、盾尾脱出沉降阶段和受扰土体固结阶段，如图2.1.2所示。

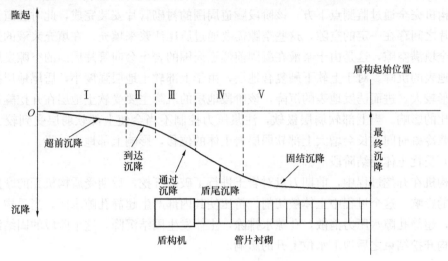

图 2.1.2 盾构隧道地表沉降曲线

（1）超前沉降阶段

盾构机未到达监测点之前，由于盾构机在开挖掘进过程中对岩土的切削和挤压使得隧道周围的土体受到很大程度的扰动，这种扰动会向四周扩散，在盾构机未到达的前方也有一定的扰动，会改变盾构前方岩土体的初始应力场，进而导致地表产生一定的沉降，通常这种变形较小。此外，在这个阶段由于盾构施工前对地层中的地下水位进行了工程干预，相应的地下水位也降低了，导致周围土体产生固结沉降。当然这种沉降受地层的地质条件的影响较大，对含水量较高的软土地层而言，地下水位降低引起的沉降较大。

（2）盾构到达沉降阶段

盾构机到达监测点正下方，当隧道衬砌的支护压力小于开挖面周围的水土压力时，隧道周围以主动土压力为主，隧道四周的岩土体向隧道中心产生位移，引起隧道拱顶岩土向下变形，造成地表的沉降；当隧道衬砌的支护压力大于开挖面周围的水土压力时，隧道周围以被动土压力为主，隧道四周的岩土体向盾构前方及拱顶发生挤压位移，造成开挖面上部的前方发生地表隆起。但是对于上软下硬的复合地层，隧道开挖面上部的软土比例在开挖掘进方向不是一个定值，而是时刻变化的，很难进行连续开挖，在这个阶段的地表沉降受地层的复合比影响较大。

（3）盾构通过沉降阶段

盾构机通过监测点正下方时，盾构机在前进过程中盾构机壳与隧道周围岩土会产生一定的摩擦，这种摩擦会对隧道四周岩土产生一定的剪切应力，进而使岩土产生一定程度的剪切变形。此外，当盾构机通过时，由于软硬地层中的地层复合比一直在变化，因此开挖过程中盾构机的姿态会发生偏转,并不是一直平行于隧道中心轴向,造成局部地方的超挖,从而引起地层的损失。对于上软下硬复合地层,盾构机壳与地层的摩擦造成的土体剪切变形仅在上层软土地层中出现,下部硬岩地层由于其强度大,引起的剪切变形较小,因此软硬复合地层中盾构开挖时,该阶段地面的沉降主要取决于软土地层在隧道断面中的占比及由于盾构姿态的变化造成的超挖方量。

(4) 盾尾脱出沉降阶段

盾构机完全通过监测点下方,该阶段隧道周围的衬砌管片安装完成,此时隧道开挖轮廓与管片之间存在一定的空隙,这些空隙需要通过盾尾注浆来填充。在填充浆液的过程中不能完全填满空隙,这是由于浆液在凝固前隧道周围的岩土会向管片周围的空隙发展,从而引起地表的沉降。对于上软下硬复合地层,由于上部软土地层强度小,盾尾地层损失引起的变形较大,进而诱发地表的沉降,该阶段地层的沉降主要受软土地层在开挖隧道断面中的占比的影响。当上部软弱层极软,注浆压力控制不当会使上部软弱层受到较大的扰动,注浆冷凝时间过长会增大上部软弱层岩土体的位移,影响上部地表沉降。

(5) 受扰土体固结阶段

盾构机在开挖过程中,前期刀盘对岩土进行了破碎开挖,后期受盾构机壳的摩擦与盾尾注浆的影响。这个过程中土体被切削、挤压使其内部产生超静孔隙水区,当盾构开挖结束之后,超静孔隙水压力消散,孔隙水排除,土体发生固结沉降,这个阶段的固结沉降还受到盾构开挖结束之后地下水位上升的影响。

2.1.2 上软下硬地层盾构隧道土体损失引起的地层沉降计算模型

针对上软下硬地层中盾构隧道施工引起的地表沉降问题,目前主要的研究方法分为经验法、解析(半解析)法、数值模拟、室内模型试验。对于经验法,大多数工作主要集中在根据实测数据进行反分析,从而对经典的 Peck 公式进行修正,达到预测地表沉降的目的。上述研究大多针对单个工程分析,缺乏普遍性,难以直接应用于其他工程。解析(半解析)法采用等效土体损失参数 $g(m)$ 描述土体损失大小,可有效分析不同工程中隧道施工引起的地表沉降规律,适用范围广,但目前该方法大多针对均质地层,针对土岩复合地层的较少,因此有必要提出一种适用于土岩复合地层中隧道施工引起的地表沉降计算方法。本节以盾构穿越上软下硬土岩复合地层为研究对象,通过引入开挖面收敛模式参数 γ 来反映盾构开挖面的收敛模式,综合考虑隧道上部覆土的分层影响,对经典的随机介质理论进行简化,并用简化后的方法推导地表水平及竖向位移计算公式,依托杭州市环城北路-天目山路提升改造工程第 2 标段工程项目,进行地表沉降值的计算和可靠性验证。

本书以土岩复合地层作为研究对象,主要考虑盾构开挖中土体损失引起的土体位移[1]。上软下硬地层交界面称为岩土交界面,用 RSI (Rock-Soil Interface) 表示;盾构开挖面内的软硬地层比例用硬岩比 B(开挖面内硬岩层高度与盾构外径的比值)表示。盾构穿越上软下硬土岩复合地层,是指开挖面内上半部分在淤泥质黏土、砂土以及全、强风化岩层等软弱性质地层中掘进,而开挖面下半部分在中微风化岩石等硬质地层中掘进。相对于上部软弱性质地层,下部硬岩自稳能力好,不易发生变形,未见因为硬岩段塌陷而引起的地表大变形问题。此外,开挖后硬岩部分闭合较慢,收敛程度有限,将会给浆液提供足够的时间充填和凝固。鉴于此,本节作如下假定:(1) 盾构开挖引起的土体损失集中在软土层，下部硬岩层不产生变形，开挖形成的空隙将全部由注浆填充；（2）各地层均为水平层状地层，单层土质均匀。

根据随机介质理论及本节假设，上部土体损失体积应等于盾构开挖断面收敛体积与硬岩层注浆填充体积之差，即等于开挖面在软弱地层中的收敛体积。隧道在全断面软土中开挖时，目前采用较多的开挖面收敛模式包括两种：（1）等量收敛模式，收敛前后中心位置不发生变化；（2）底部相切非等量径向收敛模式，收敛后断面沉至开挖面底部。当盾构在上软下硬复合地层中掘进时，盾构有着向软土层偏移的特性；同时，下部硬岩开挖后闭合较慢，主要靠浆液填充，浆液长时间处于一种流动状态，会对包裹的管片产生浮力，极限状态是收敛后断面上浮至开挖面顶部。实际工程中，由于管片自重、浆液浮力等因素的综合作用，实际收敛模式应介于上述两种之间。

为了准确表示隧道可能出现的收敛模式，本节引入开挖面收敛模式参数 γ[2]，则开挖断面 P 和收敛后断面 Q 的埋深 H_1、H_2 满足：

$$H_2 = H_1 + \gamma \cdot \frac{g}{2} \tag{2.1.1}$$

式中，γ 的取值范围为 $[-1, 1]$。

在随机介质理论中，$\tan\beta$ 为主要影响角正切值，是隧道开挖引起土体变形的主要参数。根据 Knothe[3] 的定义，有：

$$\tan\beta = \frac{h}{L} \tag{2.1.2}$$

式中，h 为埋深；L 为沉降槽主要影响范围。

考虑隧道开挖断面上部存在多层覆土的情况，盾构开挖过程引起的土体变形将会逐层向上扩散传递。根据随机介质理论的唯一性可知，地层某一单元 $d\xi d\eta$ 开挖所引起的上部土体变形曲线是唯一的，所以从隧道开挖层开始依次向上逐层推导的沉降曲线将和实际沉降曲线一致。同理，多层地层主要影响角 β 也可以通过逐层向上传递推导而成[4]。如图 2.1.3 所示，上下地层厚度分别为 h_1 和 h_2，假设埋深为 h 的变形单元 $d\xi d\eta$ 在地层 2 中形成的主要影响角为 β_2，之后变形继续向

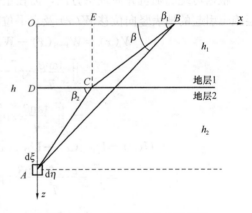

图 2.1.3 主要影响角 β 的传递

上传递，在地层 1 中形成的主要影响角为 β_1，满足：

$$\tan\beta = \frac{OA}{OB} = \frac{h_1 + h_2}{\dfrac{h_1}{\tan\beta_1} + \dfrac{h_2}{\tan\beta_2}} \tag{2.1.3}$$

同理，n 层地层主要影响角 β 满足：

$$\tan\beta = \frac{h_1 + h_2 + \cdots + h_n}{\dfrac{h_1}{\tan\beta_1} + \dfrac{h_2}{\tan\beta_2} + \cdots + \dfrac{h_n}{\tan\beta_n}} \tag{2.1.4}$$

式中，h_i、β_i $(i=1, 2\cdots n)$ 依次为从上至下第 i 层地层的高度及主要影响角。

韩煊、李宁[5]建立了随机介质理论与Peck公式的联系，即：

$$\tan\beta = \frac{1}{K\sqrt{2\pi}} \quad (2.1.5)$$

将式（2.1.5）代入式（2.1.4），可得：

$$\tan\beta = \frac{h}{K_1 h_1 \sqrt{2\pi} + K_2 h_2 \sqrt{2\pi} + \cdots + K_n h_n \sqrt{2\pi}} \quad (2.1.6)$$

式中，K_i、φ_i（$i=1, 2\cdots n$）为从上至下第i层地层的沉降槽宽度系数及土体内摩擦角，有$K_i = 1 - 0.02\varphi_i$。

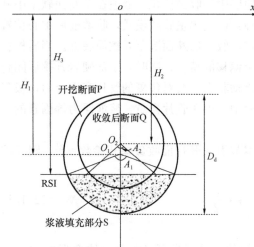

图 2.1.4 盾构隧道计算模型

由图2.1.4可知，大圆表示盾构开挖断面P，直径为D_d（$2R_d$），中心O_1埋深为H_1；小圆表示收敛后断面Q，直径为D（$2R$），中心O_2埋深为H_2。定义中心O_1和O_2与RSI面的夹角分别为土岩复合角A_1和A_2。开挖面内分两层，RSI面上部位于软弱性质地层，为土体损失发生区（空白表示）；下部位于硬岩层，将全部由浆液填充（阴影表示）。

根据传统的随机介质理论方法，需在土体损失发生区内进行积分，盾构在土岩复合地层施工引起的地表竖向位移$W(x)$及水平位移$U(x)$为：

$$W(x) = W_{P-S}(x) - W_{Q-S}(x)$$
$$= \iint_{P-S} \frac{\tan\beta}{\eta} \exp\left[-\frac{\pi\tan^2\beta}{\eta^2}(x-\xi)^2\right] d\xi d\eta$$
$$- \iint_{Q-S} \frac{\tan\beta}{\eta} \exp\left[-\frac{\pi\tan^2\beta}{\eta^2}(x-\xi)^2\right] d\xi d\eta \quad (2.1.7)$$

$$U(x) = U_{P-S}(x) - U_{Q-S}(x)$$
$$= \iint_{P-S} \frac{(x-\xi)\tan\beta}{\eta^2} \exp\left[-\frac{\pi\tan^2\beta}{\eta^2}(x-\xi)^2\right] d\xi d\eta$$
$$- \iint_{Q-S} \frac{(x-\xi)\tan\beta}{\eta^2} \exp\left[-\frac{\pi\tan^2\beta}{\eta^2}(x-\xi)^2\right] d\xi d\eta \quad (2.1.8)$$

以上公式需进行积分运算，计算过程复杂，不利于在工程中推广与应用。对此，Yang和Wang[6]提出了随机介质理论的简化方法，认为当隧道埋深与隧道直径之比大于某一值时，整个隧道断面可视为位于中心处的一个单元，在计算过程中可理解为取中心处的单元计算值乘积分区域面积得到最终地表位移值。在Yang和Wang[6]的研究中，土体损失发生区域为圆形，圆心即为中心，而本节研究工况中，土体损失发生区域发生了变化（图2.1.5），计算过程中取形心处的单元计算值乘面积来估算最终地表沉降值。

由于断面P、Q左右对称，形心一定位于z轴上，仅需确定形心的埋深即可确定形心坐标。如图2.1.5所示，以开挖断面P为例，土体损失发生区的几何形心为O_{1-z}，埋深

为 H_{1-z}。从几何角度分析，根据分割法或负面积法即可求得 H_{1-z} 满足：

$$H_{1-z} = H_1 - \frac{4R_d \sin^3(A_1/2)}{6\pi - 3A_1 + 3\sin A_1}$$
（2.1.9）

对应非阴影部分的面积 S_{P-S} 为：

$$S_{P-S} = \frac{R_d^2(2\pi - A_1 + \sin A_1)}{2}$$
（2.1.10）

同理，收敛后断面 Q 几何形心 O_{2-z} 的埋深 H_{2-z} 及对应非阴影部分面积 S_{Q-S} 为：

$$H_{2-z} = H_2 - \frac{4R \sin^3(A_2/2)}{6\pi - 3A_2 + 3\sin A_2}$$
（2.1.11）

$$S_{Q-S} = \frac{R^2(2\pi - A_2 + \sin A_2)}{2}$$
（2.1.12）

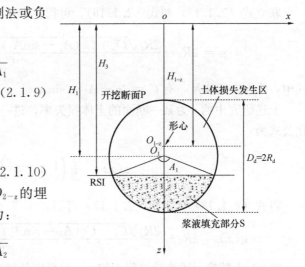

图 2.1.5 土体损失发生区示意图

式中，R_d 和 R 分别为断面 P 和 Q 的半径，满足 $R = R_d - 0.5g$；$A_1 = 2\arccos\dfrac{H_3 - H_1}{R_d}$，$A_2 = 2\arccos\dfrac{H_3 - H_2}{R} \approx A_1$，且 A_1、A_2 的取值范围均为 $[0, 2\pi]$。

式（2.1.7）和式（2.1.8）可简化为：

$$\begin{aligned}W(x) &= W_{P-S}(x) - W_{Q-S}(x) \\ &= \frac{S_{P-S}\tan\beta}{H_{1-z}}\exp\left(-\frac{\pi\tan^2\beta}{H_{1-z}^2}x^2\right) \\ &\quad - \frac{S_{Q-S}\tan\beta}{H_{2-z}}\exp\left(-\frac{\pi\tan^2\beta}{H_{2-z}^2}x^2\right)\end{aligned}$$
（2.1.13）

$$\begin{aligned}U(x) &= U_{P-S}(x) - U_{Q-S}(x) \\ &= \frac{S_{P-S}x\tan\beta}{H_{1-z}^2}\exp\left(-\frac{\pi\tan^2\beta}{H_{1-z}^2}x^2\right) \\ &\quad - \frac{S_{Q-S}x\tan\beta}{H_{2-z}^2}\exp\left(-\frac{\pi\tan^2\beta}{H_{2-z}^2}x^2\right)\end{aligned}$$
（2.1.14）

盾构开挖的土体量会多于设计开挖量，增加的这一部分即称为土体损失量 S_{loss}：

$$S_{loss} = S_p\varepsilon = \varepsilon\pi R_d^2$$
（2.1.15）

式中，ε 为土体损失率。

根据图 2.1.4 所示的几何关系，可知：

$$\begin{aligned}S_{loss} =\ & \pi R_d^2 - \pi(R_d - 0.5g) \\ & - \left[\frac{R_d^2(A_1 - \sin A_1)}{2} - \frac{(R_d - 0.5g)^2(A_2 - \sin A_2)}{2}\right]\end{aligned}$$
（2.1.16）

联立式(2.1.15)和式(2.1.16),可得:

$$g = 2R_d - \frac{2R_d\sqrt{C^2 + C[(A_2 - \sin A_2) - (A_1 - \sin A_1) - 2\pi\varepsilon]}}{C} \quad (2.1.17)$$

式中,C为中间变量,有$C = 2\pi - A_2 + \sin A_2$。

上述研究中的ε为某一断面的土体损失率,进一步可获得土体损失率沿掘进方向的变化公式为:

$$\varepsilon(x) = \frac{\varepsilon}{2}\left(1 - \frac{y}{\sqrt{y^2 + H_{1-z}^2}}\right) \quad (2.1.18)$$

将式(2.1.18)代入式(2.1.17)可得:

$$g(x) = 2R_d - \frac{2R_d\sqrt{C^2 + C[(A_2 - \sin A_2) - (A_1 - \sin A_1) - 2\pi\varepsilon(x)]}}{C} \quad (2.1.19)$$

将$g(x)$替换上述推导过程中的g,就可以使地表位移公式沿盾构掘进方向得以延拓,进而通过式(2.1.13)、式(2.1.14)能够计算盾构开挖面前后不同距离的地表位移值。

1. 算例分析

算例参数取值如下:$D_d = 6m$,$B = 0.5$,$\varepsilon = 2\%$,$\gamma = 0$;各地层分层情况、内摩擦角、厚度及隧道所在位置详见图2.1.6。如图2.1.7、图2.1.8所示为不同隧道埋深(深径比)工况下,使用传统随机介质理论及本节简化方法计算得到的地表位移值对比。可知,当埋深依次为18m和24m时,两种方法计算得到的地表竖向及水平向位移曲线基本重合;当埋深为12m,即隧道深径比为2时,两种方法计算得到的位移曲线在位移最大值附近略有偏差,简化方法所得位移值要略大于传统方法,但总体差别较小。综合来看,当隧道达到一定埋深后,本节简化方法与传统方法计算结果基本相同,可用本节简化方法代替传统方法进行简单计算。

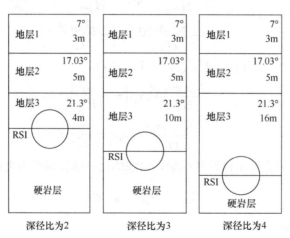

图2.1.6 计算案例工况示意图

按不同隧道埋深(深径比)工况下的算例,取$H_1 = 18m$,开挖面收敛模式参数γ依次取0、-1、1,分别使用传统随机介质理论及本节简化方法计算得到地表位移值进行对比。如图2.1.9、图2.1.10所示,当γ取0时,传统方法与本节简化方法计算所得竖向

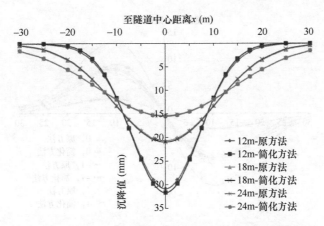

图 2.1.7　不同埋深下两种方法所得地表竖向位移值对比

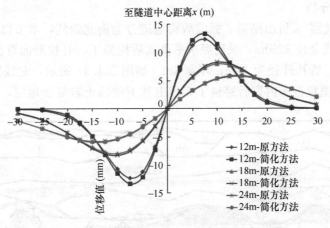

图 2.1.8　不同埋深下两种方法所得地表水平位移值对比

及水平向位移曲线基本重合，差值较小；当 γ 取 -1 或 1 时，两种方法所得位移值差值较大，无法使用本节简化方法进行计算。故本节在综合考虑盾构穿越上软下硬土岩复合地层的特点及计算精度的情况下，后续研究中取 $\gamma=0$ 进行计算。

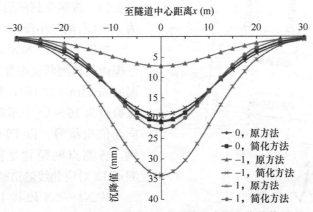

图 2.1.9　取不同 γ 时两种方法所得地表竖向位移值对比

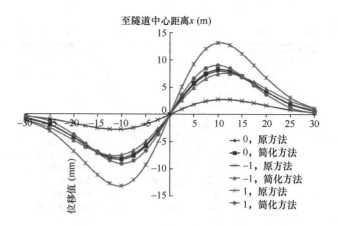

图 2.1.10 取不同 γ 时两种方法所得地表水平位移值对比

2. 工程案例分析

杭州市环城北路-天目山路第 2 标段盾构隧道分为南北双线，本节以先行的北线隧道为研究对象。北线全长 3260m，采用泥水平衡式盾构施工，开挖断面直径为 13.46m，盾构机长度为 15m，管片外径为 13m，环宽 2m。如图 2.1.11 所示，北线隧道在约 NK2+708～NK3+244 里程范围内先后穿越了 5 段上软下硬的土岩复合地层，穿越段地层分布

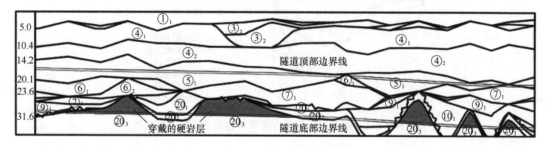

图 2.1.11 北线隧道穿越地层纵断面

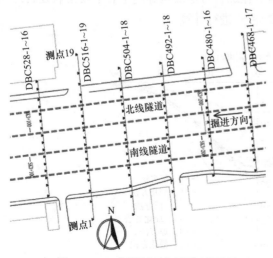

图 2.1.12 监测断面布置平面图

复杂，隧道上部覆土为高低起伏的层状地层，主要穿越的岩层为中等风化晶屑玻屑凝灰岩。按照穿越前后分别将各穿越段记为 N3（右侧三小段）、N2、N1。

如图 2.1.12 所示，以 N3 所在里程范围内的监测断面布置为例，相邻监测断面间隔 24m（12 环），每个监测断面的测点数量为 16～19 个不等，测点编号由南向北依次编号。以 DBC516 监测断面为例，各测点间距详见图 2.1.13，其中，测点 13 对应北线隧道轴线正上方。

从 N1～N3 段共 13 个监测断面中，挑选出 9 组数据正常的断面，断面名称、

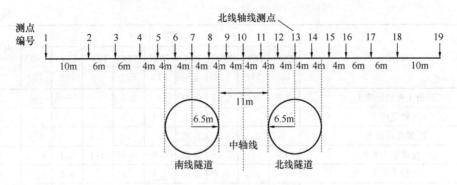

图 2.1.13　测点布置示意图

里程、对应硬岩比详见表 2.1.1。各监测面对应的地层参数见表 2.1.2。

所选监测断面详细介绍　　　　　　　　　表 2.1.1

监测断面	监测面里程	硬岩比	所在组段编号
DBC468	NK3+229	0.09	N3
DBC516	NK3+130	0.38	N3
DBC528	NK3+106	0.13	N3
DBC600	NK2+964	0.07	N2
DBC612	NK2+940	0.23	N2
DBC624	NK2+916	0.35	N2
DBC696	NK2+772	0.38	N1
DBC708	NK2+748	0.12	N1
DBC720	NK2+724	0.04	N1

结合表 2.1.2 中各监测断面的地层分层情况，根据中心监测点附近（小范围）的沉降数据进行反分析，得到各个监测面对应的土体损失率，将土体损失率代入本节方法并对隧道中心两侧 40m 范围（大范围）内的土体位移值进行计算，最后将计算所得沉降曲线与所有实测数据进行对比。对本工程上述 9 个监测面的土体损失率进行反分析，得到对应土体损失率，再对隧道中心两侧 40m 范围内的沉降值进行计算，得到相应沉降值曲线。以 DBC468 和 DBC528 实测数据对比情况为例，由图 2.1.14 可知，大多数的实测数据点都分布在理论计算曲线两侧附近，实测数据分布规律与本节方法所得沉降值曲线的分布规律相吻合。需要注意的是：（1）计算过程中取 $y=-50m$，即所取沉降数据为盾构通过后达到的稳定最大沉降值；（2）部分监测点由于数据失真，故不采用，不影响整体数据分布规律。

各监测面对应的地层参数　　　　　　　　　表 2.1.2

地层	层厚（m）									内摩擦角（°）
	DBC 468	DBC 516	DBC 528	DBC 600	DBC 612	DBC 624	DBC 696	DBC 708	DBC 720	
①杂填土	2.5	2.7	2.7	2.7	2.2	3.4	2.6	3.8	3.4	10
②₂粉质黏土	—	—	1	0.45	—	—	—	1.2	0.6	12.1

续表

地层	层厚（m）									内摩擦角（°）
	DBC468	DBC516	DBC528	DBC600	DBC612	DBC624	DBC696	DBC708	DBC720	
③₁粉土夹淤泥质土	2.5	1.6	0.85	0.95	1	3.5	—	—	—	25.1
③₂砂质粉土	—	—	—	3.7	7.4	3.8	—	—	—	31.8
④₁淤泥质黏土	5	6.2	5.7	2.15	—	—	5.4	5.4	5.9	9.5
④₂粉质黏土夹粉	12	7	7.15	7.25	5.9	5.8	4.4	4.1	4.05	11.5
⑤₁粉质黏土	—	5.5	6.7	5.65	7.1	4.3	7	4.3	6.05	13.8
⑥₁淤泥质黏土	—	—	—	—	—	—	—	5.2	4.55	9.3
⑥₂黏土	—	—	—	—	—	—	5.3	1.2	0.94	10.8
⑦₁粉质黏土	5	—	4.1	2.68	4.9	—	—	1.53	1.95	15.7
⑨₁含砂粉质黏土	1	—	1.3	0.6	1.1	—	—	1.2	1.4	15.3
⑩₁黏土	2.5	—	2.8	—	—	—	—	—	—	12.9
⑳₁全风化晶屑玻屑凝灰岩	0.4	—	1.0	0.5	—	—	—	—	—	17.3
⑳₂强风化晶屑玻屑凝灰岩	1.8	4.45	2.2	0.98	0.1	—	—	—	—	20.3
⑳₃中等风化晶屑玻屑凝灰岩	—	—	—	—	—	—	—	—	—	

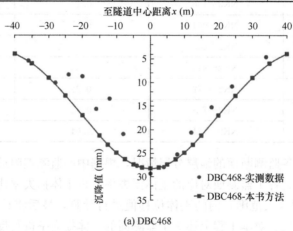

(a) DBC468

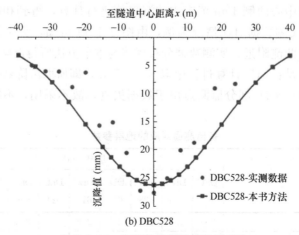

(b) DBC528

图 2.1.14 实测数据与计算数据对比

2.1.3 上软下硬地层盾构隧道机偏心引起的地层沉降计算模型

盾构隧道造成的地表沉降主要分为两个因素，即隧道断面开挖引起的地层损失及隧道周围地层扰动之后产生的固结。结合现有文献的研究，将盾构施工引起的地表沉降主要归纳于三个因素：(1) 隧道断面开挖造成的地层损失，在软硬复合地层中进行盾构隧道的开挖掘进，盾构机姿态的偏转会造成地层的损失。(2) 开挖之后隧道衬砌的支护压力，隧道开挖之后衬砌管片的支护压力对保持开挖面岩土稳定及控制地表的沉降有着重要的作用，盾构隧道开挖过程中若衬砌支护压力过小，隧道周围岩土会向隧道中心产生一定的位移，这样极易造成开挖面土体的超挖，地层的损失较大，造成开挖面的失稳，进而诱发较大的地表沉降。此外，如果盾构开挖之后衬砌的支护压力过大，也会导致盾构前方及拱顶的土体产生较大的被动土压力，引起地表的隆起。(3) 盾构机壳与隧道周围地层之间的摩擦使得隧道周围岩土产生一定的剪切应力，这种剪切力带动与盾构机壳周围紧密接触的土体移动，引起地层剪切变形。

相比于隧道衬砌支护压力和盾构机壳与周围地层的摩擦，盾构施工过程中地层的损失对地表沉降影响最大。基于地层损失对地表沉降的影响，Verruijt 和 Booker[7] 根据盾构开挖后隧道周围地层等量径向位移的移动模型提出了不排水条件及软土地层条件下隧道开挖引起的地表沉降计算公式。Sagaseta[8] 根据地层损失引起的隧道周边地层等量径向位移的移动模式，从理论上得到了隧道开挖后周边应力场的解析解，如图2.1.15 (a) 所示。Lee 和 Rowe[9] 指出隧道周边土体在盾构机壳脱离后的移动模式为非等量径向移动，即隧道衬砌管片周边间隙并非为圆，建立了盾构隧道开挖后的地表沉降模型，如图 2.1.15 (b) 所示。

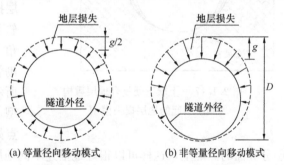

图 2.1.15 地层损失引起的土体移动模式

基于以上分析，魏纲等[10] 根据盾构隧道土质的软硬特征，在 Rowe "两圆相切"式盾构施工引起土体损失模型的基础上，通过引入隧道断面内土体移动焦点坐标参量，给出了统一的土体移动模型，如图2.1.16所示。根据土体移动模型，采用源汇法推导了隧道周围地层损失引起的隧道轴线上方土体变形最大值的计算公式，表达式为：

$$S_{max} = \frac{4R(h+d)}{R+d} - 4\sqrt{R^2\left(\frac{h+d}{R+d}\right)^2 - \frac{V_{loss}}{\pi}} \tag{2.1.20}$$

式中，R 为隧道外径（m）；d 为隧道断面上的焦点与隧道中心点之间的距离（m），盾构隧道的土质越好，d 取值越大；h 为盾构隧道的埋深（m）；V_{loss} 为单位长度盾构隧道造成的土体损失（m³/m）。

在上软下硬的复合地层中，盾构施工过程中土体的变形主要在开挖掌子面前方的上部软土层中产生。相比于均质地层，上软下硬复合地层中盾构隧道周边土体位移模式更加复杂。当盾构机壳脱离隧道衬砌管片安装完成之后，上部软土的力学特性较差、强度小，盾构开挖之后隧道衬砌管片周围土体的变形较大，因此盾构间隙由软土非等量径向移动填

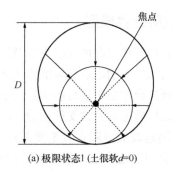 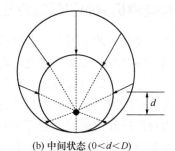 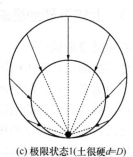

(a) 极限状态1 (土很软 $d=0$)　　(b) 中间状态 ($0<d<D$)　　(c) 极限状态1 (土很硬 $d=D$)

图 2.1.16　统一土体移动模型

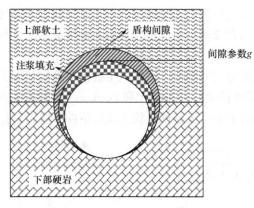

图 2.1.17　上软下硬复合地层盾构施工引起的地层损失模型

充；而下部硬岩的强度大、稳定性好，盾构开挖之后隧道衬砌管片周围的地层几乎不产生变形，因此盾构间隙全部由盾尾注浆填充，如图 2.1.17 所示。

基于上软下硬复合地层中隧道周围土体的变形特点，结合魏纲提出的复合地层中地层损失造成的隧道土体移动模型，定义了上软下硬复合地层条件下盾构隧道的地层复合角，建立了合理描述这种复合地层中隧道衬砌管片周围土体的移动模型，如图 2.1.18 所示。可以看出，相比于土体的统一移动模型，复合地层土体移动模型中土体的移动焦点始终位于盾构开挖面的竖向轴线与软硬地层分界面的焦点上，这样可以很好地描述不同地层复合比下隧道周围土体填充盾构间隙造成地层损失的变化。

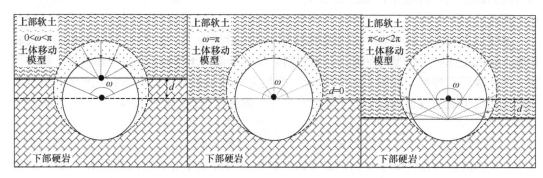

图 2.1.18　上软下硬复合地层盾构地层损失引起的土体移动模型

为了定义软硬地层中盾构隧道的地层复合角 ω，假设隧道上部软地层的移动焦点在地层分界线上，上部软土的移动焦点 O_e 至隧道断面中心点 O 的距离 d 与地层复合角 ω 之间的关系为：

$$d = -R\cos(\omega/2) \qquad (2.1.21)$$

盾构隧道地层损失一部分是由于开挖过程中盾构机姿态偏转,另一部分是由于物理间隙引起的地层损失。隧道在盾构开挖过程中,由于衬砌管片的安装需要一定的工作间隙,盾构机壳的外径 D_m 要大于衬砌管片的外径 D,因此引起的物理间隙 G_p 的表达式为:

$$G_p = (D_m - D)/2 \tag{2.1.22}$$

相比于均质地层,上软下硬复合地层中进行盾构隧道显得异常复杂,不仅体现在地层力学特性的差异造成的隧道周围土体移动模式不同,而且由于开挖隧道断面的地层复合比的不同,盾构机在施工过程中受力不均,盾构姿态不断发生变化,难以控制,时刻需要纠偏,由盾构机偏心而引起的隧道超挖如图 2.1.19 所示。

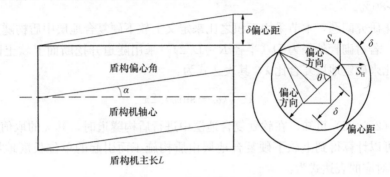

图 2.1.19 盾构纠偏超挖间隙

为了研究盾构机偏心对地表沉降的影响,朱才辉等[11]在盾构隧道地表沉降研究中考虑了盾构机偏心超挖造成的地层损失,并进行了均匀化处理。将均匀化的厚度用 Δ 表示,则因盾构机可能存在的由于时刻纠偏超挖造成的间隙为:

$$\Delta = \sqrt{\left(1 - \frac{\theta}{\pi}\right)\frac{D_m^2}{2} + \frac{\kappa L D_m}{2\pi}\sin\theta} - \frac{D_m}{2} \tag{2.1.23}$$

式中,$\theta = \arccos(\kappa L/D_m)$;$\kappa$ 为盾构隧道施工过程中的偏心率,实际工程中取值为 $0 \sim 4\%$;L 为盾构机的主长;D_m 为盾构机壳的外径。

此外,隧道衬砌管片安装完成时盾构机壳脱离之后,在衬砌管片自身的重力下产生下沉。根据前面的分析可知,在软硬复合地层中进行盾构隧道时,地层损失 V_{loss} 主要是由上部软土地层向盾构间隙 g 移动引起的,而下部硬岩地层由于力学特性和稳定性较好,隧道开挖后变形较小,因此盾构间隙 g 主要由盾尾注浆来填充,如图 2.1.20 所示。图中 ω' 为复合地层中盾构隧道由于自重下沉之后的地层复合角;H 为盾构隧道在掘进过程中当盾构机身未脱离盾壳时隧道断面中心至地表的距离;h 为地层分界

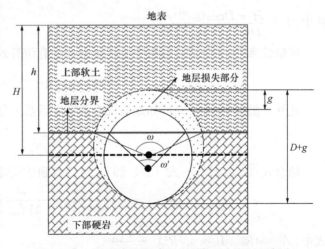

图 2.1.20 上软下硬复合地层盾构引起的地层损失

线至地表的距离；D 为隧道外径；ω 为地层复合角。

以上通过分析盾构机姿态偏离造成的地层超挖和盾构施工过程中物理间隙引起的地层损失可以发现，二者均对地表沉降有很大的影响，为了定量分析盾构姿态偏离和物理间隙对地表沉降的影响，对盾构间隙进行分析，考虑隧道衬砌管片壁后注浆填充率，盾构间隙 g 的表达式为：

$$g = (1-\beta)(G_p + \Delta) \tag{2.1.24}$$

式中，β 为注浆填充率，不同的地层对应的 β 值不同。对于砂土 $\beta=70\%\sim90\%$；对于黏土 $\beta=60\%\sim80\%$。

为了简化研究问题，本节采用面积之比来定义上软下硬复合地层中盾构隧道断面中的地层复合比，若衬砌管外径为 D（半径 $R=D/2$），采用隧道开挖断面上软土面积占整个隧道断面之比来确定地层复合比 λ，其表达式为：

$$\lambda = (\omega - \sin\omega)/2\pi \tag{2.1.25}$$

根据式（2.1.25）可知，在软硬复合地层中进行盾构隧道时，其 λ 的取值一般为 $0<\lambda<1$，因此可以计算得到上软下硬复合地层由盾构施工而引起的单位长度地层损失 V_{loss}（m^3/m），其对应的表达式为：

$$V_{\text{loss}} = \frac{\pi[\chi(D+g)^2 - \lambda D^2]}{4} \tag{2.1.26}$$

式中，λ 和 χ 为与地层复合角相关的表达式。

将式（2.1.26）、式（2.1.21）代入式（2.1.20）可得上软下硬复合地层中考虑上部软土地层在盾构机壳通过之后土体快速移动填充盾构间隙 g 而导致的地层损失，此时隧道中心线正上方地面最大沉降值 $S_{\max}$ 的表达式为：

$$S_{\max} = 4R\lambda - 4\sqrt{R^2\lambda^2 - \frac{V_{\text{loss}}}{\pi}} \tag{2.1.27}$$

式中，$\lambda = \dfrac{H - D\cos(\omega/2)/2}{D(1-\cos(\omega/2))}$。

根据经典 Peck 公式，隧道中心线正上方任意位置处的地表沉降量表达式为：

$$S(x) = S_{\max}\exp\left(-\frac{x^2}{2i^2}\right) \tag{2.1.28}$$

此外，根据 Peck 公式可知地表沉降槽宽度系数 i 为：

$$i = \frac{V_{\text{loss}}}{S_{\max}\sqrt{2\pi}} \tag{2.1.29}$$

结合式（2.1.27）～式（2.1.29），可以得到盾构隧道的地表沉降 $S(x)$ 的表达式为：

$$S(x) = (A-B)\exp\left[-\frac{x^2}{V_{\text{loss}}^2}(A-B)\right] \tag{2.1.30}$$

式中，$A = 4R\lambda$，$B = 4\sqrt{R^2\lambda^2 - \dfrac{V_{\text{loss}}}{\pi}}$。

从以上的理论分析中可以看出盾构偏心率、注浆填充率和地层复合角对盾构隧道地表沉降有着重要的影响，采用控制变量法研究三个因素对盾构隧道开挖过程中的影响，图

2.1.21 为根据式（2.1.30）的计算结果，盾构偏心率 $\kappa=3\%$，注浆填充率为 30%、50%、70%、90%时不同地层复合角下盾构开挖过程中地表沉降的规律。可以看出在同一注浆填充率，不同的地层复合角，上软下硬复合地层中盾构开挖引起的地表沉降差异性很大。总的来看，当复合地层中上部软土所占的比例较小，即地层复合角较小时，盾构开挖过程中地表的沉降较小，但是地表沉降槽的宽度较大，沉降槽曲线整体上呈平缓状态；当复合地层中上部软土所占的比例较大，即地层复合角较大时，复合地层中盾构开挖引起的地表沉降较大，但是沉降槽的宽度较小，沉降槽曲线从平缓状态逐渐向漏斗状过渡。

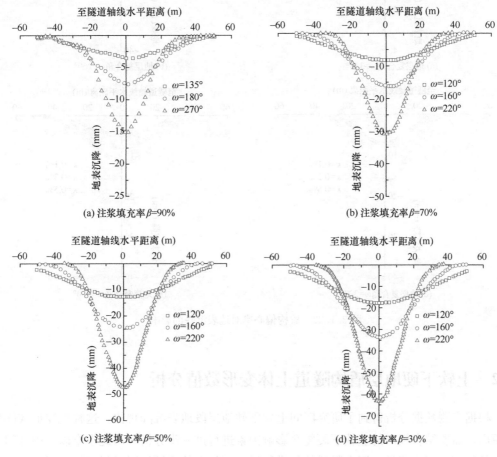

图 2.1.21 注浆填充率对地表沉降的影响

为了分析盾构偏心率对地表沉降的影响，计算中取注浆填充率为 80%，地层复合角为 360°、270°、230°和 180°。盾构偏心率对地表沉降的影响如图 2.1.22 所示，可以看出，当地层复合角一定时，地表沉降随着盾构偏心率的增大而增大，与注浆填充率的影响不同，沉降槽曲线的范围随着沉降曲线的增大而增大，这是由于盾构偏心率越大，盾构开挖过程中引起的地层损失就越大，因而造成的沉降越明显，随着地层复合角减小，沉降槽曲线整体上变得平缓；随着地层复合角增大，沉降槽曲线下部的下沉量明显增大，呈现明显的漏斗状。

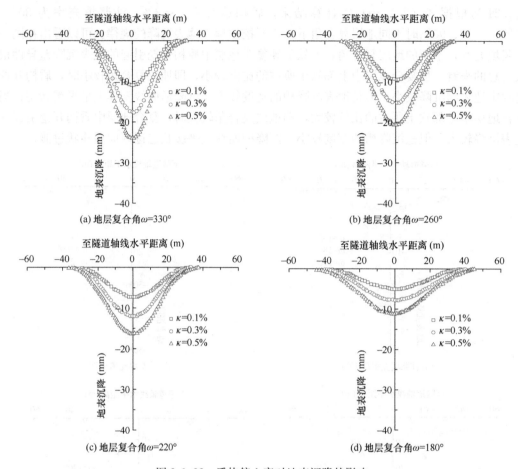

图 2.1.22 盾构偏心率对地表沉降的影响

2.2 上软下硬地层盾构隧道土体变形数值分析

根据实测数据分析得到了研究区间上软下硬地层段地表沉降规律，这种规律形成的具体原因，需要结合提出的上软下硬复合影响因素进行进一步分析。因此本章以古中区间上软下硬隧道工程为背景，用有限元软件进行盾构穿越上软下硬地层过程模拟，研究上软下硬地层施工参数对地表沉降的影响规律。

2.2.1 数值模型建立

1. 模型的假定与简化

考虑到本章是以不同影响因素下盾构在上软下硬地层中施工时，对周围土体造成的影响为重点研究对象，模拟过程需要进行多次影响因素的计算分析，而实际中地铁隧道工程是一个复杂多变且涉及多种因素的综合过程，施工方法和施工状况也千差万变，所以需要对实际问题做必要简化并得到合理的有限元计算模型。为此做出以下基本假定：

（1）土体和各土层均为各向同性且连续的弹塑性体；（2）假定土体的变形不受时间限

制的影响,即不考虑土体的固结沉降和蠕变压缩;(3)不考虑土体固结排水,以及地下水在开挖过程中的影响;(4)不考虑盾构机壳体与土体的摩擦力;(5)不考虑周围建筑物的附加荷载,仅考虑土体自身荷载。

2. 本构模型的选择

本盾构隧道施工中涉及的材料有结构构件和土体。结构构件包括隧道管片衬砌、盾构机壳,均可视作弹性材料处理,本构关系均为线弹性本构关系;土体材料的本构关系比较复杂,土体不仅具有弹性特征,在一定的条件下,它还往往表现出一定的塑性。目前,各国学者已提出的土体本构模型多达百种,常用的有 Mohr-Coulomb 模型、D-P 模型、Duncan-Chang 模型和修正剑桥模型等。对于地下隧道开挖、边坡稳定等问题的研究常采用 Mohr-Coulomb 模型,适用于散状和粘结状的粒状散体材料。在对岩土工程进行数值模拟分析时,Mohr-Coulomb 模型中的相关参数都可由常规三轴试验求得,较易获取,所以应用广泛。本节采用 Mohr-Coulomb 模型。

3. 模型参数

采用有限元软件模拟盾构掘进过程。建立坐标系 Z 轴向上,Y 轴指向隧道开挖前进方向。隧道直径 D 为 11.9m,南北线中心距 20m,隧道中心距地表 27.4m,取模型上表面为地面,隧道中心距模型底面 27.6 m,X 轴方向各取至南线隧道右侧 35m 及北线隧道左侧 35m。因此,模型高度取 55m,纵向取 90m。模型的基本假定为:土体采用 Mohr-Coulomb 本构模型,地层区域为 90m×30m×55m(X×Y×Z),模型简图如图 2.2.1 所示。建立三维有限元模型,如图 2.2.2 所示,模型尺寸为 90m×30m×55m(X×Y×Z)。

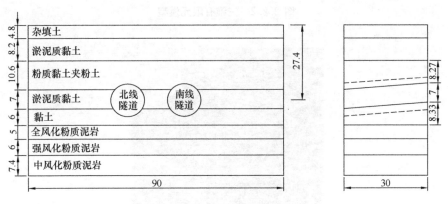

图 2.2.1 模型简图

4. 约束条件

模型选取纵向长 90m 范围,模拟开挖长度取 30m,即沿纵向取 30 环管片的长度。模型边界条件取为上表面自由,底部限制竖向位移,四个侧面限制水平位移,边界条件设置示意图见图 2.2.3。

5. 地层参数

根据地质详细勘察报告及土体物理力学性质试验报告,取各地层平均力学性质指标,如表 2.2.1 所示。

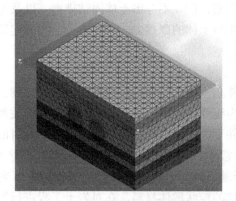
(a) 土体

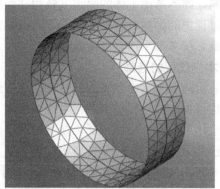
(b) 盾构机壳

(c) 衬砌管片

图 2.2.2 三维有限元模型

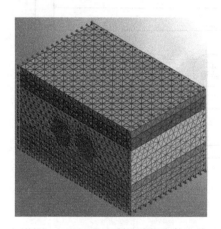

图 2.2.3 模型边界条件设置示意图

土体物理力学性质参数　　　　　表 2.2.1

岩土名称	γ (kN/m³)	c (kPa)	ψ (°)	E (MPa)	μ
杂填土	18	10	11	10.5	0.3
淤泥质黏土	18	16.6	9.5	6.4	0.3
粉质黏土夹粉土	18.7	16.6	11.5	8.5	0.3

续表

岩土名称	γ (kN/m³)	c (kPa)	φ (°)	E (MPa)	μ
淤泥质黏土	18	17.2	9.3	6.7	0.3
黏土	17.5	18.4	10.8	6.7	0.3
全风化粉质泥岩	20.9	54	20.3	48.3	0.3
强风化粉质泥岩	19.3	54	20.3	84.8	0.3
中风化粉质泥岩	19.3	54	20.3	587.1	0.3

在本模型中取地下水位埋深2.5m，并采用水土分算处理。模拟过程中不考虑地表建筑物自重及动荷载。掌子面压力暂取400kN/m²，注浆压力暂取400kN/m²。计算中始终认为隧道衬砌与土体是协调变形的，不考虑脱离现象。盾壳及管片的材料参数见表2.2.2。

盾壳及管片的材料参数　　　　　　　　　　表2.2.2

盾壳	直径 (m)	13
	弹性模量 (N/m²)	2.06×10^{11}
	重度 (kN/m²)	75
	泊松比	0.3
管片	外径 (m)	13
	内径 (m)	11.9
	弹性模量 (N/m²)	3.45×10^{10}
	泊松比	0.15
	重度 (kN/m²)	24

2.2.2 数值模型的计算

1. 掌子面压力模拟

在盾构机向前推进的过程中，需要对开挖面施加一个面荷载，来模拟掌子面压力对施工的影响，如图2.2.4所示。在施工阶段定义的时候，每开挖一个阶段土体，就要相应地激活这个面的荷载，同时钝化上一个阶段的荷载，直到所有阶段计算完毕。

2. 千斤顶推力模拟

在盾构机向前推进的过程中，需要对管片施加一个面荷载，来模拟千斤顶推力对施工的影响，如图2.2.5所示。在施工阶段定义的时候，每拼装一个阶段管片，就要相应地激活这个面的荷载，同时钝化上一个阶段的荷载，直到所有阶段计算完毕。

3. 注浆压力模拟

在盾构机向前推进的过程中，需要对管片施加一个面荷载，来模拟注浆压力对施工的影响，如图2.2.6所示。在施工阶段定义的时候，每拼装一个阶段管片，就要相应地激活这个面的荷载，同时钝化上一个阶段的荷载，直到所有阶段计算完毕。

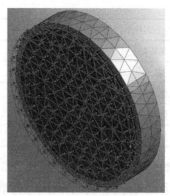

图 2.2.4 开挖面荷载

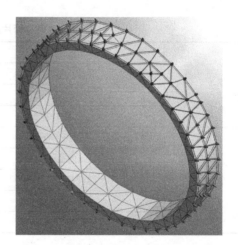

图 2.2.5 千斤顶推力 　　　　　图 2.2.6 注浆压力

4. 管片及盾壳模拟

隧道围岩、开挖土层和管片均采用 3D 实体单元来模拟，盾壳模拟采用 2D 板单元，如图 2.2.7 所示。

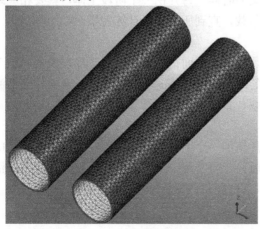

图 2.2.7 管片及盾壳

5. 计算模拟施工步骤

两隧道先后开挖，先挖北线，掘进完时开始开挖南线。管片每环取 1m 长，令土体每步开挖 1m，北线先开挖 30 步，南线后开挖 30 步，共 60 步（图 2.2.8）。盾构掘进模拟过程如下：

（1）激活所有土体，施加位移边界、自重荷载，位移清零；

（2）激活北线盾壳 1，钝化北线 1 环土体，钝化北线管片 1，然后在开挖面施加北线掌子面压力 1；

(3) 激活北线盾壳 2，钝化北线 2 环土体，钝化北线管片 2，然后在开挖面施加北线掌子面压力 2，钝化北线掌子面压力 1；

(4) 激活北线盾壳 3，激活北线管片 1，并修改成管片属性，钝化北线 3 环土体，钝化北线管片 3，钝化北线盾壳 1，施加北线掌子面压力 3，北线千斤顶推力 1 和北线注浆压力 1，钝化北线掌子面压力 2；

(5) 激活北线盾壳 4，激活北线管片 2，并修改成管片属性，钝化北线 4 环土体，钝化北线管片 4，钝化北线盾壳 2，施加北线掌子面压力 4，北线千斤顶推力 2 和北线注浆压力 2，钝化北线掌子面压力 3，北线千斤顶推力 2 和北线注浆压力 2；

(6) 按次序重复（2）～（5）步，即每开挖下一段隧道的同时对上一段隧道添加管片并壁后注浆，循环往复，直至南、北线开挖完毕。

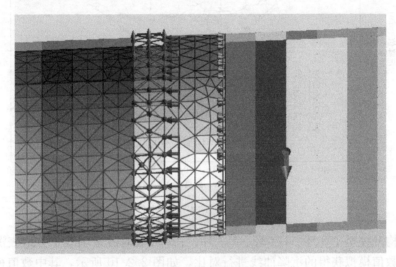

图 2.2.8　施工步骤

6. 数值模拟的施工工况

通过建立三维有限元分析模型，根据实际工况，对不同施工参数改变时地表沉降所受施工影响做探索性研究。模拟工况如表 2.2.3 所示。

模拟工况　　　　　　　　　　　　　　　　表 2.2.3

项目	掌子面压力（kN/m²）	注浆压力（kN/m²）	千斤顶力（kN/m²）
掌子面压力分析	300	400	2221.5
	400		
	500		
注浆压力分析	400	300	
		400	
		500	

2.2.3　数值模拟结果分析

将隧道 54 环断面地表沉降测点的监测结果与数值模拟获得的沉降曲线进行对比，如

图 2.2.9 所示，地表沉降监测值曲线与计算值曲线变化趋势相同，监测值与计算值之间的差异，主要是由数值模型中地层的均匀化假定未能反映工程实际中地层分布的多样性导致的。模型洞身范围内软土层厚度比实际地层断面大，使得数值模拟的单线沉降槽大于实际的沉降槽，因此在双线叠加作用下，实际沉降曲线呈双峰，数值模拟的最终沉降曲线呈单峰。

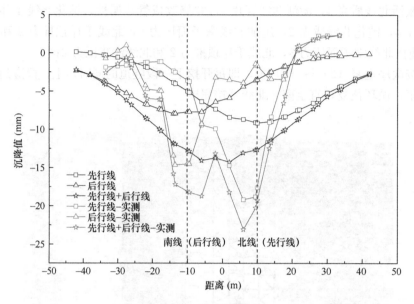

图 2.2.9　地表沉降对比

选取盾构开挖至 168 环、174 环、183 环、192 环处时隧道轴线上方地表沉降测点的监测结果与数值模拟获得的沉降曲线进行对比，如图 2.2.10 所示，其中数值模拟取隧道开挖至 Y 轴 26m 时的沉降曲线。图中纵坐标表示沉降量；横坐标表示地表测点相对于开

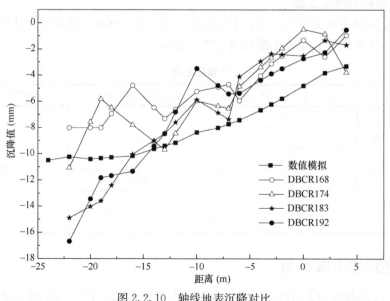

图 2.2.10　轴线地表沉降对比

挖面沿隧道轴向的距离。可知，数值模拟沉降与监测沉降的发展规律近似，总体趋势较为一致，监测值与计算值之间的差异，主要是由施工参数、二次注浆等因素引起，说明数值模拟结果合理可信。

1. 掌子面压力的影响分析

掌子面压力是盾构机在施工中非常重要的技术参数，利用前面建立的有限元模型，初步设定注浆压力为 400kN/m² 的情况下，以 Y 方向 12m 处的断面为参考断面，分别取掌子面压力为 300kN/m²、400kN/m²、500kN/m² 时计算其地表沉降情况。

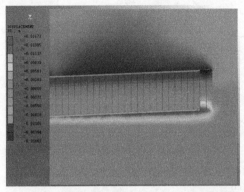
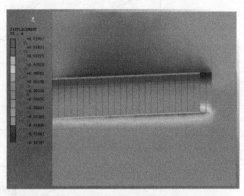

(a) 掌子面压力为 300kN/m²

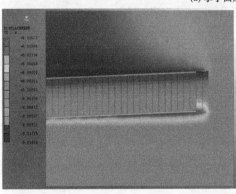
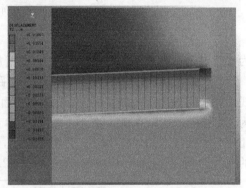

(b) 掌子面压力为 400kN/m²

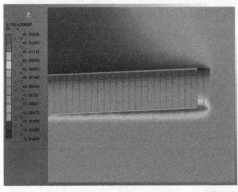
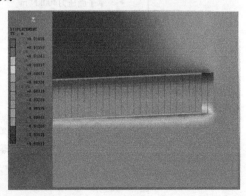

(c) 掌子面压力为 500kN/m²

图 2.2.11　不同掌子面压力纵断面竖向位移云图

图 2.2.11 为不同掌子面压力纵断面竖向位移云图，图 2.2.12 为与之对应的横向地表沉降曲线。从竖向位移云图中可以看出，掌子面压力越大，颜色越深的区域所代表的沉降值越小。对于地表横向沉降，隧道中心线所对应的地表沉降值最大，而越远离隧道中心线时沉降值越小。可以发现，增大土仓压力，可以有效地减小地表沉降值。

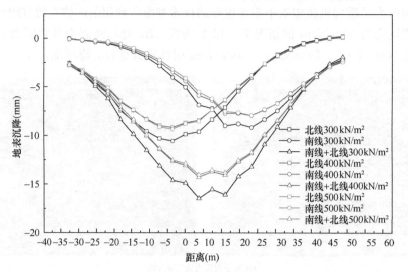

图 2.2.12 不同掌子面压力横向地表沉降曲线

图 2.2.13 为对应的纵向地表沉降曲线。对于纵向地表沉降，选取该断面隧道中心线处为参考点，可以看出，掌子面压力可以增加最终地表沉降，减小盾构到达前的地表沉降。当掌子面压力为 $300kN/m^2$ 时，开挖面距该参考点的纵向距离为 $-6m$ 时沉降稳定，北线最终稳定值为 $-9.6025mm$。设定掌子面压力以 $100kN/m^2$ 的幅度增加，当掌子面压力为 $400kN/m^2$、$500kN/m^2$，开挖面距该参考点的纵向距离为 $-16m$ 时，沉降增大的幅度相比掌子面压力为 $300kN/m^2$ 时明显较大，并且掌子面压力为 $400kN/m^2$ 和 $500kN/m^2$ 时的北线沉降分别为 $-10.4985mm$ 和 $-12.189mm$。掌子面压力从 $300kN/m^2$ 增加到

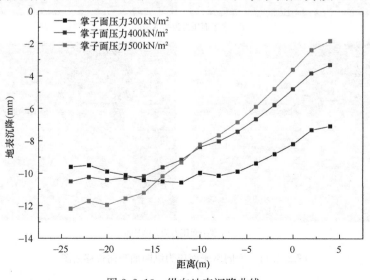

图 2.2.13 纵向地表沉降曲线

$400kN/m^2$,北线沉降量增加了 9.3%,而当掌子面压力从 $400kN/m^2$ 增加到 $500kN/m^2$,北线沉降量增加了 16.1%,说明当掌子面压力增大时,对最终地表沉降影响更大。

当掌子面压力为 $300kN/m^2$ 时,开挖面上方北线沉降为 $-8.183mm$,而当掌子面压力以 $100kN/m^2$ 的幅度增加,开挖面上方沉降明显减少。掌子面压力为 $400kN/m^2$ 和 $500kN/m^2$ 时的开挖面上方北线沉降分别为 $-4.7983mm$、$-3.5972mm$。掌子面压力从 $300kN/m^2$ 增加到 $400kN/m^2$,北线沉降量减少了 41.4%,而当掌子面压力从 $400kN/m^2$ 增加到 $500kN/m^2$,北线沉降量增加了 25%,说明当掌子面压力增大时,对最终地表沉降影响更小。对比南线和北线的沉降变化量,掌子面压力变化对南线开挖有更大的影响,但其差异较小,可以忽略。

图 2.2.14 为对应的分层沉降曲线。可以看出,掌子面压力可以减小盾构上方的土体变形,而对盾构下方的土体基本没有影响。当掌子面压力为 $300kN/m^2$ 时,各测点分层沉降的最大值分别为 $-10.4297mm$、$-14.474mm$、$-10.5609mm$,掌子面压力从 $300kN/m^2$ 增加到 $400kN/m^2$,各测点分层沉降的最大值分别为 $-8.82538mm$、$-12.1865mm$、$-9.16139mm$,左侧沉降量减小了 15.4%,上方沉降量减小了 15.8%,右侧沉降量减小了 13.3%,而当掌子面压力从 $400kN/m^2$ 增加到 $500kN/m^2$,各测点分层沉降的最大值分别为 $-8.62765mm$、$-11.2491mm$、$-8.95766mm$,左侧沉降量减小了 2.2%,上方沉降量减小了 7.6%,右侧沉降量减小了 2.2%,说明当掌子面压力为 $400kN/m^2$ 时,再增加掌子面压力对周围土体变形的作用已非常有限。施工中掌子面压力取 $400kN/m^2$,并在盾尾脱离后适当提高同步注浆压力或采取二次注浆比较合理。

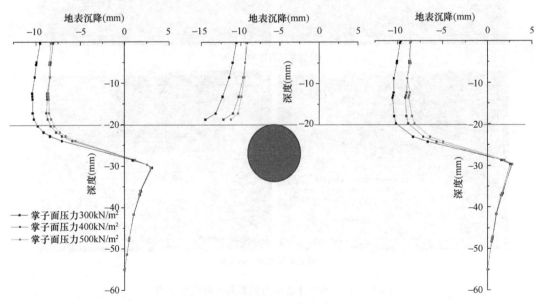

图 2.2.14 分层沉降曲线

2. 注浆压力的影响分析

由于盾尾空隙的存在会造成一定的地层损失,工程中普遍采用同步注浆或二次注浆的方法来减小这些损失,而这些浆液会在注浆压力的作用下进入周围地层,所以为了分析注浆压力对地表沉降的影响,利用前面建立的有限元模型,初步拟定掌子面压力为 $400kN/m^2$,

以 Y 方向 12m 处的断面为参考断面，分别取注浆压力为 300kN/m²、400kN/m²、500kN/m² 三种情况对模型进行分析。

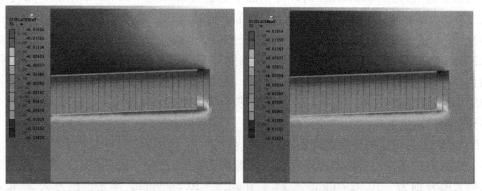

(a) 注浆压力为300kN/m²

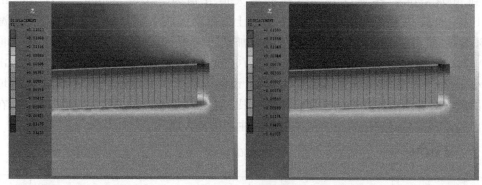

(b) 注浆压力为400kN/m²

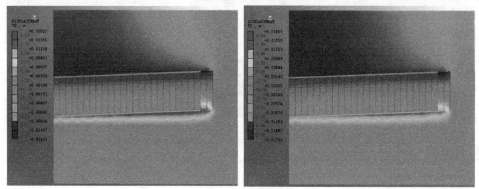

(c) 注浆压力为500kN/m²

图 2.2.15　不同注浆压力纵断面竖向位移云图

图 2.2.15 为不同注浆压力作用下纵断面竖向位移云图，图 2.2.16 为与之对应的横向地表沉降曲线，图 2.2.17 为纵向地表沉降曲线。从竖向位移云图可以看出，当注浆压力越大时，颜色越深的区域所代表的沉降值越小。对于横向地表的沉降，注浆压力造成的沉降变化幅度并没有掌子面压力所引起的那样剧烈，由于盾构隧道施工所造成的沉降具有累加性，故从中仍可发现隧道中心线所对应的地表沉降值最大，而远离隧道中心线横向地表沉降值越

小，注浆压力在一定程度上也可以减小地表沉降值。对于纵向地表沉降，Y方向24m处的断面隧道中心为参考点，可以看出，在-2m之前，注浆压力对减小地表沉降的没有作用，在-2m之后，注浆压力对弥补地层损失开始发挥作用，随注浆压力增大，沉降稳定值越来越小，相互之间变化幅度并不是很大，说明增加注浆压力对控制地表沉降非常有限。

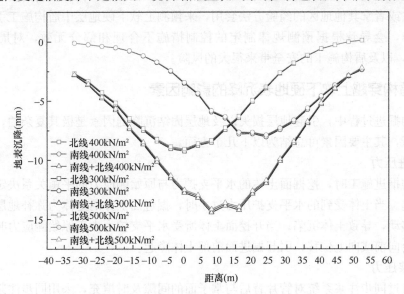

图 2.2.16 不同注浆压力横向地表沉降曲线

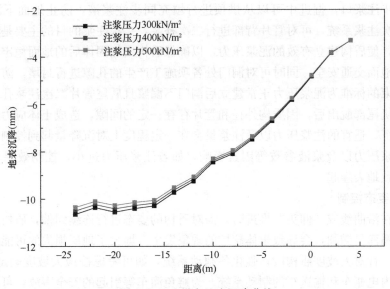

图 2.2.17 纵向地表沉降曲线

2.3 复合地层盾构隧道变形及地表沉降监测分析与预测模型

盾构穿越上软下硬复合地层时，由于地层上下部之间的岩土体物理力学性质差异大，掘进通过的软硬层的空间组合形态多变，存在刀盘对前方岩土体的切削程度不一致、盾构姿态难以控制等问题，会对周围岩土体产生较大的扰动，引发显著的地层变形，多以地表沉降形式为主，加上掘进通过的软硬层的空间组合形态多变，上部地表沉降的分布规律更加复杂，与单一地层盾构引起的地表沉降分布特点和分布范围必然存在明显差异。盾构施工时需要控制地表沉降的发展和主要影响范围，以保证既有建（构）筑物的安全。采用传统预测方法或者拿其他地区的经验方法套用，来预测上软下硬地层中盾构施工引起地表沉降分布规律，会导致根据预测规律制定的控制措施不合理和部分无效，对周围既有建（构）筑物，以及盾构施工的安全带来很大的风险。

2.3.1 盾构穿越上软下硬地表沉降的影响因素

在盾构掘进过程中，引起地层损失以及地层固结沉降的因素是极其复杂的，对地表沉降因素分析，其主要因素可总结为以下几个方面。

1. 掘进压力

当盾构推进施工时，挖掘面土体的水平支护力与原始侧应力的平衡关系决定着地表的沉降或隆起。当土体受到的水平支护压力过小时，掘进面上方的土体为弥补地层损失而向隧道内部移动，导致土体沉陷；当开挖面土体所受水平支护力大于原始侧应力时，掘进面上部土体会向前或向上位移，引起掘进面前部土体隆起。

2. 注浆压力

盾构通过同步注浆系统对管片背后与掌子面的间隙及时填充，采用同步注浆管路，注浆管内嵌于尾盾壳体内，采用 4 台 KSP12 同步注浆泵进行注浆，注浆能力 $48m^3/h$，顶部设置 2 个同步注浆口，掘进中可以从拱顶进行填充同步注浆液，防止地面下沉和隧道渗水。配置二次注浆系统，可对管片背部进行二次补浆，二次注浆的目的主要是在盾构后边形成封闭环，使盾构建立有效的泥浆压力，以确保盾构出加固体后的地面稳定，避免出现塌陷而影响地面交通安全。同时可对洞门处各项施工产生的孔隙进行封堵，防止洞门渗漏水。注浆结束的标准为泥浆压力正常建立后洞门不漏浆且盾尾管片二次注浆孔打开后不渗水。当盾构机尾部脱出后，因盾构外径和管片存在一定的间隙，造成土体应力松弛，从而引起地层下沉，适宜的注浆压力以及注浆量会在一定程度上对沉降量起到控制作用。其作用效果受注浆压力以及浆液参数等因素影响，如若注浆压力过小，控制效果不明显，反之，则会导致地表隆起。

3. 盾构姿态控制

盾构机在沿曲线或"仰头"推进时，需对盾构的姿态进行连续纠偏，盾构实际的挖掘面不是规则圆而是椭圆，会导致土体超挖的现象发生，增大了地层损失的可能性，进而引发地表沉降。针对大坡度盾构段，强化各制动系统，如可考虑按最大坡度确定牵引车头，优化盾构机内电瓶车和输送车的制动系统，为避免溜车等引起的安全事故，可设置阻轨器和防撞梁。（1）掘进速度一般控制小于 40mm/min，防止因速度过快耽误了姿态纠偏的最佳时机，甚至导致盾构姿态的失控；（2）盾尾和管片的间隙控制：对小曲率半径曲线盾构姿态的控制措施，一般从盾构掘进速度、盾尾在 60mm 以内，保证盾尾间隙与盾构姿态、管片姿态相匹配；（3）同步注浆要饱满均匀且凝结及时，保证管片脱盾尾时盾尾间隙和注浆量平衡，一般要求注浆量达到理论注浆量的 150%～200% 为宜。控制每环管片的调整量小于 5mm；（4）减少导线点的布置数量，适当提高监测频率，指导纠偏；（5）为了保证盾构姿态和管片姿态相匹配,并结合工程实际,隧道轴线外侧与内侧千斤顶行程差控制在 20~40mm 为宜。盾构姿态的测量包括平面及高程偏差、切口里程的偏差、偏转角度的偏差等。盾构姿态测量如图 2.3.1 所示。以盾构刀盘的中心为圆点,经过圆点沿着盾构掘进方向和垂直于盾构机中心轴线分别设为 X 轴和 Y 轴,竖直方向为 Z 轴,通过在刀盘四周设置螺杆作为固定参考点,辅助测量盾构机各项偏差量,实测刀盘中心点坐标可以确定盾构机的俯仰角度和掘进里程。实测 A 点和 C 点的高差变化可以确定盾构机的旋转角度,根据对盾构姿态的测量,采取相应的纠偏措施。

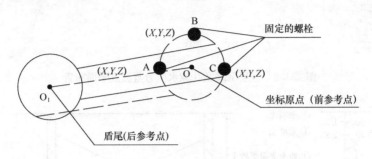

图 2.3.1　盾构姿态测量示意图

盾构掘进过程不可避免地出现盾构掘进轴线偏离隧道设计轴线,纠偏的目的是将偏离的盾构轴线尽快且准确地回归线路设计轴线上来,保证盾构机掘进轴线、隧道设计轴线、管片中心轴线三者尽量拟合。纠偏时应尽量控制盾构姿态不突变、做到勤测量勤纠正,小半径曲线盾构段要做到环环纠正,保证调整过程中运动轨迹平顺,盾构姿态和管片姿态相匹配,并结合工程实际,隧道轴线外侧与内侧千斤顶行程差控制在 20~40mm 为宜,当需要更大的行程差时,可通过选择不同的管片楔形量来调整姿态,楔形量可通过采取外部措施来增加,如在管片侧边粘贴橡胶纤维。在盾构姿态变化大的区间,可以预留一定的偏移量。

2.3.2　测点的布设

1. 孔隙水压力及分层沉降监测点布置

盾构由东向西掘进,因此在两个试掘进段内由东向西依次埋设 5 个孔隙水压力监测点及分层沉降监测点(以下简称为监测点),孔隙水压力布置在⑥$_1$ 层,布置在不同层的孔隙水压力产生与消散规律有所差别。同时对应布置了地表沉降监测点,监测点平剖面布置如图 2.3.2 和图 2.3.3 所示[12]。试验段针对北线盾构布置,南线盾构未建。

2. 地表沉降监测点布置

在隧道正上方沿盾构中线每 6m 布设一个沉降监测点,每 23m 布设一个沉降监测断面,断面垂直于隧道轴线,断面各点以双线隧道两条轴线中点起向两侧间距分别为 2m、6m、9.5m、13.5m、17.5m、21.5m、27.5m、33.5m,每排断面共计 16 个点,如图 2.3.4 所示。

3. 测点的埋设及监测频率控制标准

地表隆陷监测点标志采用窨井测点形式,采用人工开挖或钻具成孔的方式进行埋设,

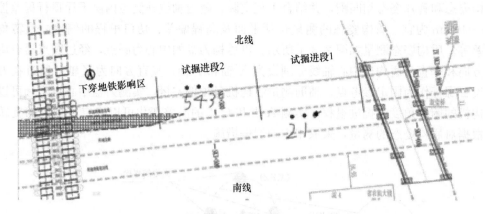

图 2.3.2 分层沉降及孔隙水压力监测点平面布置

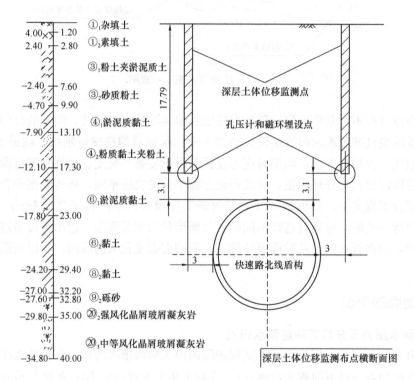

图 2.3.3 分层沉降及孔隙水压力监测点剖面布置

要求穿透路面结构层（埋设形式如图 2.3.5 所示）。测点加保护盖，孔径不得小于 120mm。道路、地表沉降监测测点应埋设平整，防止由于高低不平影响人员及车辆通行，同时，测点埋设稳固，做好清晰标记，方便保存。

从 2020 年 11 月开始，对研究区间进行地表沉降监测。当 $L \leqslant 40m$ 时，监测频率为 2 次/d；当 $40m < L \leqslant 100m$ 时，监测频率为 1 次/d；当 $L > 100m$ 时，监测频率为 1 次/周。其中，L 为监测点至开挖面的水平距离。施工允许地表沉降量控制值为 $-30mm \sim +10mm$，沉降速率控制值为 $\pm 2mm/d$。

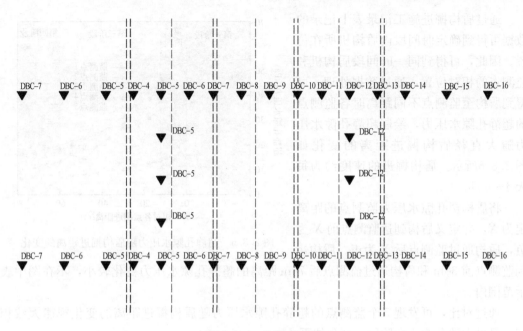

图 2.3.4　监测点布置

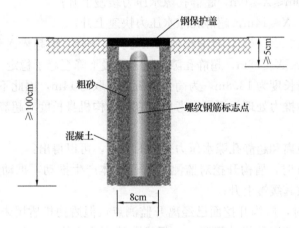

图 2.3.5　地表隆陷监测点布置

2.3.3　监测结果分析

1. 超静孔隙水压力分析

各点的孔隙水压力减去初测稳定后的孔隙水压力即为该点因盾构掘进产生的超静孔隙水压力。超静孔隙水压力是由盾构开挖过程中的推力、摩擦力及注浆压力等作用扰动土体产生的。实测资料表明，超静孔隙水压力在盾构掘进期间主要分为以下三个阶段：①超静孔隙水压力的产生，该阶段发生在盾构未到达监测断面之前，主要由于受到盾构推力的影响；②超静孔隙水压力的达到峰值，该阶段为盾构通过时，盾构的挤压及摩擦使得隧道周围土体的超静孔隙水压力继续增加，同时可能受到盾尾注浆压力的影响；③超静孔隙水压力的消散，该阶段在盾构机盾尾通过后，超静孔隙水压力逐渐消散。

通过盾构掘进施工记录表上记录的数据可得到确定时间段内盾构机所在位置。因此，可得到同一时间段盾构机和监测点的相对位置，通过数据处理，可得到盾构至监测点不同距离时各监测点的超静孔隙水压力，绘制超静孔隙水压力随大直径盾构掘进距离的变化如图2.3.6所示。盾构掘进的速度约为每天4～6环。

将盾构至孔隙水压力监测点的距离定为 X，并定义盾构到达监测点前 X 为负，盾构通过监测点后 X 为正。盾构达

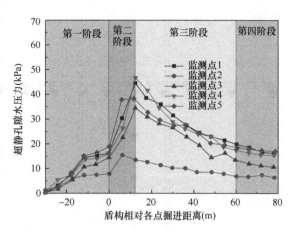

图2.3.6 超静孔隙水压力随盾构掘进距离的变化

到监测点前30m和盾构通过监测点后78m距离的超静孔隙水压力变化较小，不在图中表示范围内。

通过对比，可发现5个监测点的超静孔隙水压力随盾构掘进距离的变化规律大致相同，且可大致分为4个阶段，划分如下：

第一阶段：$-30m \leqslant X \leqslant 0m$，超静孔隙水压力缓慢上升；

第二阶段：$0m \leqslant X \leqslant 14m$，超静孔隙水压力快速上升；

第三阶段：$14m \leqslant X \leqslant 60m$，超静孔隙水压力明显下降，但趋势逐渐减缓；

第四阶段：$60m \leqslant X \leqslant 78m$，超静孔隙水压力缓慢下降至趋于稳定。

考虑盾构机本身长度为13.8m，为简化分析，可取为14m，因此不能简单地把盾构作为作用在开挖面上的推力处理，而是应考虑大直径盾构机身长度对超静孔隙水压力变化的影响。

分析盾构掘进距离和超静孔隙水压力变化的关系，可以得出：

$-30m \leqslant X \leqslant 0m$ 时，盾构开挖对监测点附近土体产生推动，推动力对超静孔隙水压力有一定影响，导致其缓慢上升；

$0m \leqslant X \leqslant 14m$ 时，盾构开挖面已经离开监测点，但盾构机盾尾未脱离监测点，该阶段监测点附近土体受挤压及扰动程度大，超静孔隙水压力快速上升，并在 $X=14m$ 附近达到峰值；

$14m \leqslant X \leqslant 60m$ 时，盾构机与监测点的距离逐渐增长，盾构机掘进作用力产生的土体扰动对监测点的影响逐渐减小，随着时间的推移，监测点的超静孔隙水压力逐渐下降，土体产生固结沉降；

$60m \leqslant X \leqslant 78m$ 时，盾构机距监测点较远，盾构掘进对监测点超静孔隙水压力影响微乎其微，监测点超静孔隙水压力在时间的推移下趋于稳定，且稳定后监测点附近土体仍存在因盾构掘进影响而产生的超静孔隙水压力。该阶段土体固结沉降曲线相对平缓。

盾构开挖面离开监测点78m时的超静孔隙水压力基本在15kPa左右，盾构开挖面到达监测点时的超静孔隙水压力值基本在12kPa左右，说明超静孔隙水压力消散基本稳定时的数值与盾构开挖面到达监测点时的数值基本接近。通过后期长期监测发现，超静孔隙水压力仍会有一定下降并最终稳定在7kPa左右，表明盾构掘进引起的附近土体超静孔隙

水压力不会在短时间内彻底消散，这与试验段的土层渗透系数相对较低有关。

2. 分层沉降分析

5个孔隙水压力监测点对应的地表沉降随时间的变化规律如图2.3.7所示。可以看出，盾构开挖之后，地表沉降逐渐趋于平稳，除了监测点5之外，其余4个监测点的沉降截至2月9日时变化最大值约29mm。结合盾构施工过程中土体孔隙水压力的变化规律可以发现，在盾构穿越土体中会产生超静孔隙水压力，在超静孔隙水压力消散过程中，土体会产生一定的固结，相应地会产生明显的地表沉降。

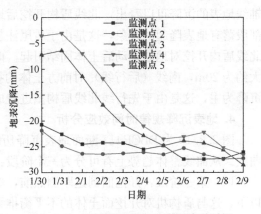

图2.3.7　试验段监测点地表沉降随时间变化规律

3. 地表纵向变形分析

图2.3.8和图2.3.9为南北线隧道中轴线对应地表沉降纵向变形曲线，横坐标原点为盾构机刀盘位置。可以看出，盾构掘进对前方土体影响范围约为20m，开挖面前方及盾构机上方地表均表现为沉降，沉降平均值为7mm，这与掘进参数设置、盾构壳与土体的摩擦等因素有关。盾构开挖后方主要以沉降为主，比较北线（先行线）和南线（后行线）中

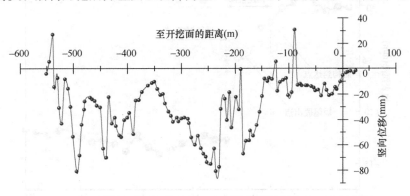

图2.3.8　盾构施工引起的北线（先行线）隧道纵向地面变形曲线

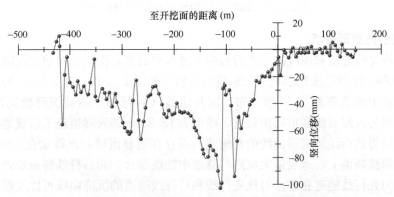

图2.3.9　盾构施工引起的南线（后行线）隧道纵向地面变形曲线

轴线地表的沉降可以看出，北线盾构开挖后地表的沉降量整体上较南线要小，而且北线局部段落有地表隆起的现象，这是由于盾尾注浆过大引起，南线主要以沉降为主，这是由于北线盾构开挖对地层扰动后土体固结引起。此外，北线（先行线）对前方土体的扰动范围大约为20m，南线（后行线）对前方土体的扰动范围更大，达到150m，而且前方也是以沉降为主，这是由于先行线北线盾构掘进造成的。

4. 地表沉降规律时间效应分析

图2.3.10为DBCR417断面地表沉降历时曲线。盾构机通过测点前后地表纵向沉降曲线。从曲线整体趋势上看可分为三个阶段：缓慢隆起、快速沉降、平稳沉降。

（1）第一阶段：开挖面到达距测点前，地面有少量隆起现象，隆起量基本在1.35mm以下，这与盾构机对开挖面土体的不平衡推力和土仓压力的控制有直接关系；

（2）第二阶段：在盾构机接近及通过测点一定距离时，由于盾壳摩擦力、盾尾注浆压力、盾壳脱离引起的空隙、盾构姿态变化引起切口和盾尾挤压土体等共同作用对盾构周围土体影响强烈，此时地面急剧沉降，沉降值为13.64mm，沉降速率为1.52mm/d；

（3）第三阶段：盾尾通过测点一定距离后，地面沉降平稳下来，由于受扰动的土体排水固结，地面仍会产生少量的沉降，最终稳定在－15mm。

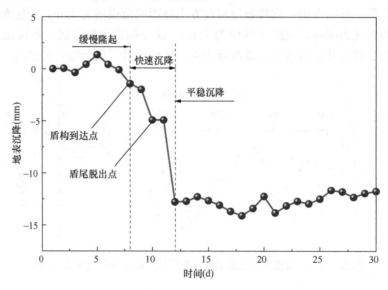

图2.3.10　DBCR417断面地表沉降历时曲线

5. 地表横向变形分析

为了分析北线隧道和南线隧道在盾构施工过程中的相互作用及对地表沉降的影响，取DBC-58和DBC-62单线横断面地表沉降进行分析，如图2.3.11、图2.3.12所示。可以看出，单线断面上地表沉降呈V形分布，而且南线（后行线）隧道沉降槽宽度大于北线（先行线）。因为区间双线隧道间距较近，净距为13.5m，邻线隧道施工造成地表沉降存在相互影响，使得后行线的沉降曲线的右侧监测点存在明显沉降，沉降量在5~6mm左右。先行线隧道的横断面上，地表最大沉降与隧道中轴线重合。而后行线隧道地表最大沉降偏离中轴线，向先行线隧道靠近。对比先行线和后行线隧道的沉降曲线可以发现，靠近邻线隧道一边的地表沉降规律受邻线隧道施工影响明显，远离邻线另一边受到的影响较弱。后行线隧道的最大沉降量由隧道轴线正上方向邻线方向偏移，沉降槽中心向邻线方向偏移。后行线盾构施工引起的土体变形量大于先行线，这是由先行盾构施工扰动，土体的物理力学性质发生了变化引起的。

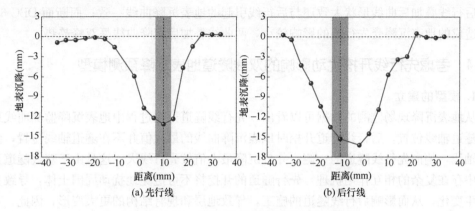

图 2.3.11 DBC-58 单线横断面地表沉降

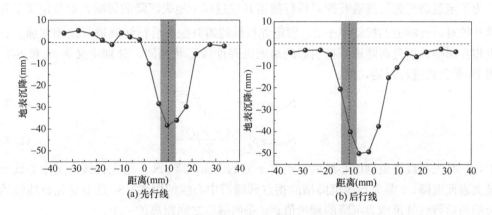

图 2.3.12 DBC-62 单线横断面地表沉降

DBC-58 和 DBC-62 双线横断面地表沉降曲线如图 2.3.13 和图 2.3.14 所示，可以看出，断面 DBC-58 中双线隧道地表沉降曲线呈 V 形，而且峰值沉降量偏向先行线一侧。断

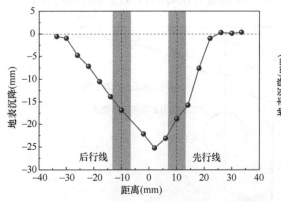

图 2.3.13 DBC-58 双线横断面地表沉降

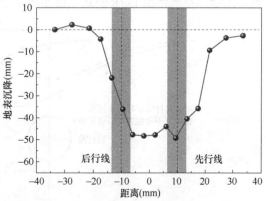

图 2.3.14 DBC-62 双线横断面地表沉降

面 DBC-62 中双线隧道地表沉降曲线呈双峰趋势，即两个峰值沉降量，但是先行线的峰值沉降大致与隧道轴线重合，而后行线的峰值沉降同样偏向先行线一侧。造成这种现象的原因在于，对于断面 DBC-58，由于后行线引起的地表沉降受先行线的影响过大，因此先行线和后行线叠加后曲线形状大致还与后行线引起的地表沉降曲线一致；而断面 DBC-62 后行线造成的地表沉降受先行线的影响较小，两曲线叠加后沉降曲线呈双峰趋势。

2.3.4 考虑先行线开挖扰动影响的双线隧道地表沉降预测模型

1. 模型的建立

从地表沉降现场监测的数据可以看出，先行线隧道开挖过程中地表沉降监测曲线最大值在隧道轴线位置，后行线隧道开挖时地表沉降曲线的最大值并不在隧道轴线位置，而是偏离轴线，偏向先行线隧道的一侧，并且沉降最大值较先行线大。这是由于双线隧道开挖过程中存在复杂的相互作用机理，先行隧道的开挖将不可避免地扰动周围土体，导致其强度发生变化，从而影响后行线隧道的施工，导致地层和现有结构的更大变形，因此，双线隧道施工中存在复杂的相互作用机制。

为了定量研究先行隧道开挖对后行隧道开挖过程中地表沉降的影响，本节定义了先行隧道开挖对后行隧道的扰动因子 χ。假定先行线隧道开挖与后行线隧道开挖相互独立、不产生相互影响，而且两隧道开挖引起的地表沉降曲线形状相同，分别定义为 S_1 和 S_2，可采用 Peck 公式进行预测，即：

$$S_1 = S_{\max} \exp\left[-\frac{(x-d)^2}{2i^2}\right] \tag{2.3.1}$$

$$S_2 = S_{\max} \exp\left[-\frac{(x+d)^2}{2i^2}\right] \tag{2.3.2}$$

式中，S_1 是先行线隧道到中心线偏移距离 x 处的表面沉降；$S_{\max}$ 是先行线隧道中心线上方的最大表面沉降；i 是先行线沉降槽的拐点到隧道中心线的距离；S_2 是不受先行线隧道开挖影响的后行线隧道地表沉降的理论值；d 是两隧道之间距离的一半。

实际上后行隧道的开挖引起的地表沉降 S_3 受先行线隧道的影响较大，不但沉降最大值大于先行线隧道的地表沉降，而且偏向先行线隧道一侧，如图 2.3.15 所示，产生这种现象的原因是先行线隧道开挖扰动。因此，要对后行线隧道开挖引起的地表沉降进行预测，不能简单地使用 Peck 公式，而是要基于先行线隧道开挖对后行线隧道的影响对 Peck

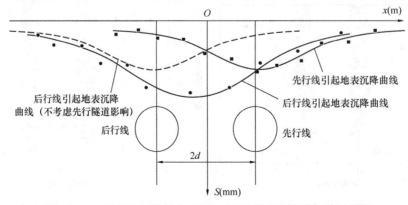

图 2.3.15 考虑先行线隧道开挖扰动的双线隧道地表沉降示意图

公式进行修正。为了研究先行隧道开挖对地表沉降的扰动，本节提出的扰动因子 χ 可定义为相同偏移距离下后行线隧道开挖引起的实际地表沉降值 S_3 与不受先行线隧道开挖引起的地表沉降值 S_2 的比值，即：

$$\chi(x) = \frac{S_3}{S_2} \quad (2.3.3)$$

根据先行线隧道和后行线隧道开挖过程中引起的地表沉降监测数据的拟合曲线，结合式（2.3.3）可以得到扰动因子的变化规律，如图 2.3.16 所示。可以看出，扰动因子 $\chi(x)$ 的曲线关于 $x=r$ 对称，而且值

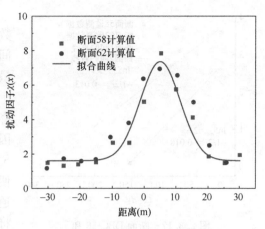

图 2.3.16　扰动因子的变化规律

大于 1，因此可以采用正态曲线的分布函数来描述，即：

$$\chi(x) = m\exp[-n(x-r)^2] + t \quad (2.3.4)$$

式中，m、n、r 和 t 为模型参数，通过拟合实测沉降数据计算出的扰动因子即可得到。

采用式（2.3.4）对断面 DBC-58 和 DBC-62 先行线隧道开挖引起的扰动因子进行拟合，对应的模型参数为 $m=5.75$、$n=0.013$、$r=5.3$、$t=1.6$，可以看出该地层条件下两个断面处的扰动因子变化规律相等，在距离为 5.3m 处其值最大。

当先行线隧道对后行线隧道开挖造成的地表沉降扰动因子确定之后，本节基于该扰动因子对 Peck 公式进行修正，便可得到后行线隧道开挖引起的地表沉降，即：

$$\bar{S}_2 = \chi(x)S_2 = [m\exp[-n(x-r)^2] + t]S_{\max}\exp\left[-\frac{(x+d)^2}{2i^2}\right] \quad (2.3.5)$$

当利用扰动因子 $\chi(x)$ 修正了考虑先行线隧道开挖影响的后行线隧道施工引起的地表沉降曲线后，将先行线和后行线隧道引起的地表沉降曲线进行叠加，得到双线隧道开挖引起的地表沉降计算公式为：

$$S = S_1 + \bar{S}_2 = S_{\max}\exp\left[-\frac{(x-d)^2}{2i^2}\right] + [m\exp[-n(x-r)^2] + t]S_{\max}\exp\left[-\frac{(x+d)^2}{2i^2}\right]$$
$$(2.3.6)$$

从式（2.3.6）中可以看出，根据实测地表沉降数据拟合出扰动因子的参数，对 Peck 公式进行修正来预测双线隧道开挖引起的地表沉降。

2. 模型的验证

利用断面 DBC-58 和 DBC-62 的沉降数据验证本节提出的预测模型的正确性。对式（2.3.1）两侧取对数，可得：

$$\ln S_1 = \ln S_{\max} + \left(\frac{-1}{2i^2}\right)(x-10)^2 \quad (2.3.7)$$

可以看出，式（2.3.7）是变量 $\ln S_1$ 和 $(x-d)^2$ 的线性方程，截距为 $\ln S_{\max}$，斜率为 $\left(\frac{-1}{2i^2}\right)$，如果将沉降监测数据 $\ln S_1$ 作为纵坐标，对应的 $(x-d)^2$ 为横坐标来回归直线，则可以确定出最大沉降值 $S_{\max}$ 和沉降槽的拐点 i。

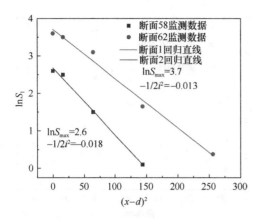

图 2.3.17 断面 DBC-58 和
DBC-62 地表沉降参数的确定

将断面 DBC-58 和 DBC-62 的地表沉降监测数据代入式（2.3.7），可得 $\ln S_1$ 和 $(x-d)^2$ 之间的关系，如图 2.3.17 所示，断面 DBC-58 的最大地表沉降和沉降槽拐点为 $S_{max}=38.35$mm，$i=5.27$m；断面 DBC-62 的最大地表沉降和沉降槽拐点为 $S_{max}=13.1$mm，$i=6.21$m。将扰动因子的模型参数 m、n、r、t 和断面的沉降参数 S_{max} 和 i 分别代入式（2.3.1）和式（2.3.5），便可以得到断面 DBC-58 和 DBC-62 中先行线隧道和后行线隧道开挖引起的地表沉降计算值，将模型计算结果与现场实测结果进行比较，如图 2.3.18 所示。可以看出，Peck 公式对先行线隧道开挖引起的地表沉降可以很好地进行预测，而受先行线隧道开挖的影响，后行隧道开挖引起的地表沉降采用扰动因子 $\chi(x)$ 对 Peck 公式修正后同样能够比较准确地预测，证明了本节提出的基于扰动因子修正的地表沉降预测模型的合理性。

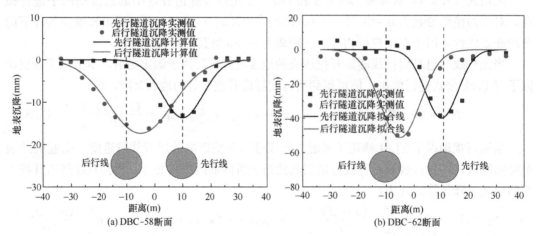

图 2.3.18 断面 DBC-58 和 DBC-62 单线隧道开挖地表沉降监测数据与模型计算结果比较

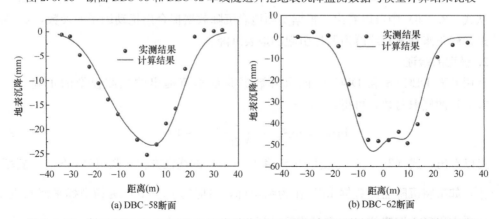

图 2.3.19 断面 DBC-58 和 DBC-62 双线隧道开挖地表沉降监测数据与模型计算结果比较

此外，将上述模型参数代入式（2.3.6），可对双线隧道开挖引起的地表沉降进行预测，如图 2.3.19 所示。可以看出，模型计算值与实际工程中的监测数据相吻合，说明了本节提出的双线隧道开挖引起地表沉降预测模型的正确性。

2.4 本章小结

相比均质地层，上软下硬复合地层同时拥有力学特性差的软土和力学特性好的硬岩，给盾构穿越带来了很大的挑战。不仅体现在地层力学特性的差异造成的隧道周围土体移动模式不同，而且由于开挖隧道断面的地层复合比的不同，盾构机在施工过程中受力不均，盾构姿态时刻发生变化，难以控制。本章分析了复合地层中盾构隧道开挖地层损失和盾构机姿态偏转引起的地表沉降，建立了复合地层中盾构隧道开挖的数值模型，研究了隧道开挖过程中的土体变形特性。

（1）对随机介质理论进行了简化，在保证精度的同时提升了计算的简便性，本节方法计算所得地表沉降曲线与实测数据吻合度较高，可以用于盾构穿越上软下硬地层引起的地表位移值估算。通过 26 组实测数据的统计分析可以看出，盾构穿越上软下硬复合地层引起的土体损失率分布在 0.09%～2.2%，与黏性土中的取值规律大致类似。

（2）通过对比同一工程（区段）不同断面的地表沉降实测数据，发现土体损失率随着开挖断面硬岩比的增大而减小，且大致呈线性相关，而不同工程（区段）之间由于地层条件、施工水平和隧道埋深等因素差别较大，导致土体损失率取值上的差异性。

（3）当复合地层中上部软土所占的比例较小，即地层复合角较小时，盾构开挖过程中地表的沉降较小，但是地表沉降槽的宽度较大，沉降槽曲线整体呈平缓状态。当地层复合角一定时，地表沉降随着盾构偏心率的增大而增大，与注浆填充率的影响不同，沉降槽曲线的范围随着沉降曲线的增大而增大。

（4）双线隧道开挖过程中存在复杂的相互作用机理，先行隧道的开挖将不可避免地扰动周围土体，导致其强度发生变化，以及地层和现有结构的更大变形。本节通过引入扰动因子建立了考虑先行线隧道开挖影响的后行线隧道和双线隧道开挖引起的地表沉降预测模型，并根据断面 DBC-58 和 DBC-62 的监测数据对模型的合理性进行了验证。

参考文献

[1] 齐永洁，朱建才，周建，等. 土岩复合地层中盾构施工引起的地表位移预测[J]. 岩土工程学报，2022，39(1)：62-72.

[2] 魏纲，张鑫海，徐银锋. 考虑多因素的类矩形盾构施工引起土体竖向位移研究[J]. 岩石力学与工程学报，2018，37(1)：199-208.

[3] Knothe S. Observations of surface movements under influence of mining and their theoretical interpretation[C]// Proceedings of European Conference on Ground Movement. Leeds, UK: University of Leeds, 1957: 210-218.

[4] 王天佐. 长春软弱泥岩中地铁隧道施工引起的地层变形研究[D]. 长春：吉林大学，2016.

[5] 韩煊，李宁. 隧道施工引起地层位移预测模型的对比分析[J]. 岩石力学与工程学报，2007，26(3)：594-600.

[6] Yang X L, Wang J M. Ground movement prediction for tunnels using simplified procedure[J]. Tun-

neling and Underground Space Technology,2011,26(3):462-471.

[7] Verruijt A,Booker J R. Surface settlements due to deformation of a tunnel in an elastic half plane [J]. Géotechnique,1998,48(5):709-713.

[8] Sagaseta C. Analysis of undraind soil deformation due to ground loss[J]. Géotechnique,1988,37(3):301-320.

[9] Lee K M,Rowe R K,Lo K Y. Subsidence owing to tunnelling. I. Estimating the gap parameter [J]. Canadian Geotechnical Journal,1992,29(6):929-940.

[10] 魏纲. 盾构法隧道统一土体移动模型的建立[J]. 岩土工程学报,2007(04):554-559.

[11] 朱才辉,李宁,柳厚祥,等. 盾构施工工艺诱发地表沉降规律浅析[J]. 岩土力学,2011(01):158-164.

[12] 朱建才,徐敏,孙樵,等. 既有地铁影响区前大直径盾构试验段监测研究[J]. 科技通报,38(9):91-95.

第 3 章　软硬复合地层隧道管片力学特征

目前对软硬复合地层中进行盾构隧道的设计与施工主要依赖于工程经验及参考类似的工程案例，还没有具体的理论体系和设计标准规范来指导工程的实施，软硬复合地层中盾构隧道的理论研究滞后于工程应用，而且在此类复合地层中盾构隧道管片的设计方法及施工阶段在外部荷载作用下的力学特性也很少研究。因此目前在软硬复合地层中进行盾构隧道管片的设计存在盲目性，这也导致了施工及运营阶段经常出现管片开裂、管片沉降过大、塌方等险情，增大了工程安全风险。如果在复合地层中盾构隧道管片的设计过于保守，也会提高工程的资金投入，造成浪费。因此，很有必要对软硬复合地层中盾构隧道衬砌管片在荷载作用下的力学特性做深入研究，了解其在复合地层中盾构开挖过程中的力学响应，为实际工程的设计与施工提供一定的理论指导。

3.1　软硬复合地层隧道管片受力的理论模型

在分析软硬复合地层条件下隧道管片的力学特征之前，首先需要详细地了解盾构隧道管片结构的设计理论和计算方法，然后根据软硬复合地层的特性对管片的受力模型进行改进或修正。

3.1.1　隧道管片结构设计理论

隧道管片结构设计理论的发展主要分为三个阶段。

（1）第一阶段：古典岩土压力理论阶段，以海姆、朗肯和金尼克等为代表。这些理论将作用在管片结构上的竖向荷载近似地认为是上覆地层的总竖向压力，将竖向压力乘以侧压力系数便可得到侧向压力的值。这些理论对于埋深较小，而且松散岩土中的管片结构设计较为合适。

（2）第二阶段：散体压力理论阶段（松弛荷载理论），以太沙基、普罗托季亚科诺夫等为代表，以 20 世纪 20 年代所提出的"松弛荷载理论"为基础。这些理论中的核心内容为：稳定的岩体有自稳和承载能力，不会对管片结构产生一定的荷载。作用在管片结构上的土压力不等于上覆岩土的总重量，而是拱顶产生松弛并可能塌落部分的岩体重力，围岩产生塌落的范围与地下工程的跨度、围岩的力学特性有关。随着地下工程开挖深度的增加，不稳定的岩体可能坍塌，需要支护结构予以支撑。

"松弛荷载理论"将隧道管片结构和围岩分开考虑，隧道管片结构是承载主体，而隧道松散的围岩作为荷载的来源和管片结构的弹性支承之间的关系，是建立"荷载-结构"力学体系的基础。在这类模型中，隧道管片结构与围岩之间的相互作用是通过弹性支承对管片结构施加约束来实现的。

（3）第三阶段：隧道结构和围岩之间共同作用理论阶段（岩承理论），该理论在 20 世纪50年代由拉布西维兹、米勒·菲切尔、芬纳·塔罗勃和卡斯特奈等提出，其核心内容是：由于岩体自身具有承载自稳特性，因此隧道围岩一般具有稳定性；隧道围岩丧失稳定需要一个过程，如果在隧道失稳的过程中提供一定的支护约束，则隧道围岩仍然能够保持在稳定的状态。

"岩承理论"建立的是岩体力学模型，它将支护结构和围岩视为一体，作为共同承载的隧道结构体系，故又称复合整体模型。在这个模型中，围岩是直接的承载单元，支护结构只是用来约束和限制围岩变形的边界条件。复合整体模型是当前隧道结构体系设计中力求采用并在发展的模型，与新奥法隧道施工思路一致。"岩承理论"更注重对过程的控制，也是对围岩自承能力的充分利用。

3.1.2 隧道管片结构设计计算模型

由于隧道管片结构的设计受众多因素的影响，在设计过程中着眼点和侧重不同，因而产生和形成了不同的思维模式和设计模型，目前计算模型主要可分为以下四种。

1. 工程类比法（经验设计法）

此种方法就是将拟建的地下工程的自然条件和工程条件与已建成的类似工程相比较，将已完工项目的相关工程状况、影响因素及工程设计等方面的有关经验，应用到类似的拟建地下工程中去，借鉴成功的工程设计经验进而确定拟建工程的有关设计参数，或参照各类设计规范和法规提供的经验参数完成设计。

此法的基础在于积累和整理既有工程资料，充分掌握以往类似工程的成功经验，建立合理的围岩分类体系，对地下工程围岩进行正确分级，同时关键是做好施工过程的监控量测和信息反馈。地下工程围岩地质环境复杂，要取得准确的地质、围岩参数和设计荷载极其困难，而且一些施工技术机理复杂，研究尚不完整，计算理论不成熟，因此在相当长的历史时期内，经验判断对地下工程设计都有很大的作用。

2. 结构荷载共同作用设计法（收敛-约束设计法）

在说明此方法之前，需要了解地下工程施工中围岩应力及位移状态的变化机理。地下工程开挖前，岩体处于初始应力状态，为一次（原始）应力平衡状态；地下洞室开挖后，引起了围岩应力的重调整分布，同时围岩将产生向隧道内的位移。在这个应力重分布的过程中，根据围岩强度和稳定性的不同，可能出现两种情况：一是围岩强度高、整体性好，围岩收敛到一定程度后就将自行停止，达到稳定状态，形成了新的应力场，称之为围岩的二次应力平衡状态；二是围岩应力集中过强，围岩强度低，因此在收敛过程中无法达到稳定状态，出现塑性变形甚至塌落。针对第二种情况，必须设置承载型的支护结构，从隧道内部对围岩施加约束，控制围岩变形，改善围岩的应力状态，促使其达到新的稳定状态，这就是三次应力平衡状态。直到形成这样一个稳定的洞室结构，这个复杂的力学变化过程才算结束。

针对洞室开挖后围岩无法自行达到稳定状态的情况，需要设置一定刚度的支护结构。支护设置后，在弹性范围内，支护的变形越大，支护能提供的抗力越大，当支护的刚度不足以完全制止围岩的持续变形时，随着变形的加剧，围岩残留形变荷载减小，支护提供的抗力增加，二者最终在某个围岩变形值处达到平衡。这种利用围岩与支护共同作用特性来选择支护参数的方法被称为收敛-约束设计法（特征曲线法）。围岩与支护特征曲线代表了围岩和支护的力-位移关系，需要经过力学计算获得。在一般情况下，洞室周边各点处的特征曲线和支护特征曲线是不同的，设计应由最不利位置的特征曲线控制。

3. 荷载-结构模型（结构力学模型理论设计法）

此法是根据具体工程的特点，建立合理的简化力学结构模型，以此为基础进行隧道管片结构设计。在此过程中，最为关键的便是计算模型的选定，要综合考虑围岩地质特征、结构形式、洞室跨度、埋深和施工方法等。

该模型的理论基础是"松弛荷载理论"，认为结构就是指衬砌结构，荷载主要是指洞室开挖以后由松动岩土体的自重所产生的地层压力。在设计计算时，首先确定地层压力，再计算衬砌结构在地层压力及其他荷载作用下的内力分布，最后根据内力组合进行衬砌结构断面设计和验算。因荷载-结构模型与结构力学中荷载结构设计法计算内力方法相近，又称为结构力学法。

荷载-结构模型分为三种不同的力学计算模式：

（1）主动荷载模式：不考虑围岩与支护结构的相互作用，支护结构可自由变形，围岩较软弱，已完全破坏，无法约束支护结构的变形，只考虑围岩的主动压力，适用于没有抗力的土体中。

（2）主动荷载＋被动荷载模式（考虑围岩弹性约束）：围岩没有完全破坏，有一定的结构弹性，不仅对支护结构施加主动荷载，而且与支护结构相互作用，对支护结构施加被动弹性抗力，适用一般情况。

（3）实测荷载值法：通过实测得到围岩与支护结构共同作用下的主动压力和被动抗力，但如何精确测量是一大难点。

4. 地层-结构模型（连续介质力学模型）

此法的理论基础是"岩承理论"，因此支护结构的作用是在洞室周围地层应力重分布的过程中参与地层的变形，对地层提供必要的支承力，并与周围地层一起组成共同受力的整体，因此又称为"复合整体模型"。在这种模型中，围岩和支护系统不再作为相互作用的两方面，而是作为一个联合系统加以考虑，共同承受荷载。按照连续介质力学原理来计算支护结构及周围地层的变形。连续体模型视岩土体为具有黏弹塑性的连续均匀介质，根据平衡方程、几何方程、物理方程等，采用弹塑性力学解析推导法求解偏微分方程组，或采用数值模拟计算法等，在满足边界条件的前提下获得支护结构和地层的内力，并检验地层稳定性和支护结构截面设计。

总体而言，隧道管片结构的设计计算具有如下的特点：

（1）隧道管片结构设计影响因素众多，具有信息的模糊性、不确定性、不完备性，因此隧道管片结构的分析与设计属于复杂的非线性系统工程，导致计算复杂，设计难度大。

（2）与地面建筑相比，理论设计计算方法还在发展和完善中，没有完全成熟和普遍使用的设计计算方法，每种模型和设计计算方法都有各自的局限性和适用条件。经验类比法占很大的比例。

（3）理论研究落后于实际应用发展，理论计算法适用于无经验可借鉴的新工程，对于重大工程，理论计算分析与经验类比、数值分析、现场监测等多种方法同时进行，确保工程建设的安全。

（4）在目前已完工的隧道管片工程中，经验类比法占据了主导地位。随着结构有限元法的发展,"荷载-结构"模型仍是设计计算的主要依据。"收敛-约束"模型随着新奥法的普及推广有了很大的发展,但用其进行支护系统的预设计还存在诸多困难。"地层-结构"模型对原始应力状态和围岩物理指标的依赖很大,目前仅在大型重点隧道设计中且有足够的详细勘测资料时采用。

3.1.3 软硬复合地层隧道管片内力计算方法

盾构隧道工法因具有经济、对地面影响小等优点被广泛应用于城市市政交通工程建设。衬砌结构分析方法多种多样,本节重点介绍设计理论计算应用最多最成熟的方法:荷载-结构法。

荷载-结构法具有物理概念清晰、计算效率高等优点,但是难以系统考虑施工、复杂接触关系等因素的影响。由于精细化建模、复杂本构模型参数的确定和计算所耗费的资源多、时间长等缺点限制了其在工程中尤其是初始设计阶段的应用,因此简化力学分析方法受到了工程界的广泛欢迎。

按荷载-结构法进行计算,盾构隧道由管片主体、管片接头和环向管片接头组成。根据接头力学特性的不同处理方式,管片的结构模型大致可以分为5类:(1)惯用法模型;(2)修正惯用法模型;(3)多铰圆环模型;(4)梁-弹簧模型;(5)状态空间法。

盾构法采用装配式管片衬砌作为支护结构,衬砌结构由圆弧形管片拼装成环,每环之间逐一连接而成。管片与管片之间,环与环之间通过螺栓连接,而如何考虑管片接头的力学行为和周围土体抗力至今没有形成定论。

惯用法模型将管片环看作刚度均匀的环来考虑,不考虑管片接头部分的弯曲刚度下降,管片环和管片主截面具有同样刚度,并且弯曲刚度均匀。在不考虑整体稳定性时,惯用法模型计算的内力偏大、变形偏小。修正惯用法模型考虑了接头螺栓的刚度折减,将衬砌结构视作不均匀弹性铰接圆形超静定结构,并采用力法进行超静定结构的内力分析。多铰圆环模型是将管片接头作为铰结构来考虑,地基与管片环之间的相互作用采用地基弹簧来表示,从而进行管片设计的计算方法。

梁-弹簧法,又称 M-K 法。由日本学者 Murakami 和 Koizumi 提出,该方法利用地基弹簧模拟荷载,将管片主截面简化为圆弧梁或直线梁,将管片接头考虑为旋转弹簧,将管片环接头考虑为剪切弹簧,以评价错缝拼装效应。此模型同时考虑了管片接头刚度、接头位置及错缝拼装效应,在各种地层中均能得到较为理想的计算结果,是一种较为合理的计算模型。在该方法中,如将剪切弹簧常数和旋转弹簧常数同时设定为零,则基本上与多铰环计算法相同;如将剪切弹簧常数设置为零,将旋转弹簧常数设为无限大,则与刚度均匀环的计算法相同。所以可以认为这一方法不但包含了上述两个方法,而且可以利用管片环接头剪切刚度的大小表征错缝接头的拼接效应。所以从力学机理上讲是解释管环承载机制的有效方法,能够更好地反映结构的真实情况,是目前工程上普遍采用的计算方法。

状态空间法通过将能量对偶的两类物理量如内力与位移作为状态变量,使得描述结构力学行为的复杂控制方程变为简洁的矩阵形式,具有计算效率高,便于编程求解的特点,被广泛地应用于工程领域,但在隧道结构分析领域运用很少。

盾构隧道衬砌在横向上是由连续管片和管片接头组成的整体结构。在采用状态空间法之前进行如下假定:(1) 正常使用状态下,衬砌变形为小变形问题,考虑到管片的几何尺寸和形状特点，采用欧拉曲梁理论描述管片的力学行为；（2）考虑接头处位移的非连续性，采用径向、轴向和转动方向的集中弹簧模拟接头的力学行为；（3）采用径向和切向的Winkler弹簧模拟衬砌和地层的相互作用。

黄伟明等（2020）基于欧拉曲梁理论，采用状态空间法，得到了弹性地基上连续曲梁的首末端状态变量间的矩阵传递关系，这是状态空间法首次运用于隧道结构分析中。根据梁弹簧模型对接头力学行为的线性化假定，得到了接头处状态变量的矩阵传递关系。通过推导，最终将问题归结为求解关于初始截面内力和变形的6个线性代数方程。其解析解具有形式简洁，计算效率高，便于编程求解的优点，并且可适用于任意的荷载和接头分布形式。

总体而言，梁-弹簧模型是一类应用广泛的简化力学分析模型，也能够更好地反映管片结构的真实情况。除了简化力学分析方法外，数值分析方法也是一种应用广泛的分析方法。数值分析方法包括有限元法、有限差分法等，该类方法的优势在于能够考虑诸如施工、复杂接触关系等因素的影响，为模拟盾构隧道的性状提供了强有力的工具。缺点在于精细化建模、复杂本构模型参数的确定和计算所耗费的资源多、时间长等限制了其在工程中尤其是初始设计阶段的应用。

基于梁-弹簧模型的一种有限元数值计算方法是采用Beam梁单元和Combination弹簧单元进行管片分析，Beam梁单元模拟管片结构，并输入高度、宽度及材料参数（泊松比和弹性模量需考虑刚度折减）；衬砌圆环与周围土体的相互作用通过设置衬砌全环的径向弹簧来体现，Combination弹簧单元用于模拟地层抗力，弹簧单元的刚度由衬砌周围土体的地基抗力系数决定。对圆形结构施加约束进行计算。基于地层结构法的一种有限元数值计算方法是根据地勘情况建立数值模型，土体、管片衬砌、注浆填充层在模型中采用实体单元、接触单元等（不同有限元分析软件采用不同的单元）予以模拟，隧道管片及注浆填充层按弹性材料看待，土体材料采用不同的弹塑性本构模型，计算时按自重应力场考虑，再设置边界条件进行求解。相比之下，在数值分析方法中，基于地层结构法的建模计算方式更为普遍。

3.2 复合地层盾构隧道的管片受力模型

在上软下硬地层中对隧道进行盾构开挖时，由于上部软土与下部硬岩的力学特性的差异，对应岩土侧压力系数及地层抗力系数也相差较大。在这种特殊地层中进行盾构隧道时，同一断面处地层的差异性使管片结构受力与均质地层出现较大区别，若按照均质地层对隧道管片内力进行设计，就会产生较大的误差，导致管片受力严重不均匀，降低隧道管片的可靠性。因此，很有必要建立上软下硬地层中隧道结构-荷载理论计算模型。

3.2.1 上软下硬地层中隧道管片荷载的计算模型

当隧道结构所在地层岩土特性相差不大时，可将其近似地认为是单一均质地层，可以按照各层岩土的厚度采用加权平均的方法计算重度 γ、黏聚力 c 和内摩擦角 φ。对于单一均质地层，盾构隧道结构荷载的计算主要采用四种模型：荷载-结构模型、地层-结构模型、经验类比模型、收敛限制模型。由于荷载-结构模型中的梁-弹簧模型能够客观真实地

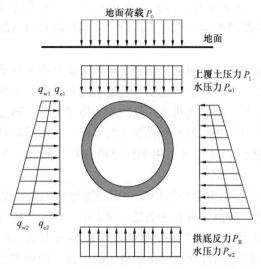

图 3.2.1 传统梁-弹簧体系计算模型

描述隧道结构的实际受力情况，被广泛地应用于地下结构荷载计算中。本节盾构隧道结构中的梁-弹簧模型中采取水土分算，如图 3.2.1所示。

当隧道埋深大于隧道洞径的 1.5 倍时，隧道上覆荷载可以采用松动土压力来计算，松动高度为[1,2]：

$$h_0 = \frac{B_1\left(1 - \dfrac{c}{B_1\gamma}\right)}{K_0 \tan\varphi}(1 - e^{-K_0 \tan\varphi \frac{H_0}{B_1}})$$
$$+ \frac{P_0}{\gamma}(e^{-K_0 \tan\varphi \frac{H_0}{B_1}}) \quad (3.2.1)$$

而隧道顶部松动半宽为：

$$B_1 = R_0 \cot\left(\frac{\pi}{8} + \frac{\varphi}{4}\right) \quad (3.2.2)$$

式中，K_0 为隧道岩土的侧压力系数；H_0 为隧道顶部至地面的地层厚度；R_0 为隧道衬砌圆环外半径；c 为隧道岩土的黏聚力；φ 为隧道岩土的内摩擦角；γ 为隧道岩土的重度。

根据图 3.2.1，基于最大主应力的计算公式，盾构隧道顶部侧向主动土压力 q_{e1} 为：

$$q_{e1} = P_1 \tan^2\left(\frac{\pi}{4} - \frac{\varphi}{2}\right) - 2c\tan\left(\frac{\pi}{4} - \frac{\varphi}{2}\right) \quad (3.2.3)$$

而隧道底部侧向主动土压力 q_{e2} 为：

$$q_{e2} = q_{e1} + 2R_c\gamma \tan^2\left(\frac{\pi}{4} - \frac{\varphi}{2}\right) \quad (3.2.4)$$

由于本节采用水土分算，则隧道两侧的水压力为：

$$q_{w1} = \gamma_w(h_{w1} + d/2) \quad (3.2.5)$$
$$q_{w2} = \gamma_w(h_{w2} + d/2) \quad (3.2.6)$$

隧道底部的竖向反力为：

$$P_R = P + \pi g + R_c\gamma - \frac{\pi}{2}R_c\gamma_w \quad (3.2.7)$$

式中，q_{w1} 隧道顶部的侧向水压力；q_{w2} 隧道底部的侧向水压力；d 为隧道衬砌管片厚度；P 为隧道上部的荷载；H_{w1} 和 H_{w2} 为隧道拱顶中心线和拱底中心线至地下水的距离。

上节分析了单一均质地层中隧道顶部、侧向和底部荷载的计算模型。在上软下硬地层中，由于上下地层岩土力学特性的差异，若采用单一地层隧道荷载计算模型，则会产生两个问题：(1) 对隧道侧向土压力的计算，梁-弹簧荷载模型在计算侧向土压力时一般按照线性变化来处理，对于物理力学特性相差不大的多地层岩土，仍然采用加权平均的方法处理，这样能够提高计算效率，而且产生的误差也不会太大。但是当盾构在上软下硬地层中，下部硬地层的侧向变形较上部软地层的变形要小得多，因此下部硬地层和上部软地层对隧道结构的作用方式也各不相同，目前对上软下硬地层盾构隧道荷载计算尚无统一的模型。(2) 对于隧道底部反力主要包括两部分，一部分是隧道底部的水压力，另一部分是竖向荷载造成的拱底反力。其中，拱底反力主要由两部分组成，即主动力和被动力。对于上软下硬地层中的盾构隧道，开挖硬地层时产生的主动土压力明显小于开挖软地层产生的主动土压力，而且硬地层的基床系数明显大于软地层的基床系数，这就导致硬地层可以提供一部分力来抵抗上部的竖直荷载与管片自重。因此，按照均质单一地层中梁-弹簧荷载模型计算结果会高估隧底的竖向荷载，造成工程的经济性下降。

上软下硬地层中如果继续采用均质单一地层中梁-弹簧荷载计算模型就存在一定的缺陷，不但影响工程的经济性，而且导致隧道管片结构内力计算结果与实际情况产生较大出入，出现相应的工程病害。目前，工程上对上软下硬地层主要从施工控制、沉降预防、渣土改良等方面进行研究，很少对这种复合地层下结构荷载计算体系和管片受力条件特性进行研究。本节基于前人的基础，提出上软下硬地层盾构隧道结构计算理论模型。在建立复合地层中盾构隧道结构受力模型时，先定义地层复合比，这一概念可以很好地描述复合地层条件下的地质特征。复合地层中盾构隧道的地层复合比为隧道断面范围内软土的相对比例。其值为隧道开挖面中上部软土层厚度与隧道直径的比值，其表达式为[3]：

$$\lambda = \frac{h}{D} \tag{3.2.8}$$

式中，λ 表示为软硬复合地层的复合比；h 为断面中软土层的厚度；D 为盾构隧道的直径。

现有盾构隧道结构计算中还没有针对上软下硬地层的模型，因此在隧道结构设计中也没有详细考虑这种复合地层对隧道管片结构受力的影响，基本都是将隧道假定在力学特性较差的软土中进行结构计算，这样的计算结果显然与实际相差较大。本节在传统的梁-弹簧荷载计算模型基础上对上软下硬地层中管片的受力进行细化，如图3.2.2所示。可以看出，以软地层和硬地层为界限，对隧道侧向土压力及由上部竖向荷载引起的拱底反力分别进行计算。同时为了分析水压力对管片受力的影响，将水压力的作用模式按照实际情况进行加载。当地层复合比为0（或1）时，荷载计算模型退化为在均质单一地层的计算模型。

本节以水土分算为例，对上软下硬地层中盾构隧道荷载计算模型进行分析。如图3.2.2所示，由于上下地层的物理力学特性相差较大，在地层分界线处土压力存在突变，本节在太沙基松弛土压力公式的基础上，对隧道断面内水平和倾斜的上软下硬地层中隧道土压力计算方法进行修正。由于目前对软硬复合地层中隧道结构的受力只考虑了地层间的分界线为水平的情况，而实际工程中软硬地层的分界线并非水平，而是具有一定的倾角，本节将隧道断面内软硬地层的分界线假定为两种情况，如图3.2.3所示，下部为硬地层，上部为软地层[4,5]。

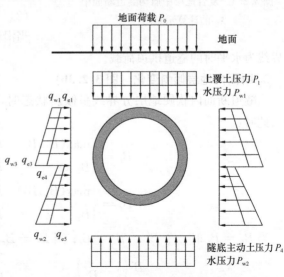

图3.2.2 修正的梁-弹簧计算模型

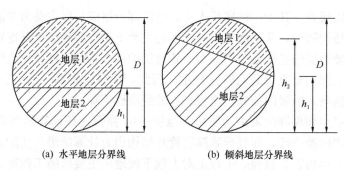

(a) 水平地层分界线　　　　(b) 倾斜地层分界线

图 3.2.3　上软下硬复合地层的起伏示意图[5]

1. 地层分界线呈水平状态，地层水平标高变化（图 3.2.3a）

上覆地层的内摩擦角 φ_1 决定了隧道不同的滑移面宽度 B，如图 3.2.4 所示。隧道断面内软地层的高度为 λD，则滑移面宽度 B 为：

$$B_1 = D[\lambda\cot(\pi/4 + \varphi_1/2) + (2\lambda - \lambda^2)^{1/2}] \quad (3.2.9)$$

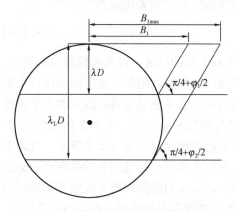

图 3.2.4　复合地层中盾构隧道断面中 λ_L 的计算示意图[5]

由于 λD 的范围为 $0 \sim D$ 之间，因此 B_1 的最大值为：

$$B_{1\max} = D\cot(\pi/8 + \varphi_1/4) \quad (3.2.10)$$

令 $B_1 = B_{1\max}$，可以计算得到复合比 $\lambda_{\max}$，如图 3.2.4 所示。

从图 3.2.4 中可以看出：

（1）当 $\lambda < \lambda_L$ 时，$B_2 = D\cot(\pi/8 + \varphi_2/4)$，$B = \max(B_1, B_2)$；

（2）当 $\lambda \geqslant \lambda_L$ 时，$B = B_1$。

当滑移面宽度 B 确定之后，就可以求出地层分界线为水平时的隧道拱顶荷载。

2. 断面内地层倾斜变化（图 3.2.3b）

当隧道断面内软硬地层分界线呈倾斜状态时，则隧道左右两侧滑移宽度分别为 B_l、B_r，此时：

$$B_l = \begin{cases} \max(B_1, B_2) & h_1/D < \lambda_L \\ B_1 & h_1/D \geqslant \lambda_L \end{cases} \quad (3.2.11)$$

$$B_r = \begin{cases} \max(B_1, B_2) & h_2/D < \lambda_L \\ B_1 & h_2/D \geqslant \lambda_L \end{cases} \quad (3.2.12)$$

当 $B_l = B_r$ 时，令 $B' = B_l = B_r$；当 $B_l \neq B_r$ 时，$B' = (B_l + B_r)/2$，此时：

$$\sigma_V = \frac{B'\left(1 - \dfrac{c}{B'}\right)}{K_0 \tan\varphi}(1 - e^{-K_0 \tan\varphi \frac{H}{B'}}) + P_0(e^{-K_0 \tan\varphi \frac{H}{B'}}) \quad (3.2.13)$$

上软下硬地层中侧向土压力的分布是不同的，这是由于不同地层侧压力系数不同，软地层的侧压力系数一般比硬岩大。在采用荷载结构模型时，上软下硬地层的管片荷载如

图 3.2.2 所示。水土分算时,水压力采用半径作用方法计算。

隧道顶部主动土压力为:
$$p_1 = \sigma_V \tag{3.2.14}$$

右侧土压力:
$$\begin{cases} q_{e1L} = \lambda_1 p_{e1} \\ q_{e3R} = \lambda_1 [p_{e1} + (D-h_1)\gamma_1] \\ q_{e5R} = \lambda_1 [p_{e1} + (D-h_1)\gamma_1] + \lambda_2 h_1 \gamma_2 \end{cases} \tag{3.2.15}$$

左侧土压力:
$$\begin{cases} q_{e1R} = \lambda_1 p_{e1} \\ q_{e3L} = \lambda_1 [p_{e1} + (D-h_2)\gamma_1] \\ q_{e5L} = \lambda_1 [p_{e1} + (D-h_2)\gamma_1] + \lambda_2 h_2 \gamma_2 \end{cases} \tag{3.2.16}$$

式中,γ_1 为软土重度;γ_2 为硬岩重度;λ_1 为软土侧压力系数;λ_2 为硬岩侧压力系数。

3.2.2 上软下硬地层隧道开挖面顶部主动土压力的计算模型

如果在上软下硬地层中进行隧道盾构开挖,则隧道的破坏主要发生在上部软土中,对上部软土的支护压力是决定隧道开挖面稳定及开挖隧道周围环境变化的主要因素。为了进一步分析上软下硬地层中隧道开挖诱发的上部土体的变形破坏情况,计算盾构隧道施工过程中开挖面失稳破坏时土压力,本节考虑隧道开挖过程中土体所受的应力旋转特性,推导出开挖面破坏时的土压力计算模型。在上软下硬地层中进行隧道盾构掘进时,上部软土区域会产生一定的土拱效应,上覆软土在竖直向上的压力作用下,两侧土体沿着土拱面向两侧产生移动,如图 3.2.5 所示。当土拱效应消失之后,隧道上方土体就会沿着土体的滑移面产生一定的剪切破坏。

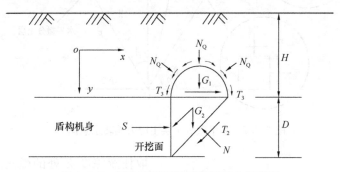

图 3.2.5 盾构隧道开挖面破坏的力学模型

可以看出,在分析盾构隧道开挖过程中上覆土体的受力条件时,并没有考虑到由于球缺形面剪切应力作用引起的主应力偏转。即在初始应力状态下,隧道开挖面上部某点处的土体未产生位移时,土体的最大主应力和最小主应力为水平方向和竖直方向,当盾构开挖之后随着土体位移向下移动,土体侧面的剪应力使该点的应力发生一定的偏转,且越靠近滑移面偏转角度越大;应力偏转过程中偏转迹线与球缺中心线对称,但是中心线上的应力没有发生偏转。在实际计算过程中,对球缺形进行积分变得十分困难。因此在计算过程中将盾构开挖面的破坏力学模型进行适当简化,看成是"楔形体+棱柱体"的组合形式

(图 3.2.6),可以看出这样的简化会增加破坏区Ⅱ的重量以及剪应力,也会导致开挖面上之后的压力增大。

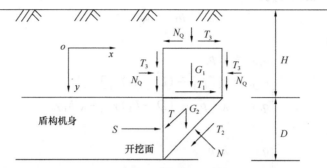

图 3.2.6　盾构隧道开挖面破坏的简化力学模型

基于上述开挖面破坏力学模型,可以采用挡土结构土拱效应的方法进行分析,但在计算开挖面的支护压力时应做一些假设:复合地层上部软土土质均匀,而且不考虑地下水的作用;主应力偏转过程中关于隧道中线对称;盾构机上覆土的厚度为 H。

盾构隧道在开挖过程中主应力发生偏转中,而且偏转轴线关于 BO_1 对称。以土体 AO_1B 为研究对象,小主应力的移动迹线呈圆弧形,O_1 为圆心,基于应力偏转对上覆土的受力特点进行分析,如图 3.2.7 所示。

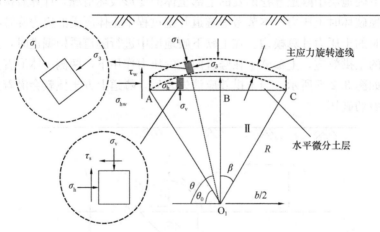

图 3.2.7　水平微分土层主应力偏转示意图[6]

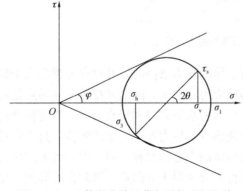

图 3.2.8　土体微分单元莫尔圆与破坏包线

取任意深度 Z 处的微元进行分析,在对称轴附近,微元土体的最大和最小主应力一直处于竖直和水平状态,盾构开挖过程中土体产生向下滑移的过程中主要受到剪切应力的作用,该过程中土体的应力发生偏转,当到 A、C 端部时,偏转角达到最大。土体微分单元体应力状态可在图 3.2.8 应力莫尔圆中表示。

根据图 3.2.8 中最大主应力和最小主应

力之间的几何关系可得：

$$\begin{cases} \dfrac{\sigma_h}{\sigma_1} = \cos^2\theta + K_a\sin^2\theta \\ \dfrac{\sigma_v}{\sigma_1} = \sin^2\theta + K_a\cos^2\theta \\ \dfrac{\tau_s}{\sigma_1} = (1-K_a)\sin\theta\cos\theta \end{cases} \quad (3.2.17)$$

式中，σ_h 和 σ_v 分别为水平正应力和竖直正应力；τ_s 为剪切应力；θ 为小主应力面与水平面夹角；$K_a = \tan^2(45° - \varphi/2)$。

土体产生的滑动面处，式（3.2.17）中水平应力和竖直应力的关系同样满足：

$$\begin{cases} \dfrac{\sigma_{hw}}{\sigma_1} = \cos^2\theta_0 + K_a\sin^2\theta_0 \\ \dfrac{\sigma_{vw}}{\sigma_1} = \sin^2\theta_0 + K_a\cos^2\theta_0 \\ \dfrac{\tau_w}{\sigma_1} = (1-K_a)\sin\theta_0\cos\theta_0 \end{cases} \quad (3.2.18)$$

式中，σ_{hw} 和 σ_{vw} 分别为滑动面上的水平应力和竖向应力；τ_w 为滑裂面上的剪切应力；θ_0 为滑动面处的最大主应力和最小主应力与水平方向的夹角。基于莫尔-库仑强度准则，土体在产生剪切破坏之后破坏面与最大主应力面之间的夹角为 $\theta_0 = \pm(45° + \varphi/2)$，这样的破裂面在土体中有对称的两边，取左半部分。

隧道在盾构掘进的过程中，上部软土产生相应的剪切破坏，土体侧压力系数和层间剪切系数的确定是求解土体微元受力平衡方程的前提。研究中将滑移面处土体水平正应力和竖向正应力的比值定义为侧压力系数，而土层间平均切向应力与平均竖向正应力的比值定义为层间剪切系数。

因此，作用于水平微分土层的总竖向应力为：

$$V = \sigma_1 R\left[\cos\theta_0 - \dfrac{1}{3}(1-K_a)\cos^3\theta_0\right] \quad (3.2.19)$$

式中，R 为最小主应力偏转迹线圆弧半径，$R = b/2\cos\theta_0$。

另外，竖向应力的平均值为：

$$\bar{\sigma}_v = \dfrac{2V}{b} \quad (3.2.20)$$

水平微分土层间的切向应力值为：

$$T = \dfrac{1}{3}R\sigma_1(1-K_a)(1-\sin^3\theta_0) \quad (3.2.21)$$

则平均切向应力为：

$$\bar{\tau}_s = \dfrac{2T}{b} \quad (3.2.22)$$

根据式（3.2.18）、式（3.2.21），侧向压力系数的表达式为：

$$K_w = \dfrac{3(\cos^2\theta_0 + K_a\sin^2\theta_0)}{3 - (1-K_a)\cos^2\theta_0} \quad (3.2.23)$$

根据式（3.2.21）、式（3.2.23），层间剪切系数的表达式为：

$$K_t = \frac{2(1-K_a)(1-\sin^3\theta_0)}{\cos\theta_0[3-(1-K_a)\cos^2\theta_0]} \quad (3.2.24)$$

对任意深度 Z 处微元土体进行受力分析，由于微元土体上的作用力及其对应的值分别为：微元土体的重力 $dG=1/2\gamma bdz$，土体上表面的压力 $1/\sigma_v$、上表面的剪切力 $1/2\tau_s$，下表面土压力 $1/2(\sigma_v+d\sigma_v)$、剪切力 $1/2(\tau_s+d\tau_s)$，微元土体左侧破裂面处的正应力 $\sigma_{hw}=K_w\sigma_v dz$，切应力 $\tau_w=K_w\sigma_v\tan\varphi dz$，右侧对称轴上正应力为最小主应力 σ_3，无切应力作用。

对微元进行受力分析，土层竖直方向上的平衡方程为：

$$\frac{1}{2}\gamma b dz + \frac{1}{2}b\bar{\sigma}_v - \frac{1}{2}b(\bar{\sigma}_v + d\bar{\sigma}_v) - K_w\bar{\sigma}_v\tan\varphi dz = 0 \quad (3.2.25)$$

$$\bar{\sigma}_v - \frac{1}{2}(\bar{\sigma}_v + d\bar{\sigma}_v) - K_w\bar{\sigma}_v\tan\varphi dz = 0 \quad (3.2.26)$$

对式（3.2.25）和式（3.2.26）进行化简可得：

$$\frac{d\bar{\sigma}_v}{dz} + \frac{6\bar{\sigma}_v\tan(\cos^2\theta_0 + K_a\sin^2\theta_0)}{b[3-(1-K_a)\cos^2\theta_0]} = r \quad (3.2.27)$$

对式（3.2.27）的微分方程进行求解，其对应的边界条件为：在地表位置 $z=0$ 处，$\sigma_v=0$，进而可以求出球缺形半径平面 EF 上的平均竖向应力为：

$$\bar{\sigma}_v = \frac{\gamma b}{12K_w\tan\varphi}\left[1 - \exp\left(-\frac{12K_w\tan\varphi}{b}H\right)\right] \quad (3.2.28)$$

因此，在 EF 平面上竖向总压力的值为 $V = \frac{1}{2}b\bar{\sigma}_v$，总剪切力 T 为 $T_1 = \frac{1}{2}b\bar{\tau}_s$。

1. 盾构掘进过程中上部滑移楔形土体的受力分析

在实际工程中，盾构隧道掘进过程中开挖面的支撑力必须控制在一定的范围，这样才能保证开挖面的稳定。如果对开挖面的支护压力过大，会导致开挖前方土体冒顶；相反，若开挖面的支护压力过小，就会导致坍塌发生，进而诱发地表沉陷。张晓清[6]根据极限平衡理论对开挖面处极限支护压力采用简化的楔形体模型进行计算，三维模型简图如图 3.2.9 所示。

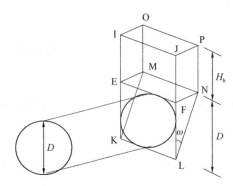

图 3.2.9 盾构开挖面整体破坏三维楔形体模型

本节采用极限平衡的方法计算开挖面滑移面处的应力，假设开挖面上部软土强度服从莫尔-库仑破坏准则，将开挖面的破坏机理范围看成是楔形体和棱柱体构成，则滑移破坏面处的抗剪强度公式为：

$$\tau = c + \sigma\tan\varphi \quad (3.2.29)$$

式中，c 为开挖面上部土体的黏聚力；φ 为内摩擦角。

基于 Horn 在 1961 年提出的筒仓理论计算模型，开挖面处圆形面积和正方形面积相等，即楔形体的宽 $D_{eq}=D\pi/2$，D 为圆形隧道直径。

楔形体模型确定盾构隧道开挖后开挖面所需的支持力，是通过简化楔形体和棱柱体极限平衡得到的三维开挖面的稳定问题。首先确定了水平方向和竖直方向的应力平衡方程，然后通过迭代破坏滑移面与垂直方向的夹角 ω 求出开挖面支护压力的最大值，进而确定开挖面稳定时所需支护力的范围。隧道开挖之后上部土体发生破坏时，楔形体模型受力简图如图 3.2.10 所示。

在应用极限平衡方法确定开挖面的支护压力时，需要明确楔形体的受力特性及各应力分量：楔形体的重力 G；上部棱柱体对楔形体的作用力 V；盾构机工作仓对开挖面的支撑力 S；上部土体滑动引起的楔形体表面剪切力 T_1 与 T_2；滑移面对楔形体的支撑力 N。

通过考虑以上五个力作用下的楔形体平衡方程，可以得到楔形体最大支撑力对应的滑动面夹角 ω，此时滑动面上的支撑

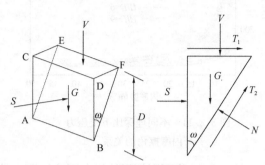

图 3.2.10　楔形体模型受力简图

力处于临界状态而且小于 S_{cr}。一般情况下，楔形体的受力破坏分为冒顶与塌陷两种破坏方式，本节主要考虑开挖面在受力过程中产生主动破坏，由于开挖面处的支撑力小于土体的自重，导致开挖过程中楔形体和棱柱体都向下产生滑动破坏。

根据竖直方向上的平衡条件，可得：

$$V + G = T_2\cos\omega + N\sin\omega \tag{3.2.30}$$

同样，根据水平方向的平衡条件，可得：

$$S + T_1 + T_2\sin\omega = N\cos\omega \tag{3.2.31}$$

结合式（3.2.30）和式（3.2.31），可以得到楔形体向下滑动的盾构支持力 S_L 为：

$$S_L = \cot\omega(V + G_1 + G_2 - T_2\cos\omega) - T_1 - T_2\sin\omega \tag{3.2.32}$$

由式（3.2.32）可以看出，盾构支持力 S_L 为滑动面夹角 ω 的函数。

2. 算例分析

为了进一步分析盾构隧道开挖过程中上部软土在产生破坏时开挖面支持力与土体内摩擦角的关系，计算中取不同的埋深与隧道直径的比来进行对比，如图 3.2.11 所示。可以看出，随着内摩擦角的增大，开挖面上部支持力呈指数形式减小，当土体的内摩擦角接近 25°时，支持力趋于稳定。此外，随着盾构隧道埋深的增大，开挖面处的支持力在内摩擦角越小时差异较大，随着内摩擦角的增大，支持力之间的差异减小，逐渐趋于平稳。由于土拱效应，当盾构隧道的埋深越大，内摩擦角越小时，盾构开挖对开挖面的影响越大。

图 3.2.12 为不同楔形体倾角下开挖面支持力与内摩擦角的关系。可以看出，不同楔形体倾角下，随着土体内摩擦角的增大，开挖面支持力同样呈指数的形式减小，并且最后趋于定值。此外，同一内摩擦角下，开挖面楔形体倾角越大，对应的支持力也越大，当内摩擦角为 25°，楔形体倾角对支持力的影响减小，支持力保持不变。

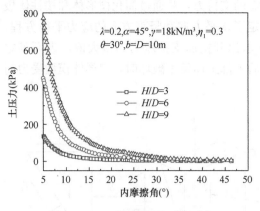

图 3.2.11 不同埋深比下土压力与内摩擦角的关系

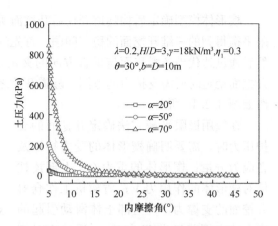

图 3.2.12 不同楔形体倾角下土压力与内摩擦角的关系

图 3.2.13 为不同楔形体倾角下开挖面支持力随隧道埋深的变化规律。可以看出，不同倾角下，开挖面的支持力随开挖隧道埋深的增大呈指数的形式增大，而且楔形体倾角越大，支持力增长速率越快，在埋深小于 30m 时，楔形体倾角对开挖面支持力的影响较小，埋深越大，倾角对支持力的影响越大，当隧道埋深大于 30m 时，开挖面支持力对楔形体的倾角变得更敏感。

图 3.2.14 为不同棱柱体高度下开挖面支持力与土体内摩擦角的关系，对于传统埋深下盾构隧道开挖过程中的破坏问题，滑移破裂面可以一直贯通至地表，因此模型中棱柱体的高度一般为定值，而隧道埋深较大时，隧道开挖面产生滑移破裂过程中棱柱体的高度是一个变量，受埋深比、土体性质等因素的影响很大。从图中可以看出，不同棱柱体高度下隧道开挖面的支持力随着内摩擦角的增大呈指数减小的趋势，当减小至一定值之后趋于稳定。此外，棱柱体的高度越大，开挖面支持力越大，当内摩擦角小于 20°时，棱柱体的高度对开挖面支持力的影响较大，而当内摩擦角大于 20°时，棱柱体的高度对开挖面的支持力敏感性降低，开挖面支持力不再随着内摩擦角的增大而改变，趋于某一定值。因此，当盾构隧道上部土体的内摩擦角足够大时，开挖面无需支护就可以自行达到稳定的状态。

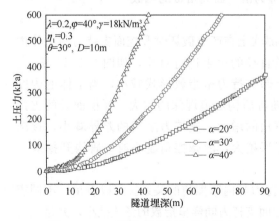

图 3.2.13 不同楔形体倾角下土压力与隧道埋深的关系

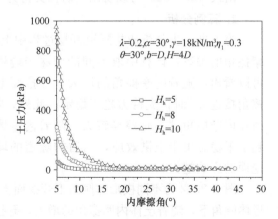

图 3.2.14 不同棱柱体高度下土压力与内摩擦角的关系

由于地下水的作用，盾构隧道开挖过程中上部土层的重度受地下水的影响较大，为了分析土体重度对开挖面支持力的影响，计算中取不同的土体重度。图3.2.15为不同土体重度下开挖面支持力随内摩擦角的变化规律。可以看出，不同土体重度下开挖面的支持力随着内摩擦角的增大呈减小趋势，而且最后趋于某一定值，受内摩擦角的影响较小。土体重度大，开挖面的支持力大，而且趋于的定值也越大。因此土体的重度对盾构隧道开挖面的支持力影响不容忽视，尤其是在内摩擦角较小的土体中，这种差异将变得更加显著。

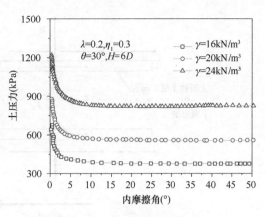

图3.2.15 不同土体重度下土压力与内摩擦角的关系

3.3 复合地层盾构隧道施工阶段管片受力数值分析

3.3.1 盾构隧道施工阶段管片所受荷载理论分析

软硬复合地层中进行盾构隧道施工过程中，隧道衬砌管片受到的荷载主要分为周围地层的土压力、水压力及千斤顶推力三种，其中周围地层的土压力和水压力可按照上述方法进行确定，以下主要对盾构施工过程中管片受到的千斤顶推力进行分析。根据现有文献研究可以发现，作用于管片的千斤顶推力是引起盾构施工过程中管片开裂的主要原因[7-9]。目前对千斤顶推力进行研究时将推力假设成均布荷载，作用在管片环千斤顶支座或环缝垫板上，但是在上软下硬地层中，隧道衬砌管片在上地层和下地层受到的千斤顶推力相差较大，在这样的情况下将千斤顶推力简化成均布荷载来研究就会产生很大的误差。因此，本节对软硬地层中盾构隧道的千斤顶推力进行理论推导，进行以下假设：

(1) 盾构隧道在施工过程中，盾构机向前推进的速度均匀缓慢，将其认为是一个平衡体；

(2) 盾构机前进的方向是一条直线；

(3) 以上软下硬地层的分界线为基准，将千斤顶的推力分成均匀分布的两部分，上部软地层中的推力定义为$F_上$，下部硬地层中的推力定义为$F_下$；

(4) 上地层和下地层的均布荷载$F_上$和$F_下$为盾构掘进过程中在不同地层中受到的合力，盾构机在掘进过程中受到的阻力F（千斤顶推力）主要是盾构机壳与上地层和下地层的摩擦力F_1和F_2、在上部软地层中受到的土压力F_3、隧道断面范围内的水压力F_4、下部硬岩中受到的土压力F_5及盾尾刷与衬砌管片之间的摩擦力F_6，详细的受力过程见图3.3.1。可以看出，千斤顶推力表达式为：

$$F = F_1 + F_2 + F_3 + F_4 + F_5 + F_6 \tag{3.3.1}$$

可以看出，对于盾构机壳与地层的摩擦力F_1及F_2，基于库仑定律可表示为：

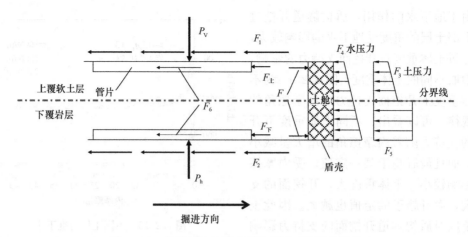

图 3.3.1 软硬复合地层中盾构掘进时所受的荷载

$$f = (\mu_{se}\sigma_n + c_{se})/2 \quad (3.3.2)$$

式中，μ_{se} 为盾构机壳与地层之间的摩擦系数；c_{se} 为盾构机与地层之间的黏聚力；σ_n 为盾壳外围法线方向上的土压力，与上覆荷载及侧向土压力系数相关，表达式为：

$$\sigma_n = K_\theta \sigma_z \quad (3.3.3)$$

式中，K_θ 为 θ 角度时盾构机壳法向的侧压力系数；σ_z 盾构施工过程中盾壳外围的土压力。可根据上覆地层的厚度来计算。

上覆软地层内的土压力 F_3 及水压力 F_4 根据上述荷载计算模型来确定。对于 F_5 的确定，主要是要考虑盾构机滚刀在对硬岩进行破碎掘进时所需要的顶推力，因此可以把将盾构机滚刀贯入岩石内部的力看成是盾构机的推力，根据日本东北工学院的理论模型，基于盾构机掘进过程中的平衡原理，滚刀破岩所需的推力 F_5 与漏斗坑在自由面上形成的破碎面积 A_f 成正比，因此推力的表达式可写为[10]：

$$F_5 = nR_n A_f \quad (3.3.4)$$

式中，n 表示盾构机的滚刀数量；R_n 为比例系数，表示滚刀贯入岩石内部时所需的强度，与岩石的单轴抗压强度相关；K_d 为滚压系数，取值范围为 0.47～0.70，K_d 与岩石的软硬强度有关，当岩石强度较小，K_d 较小，当岩石强度较大，K_d 较大。根据盾构机刀盘的几何特性，可以计算出盾构机刀盘的破碎面积，如图 3.3.2 所示，其表达式为：

$$A_f = \frac{4}{3}h\sqrt{R^2-(R-h)^2}\tan\frac{\varphi}{2} \quad (3.3.5)$$

将式（3.3.5）代入式（3.3.4）可以得到推力 F_5 的表达式为：

$$F_5 = \frac{4}{3}nK_d\sigma h\sqrt{R^2-(R-h)^2}\tan\frac{\varphi}{2} \quad (3.3.6)$$

式中，φ 表示为复合地层中下部岩石的破碎角，与岩石本身的性质相关。

根据盾构施工过程中隧道断面在上软下硬地层中的复合比 λ 对式（3.3.6）进行修正，可以得到上软下硬地层中盾构隧道所需的推力表达式为：

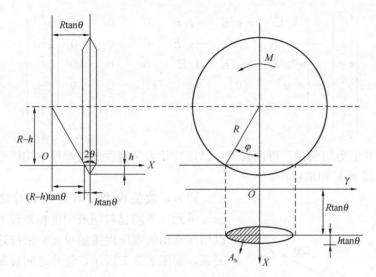

图 3.3.2 盘形滚刀横截面平面几何图[11]

$$F_5 = \frac{4}{3}\left(1 - \frac{2\arccos(1-2m) - \sin[2\arccos(1-2\lambda)]}{2\pi}\right) \times \\ n_0 K_d \sigma h \sqrt{R^2 - (R-h)^2} \tan\frac{\varphi}{2} \tag{3.3.7}$$

式中,n_0 为整个刀盘面的滚刀数。

盾构施工过程中盾尾刷与隧道衬砌管片间的摩擦力 F_6 的表达式为:

$$F_6 = n_1 W_s \mu_3 + \pi D b p_T n_2 \mu_3 \tag{3.3.8}$$

式中,n_1 为盾壳内衬砌管片环的环数;W_s 为隧道衬砌管片环的自重(kN);D 为管片环外径(m);b 为盾尾刷与管片环的接触长度(m);P_T 为盾尾密封刷的压强(kN/m²);n_2 为盾尾与管片接触的密封刷的层数;μ_3 为盾尾密封刷与管片环之间的摩擦系数。

3.3.2 数值模型中单元力学特性

复合地层条件下对盾构隧道管片受力进行有限元计算时主要采用 Beam 梁单元和 Combination 弹簧单元,其中 Beam 单元主要用来模拟盾构隧道衬砌管片结构,而衬砌管片结构与周围地层的相互作用可通过在管片全环设置的径向弹簧来描述。采用 Combination 单元来模拟隧道管片周围的地层抗力,其中隧道管片设置的弹簧单元的刚度由衬砌周围土体的地基抗力系数决定。径向弹簧设置成仅受压,当应力为拉时自动脱离。数值模型中的隧道衬砌管片,不考虑其各向异性。由于管片受到荷载之后变形较小,在数值模型中将其设置成小变形问题。

上软下硬地层中进行盾构掘进时,管片与周围土体的界面采用曲面弹簧来模拟,同样,这些曲面弹簧只能受压而不能受拉,在设置这些弹簧的力学特性时,假定弹簧受到拉力作用后,会将应力传递到周围土体的节点上。数值模型中隧道衬砌管片采用弹性本构模型来描述,对应的应力-应变关系如下:

$$\begin{Bmatrix} \varepsilon_{11} \\ \varepsilon_{22} \\ \varepsilon_{33} \\ \gamma_{12} \\ \gamma_{13} \\ \gamma_{23} \end{Bmatrix} = \begin{bmatrix} 1/E & -\nu/E & -\nu/E & 0 & 0 & 0 \\ -\nu/E & 1/E & -\nu/E & 0 & 0 & 0 \\ -\nu/E & -\nu/E & 1/E & 0 & 0 & 0 \\ 0 & 0 & 0 & 1/G & 0 & 0 \\ 0 & 0 & 0 & 0 & 1/G & 0 \\ 0 & 0 & 0 & 0 & 0 & 1/G \end{bmatrix} \begin{Bmatrix} \sigma_{11} \\ \sigma_{22} \\ \sigma_{33} \\ \sigma_{12} \\ \sigma_{13} \\ \sigma_{23} \end{Bmatrix} \quad (3.3.9)$$

式中，G 为管片的剪切模量。可以发现，描述管片力学特性的线弹性本构模型中主要参数是管片的弹性模量 E 和泊松比 ν。

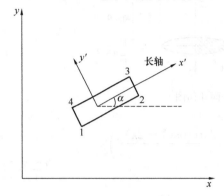

图 3.3.3　接触单元示意图

同时，数值模型中管片与管片之间用 Goodman 单元（不同材料间或刚度相差较大的材料间可以相互滑动的零厚度接触单元）来描述彼此的力学关系，如图 3.3.3 所示，管片之间接触单元的节点为 1、2、3、4，而且这些节点组成的整体与 x 轴的夹角为 α。

模型建立之后对管片间的接触单元设置相应的剪切刚度，数值计算过程中接触单元是否有效主要通过判定接触单元的应力与莫尔-库仑准则中设置的最大抗剪强度之间的关系来确定。当接触单元所受应力大于最大抗剪强度，接触单元的刚度设置为残余剪切刚度；当接触单元受拉力作用时，剪切刚度取受压时的 1/10000。在二维应力状态下，接触面单元应力-应变关系可表示为：

$$\begin{bmatrix} \sigma \\ \tau \end{bmatrix} = E \begin{bmatrix} \varepsilon \\ \gamma \end{bmatrix} \quad (3.3.10)$$

式中，首先通过接触单元的位移来计算出相应的应变增量，通过应变增量可以求解出相应的应力增量，然后根据莫尔-库仑准则可以得出界面单元最终的剪应力表达式，如下：

$$\tau_{\text{limit}} = c + \sigma \tan\varphi \quad (3.3.11)$$

式中，c 为界面的黏聚力；φ 为内摩擦角。

计算过程中，如果界面的剪应力 τ 大于 τ_{limit}，则单元的剪切刚度设置为残余剪切刚度；当残余剪切刚度计算得到界面单元的应力为拉应力时，则计算过程中将法向剪切刚度和切向刚度均弱化 10000 倍。数值计算模型中的 Goodman 接触单元采用的是莫尔-库仑准则，该准则能够描述两个物体之间通过接触摩擦而产生的变形破坏机理。对受拉应力状态下剪切刚度的弱化，可以反映接触面上的滑动张开现象。

整个施工模拟过程中，最重要的部分是施工阶段的定义，每掘进一个阶段，就要钝化和激活相应的单元，直到整个模型运行完毕。在实际工程中，盾构施工过程是以盾构开挖土体到盾尾管片脱出，再到盾尾的同步注浆，如此一环接一环地循环掘进向前，而每一环的掘进长度取决于管片的长度。在本数值模拟中，掘进步长取为一个管片的宽度，将盾构机的推进作为一个非连续的过程，每推进一环，前方的卸荷单元被"杀死"，相应位置生成盾构机壳单元，盾构机壳前方的土体变为新的卸荷单元，与此同时，管片单元生成，紧接着对管片的周围土体施加法向均布注浆压力,如图3.3.4所示。到下一掘进步时,上一掘进步的注浆压力被"杀死",如此反复。

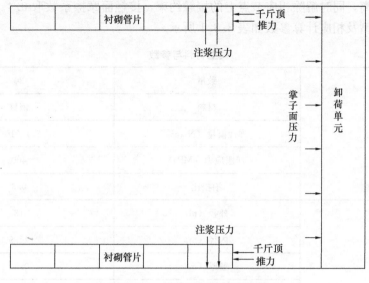

图3.3.4 盾构机开挖过程模拟

3.3.3 数值模型计算

对软硬复合地层大直径盾构隧道管片进行研究,取大直径盾构隧道在埋深10~60m的土层中的荷载,通过取土的侧压力系数与抗力系数的复杂变化来模拟隧道所处的软硬复合地层,进而计算大直径盾构隧道的荷载分布。采用有限元数值模拟软件对其进行理论计算分析,得出软硬复合地层大直径盾构隧道施工过程中管片衬砌结构外部荷载分布规律,对软硬复合地层大直径盾构隧道管片受力变形形态进行研究。采用泥水平衡式盾构施工,刀盘直径为13.46m,盾构隧道管片外径13m,内径11.9m,壁厚0.55m,环宽2m,隧道管片每环由10块组成,楔形量50mm(双面),错缝拼装的通用衬砌环。衬砌环由1个封顶块(F),2个邻接块(L1、L2)及7个标准块(B1~B7)组成,如图3.3.5所示。接缝连接包括20颗环向连接螺栓(M36)和28颗纵向连接螺栓(M36)。管片混凝土强度等级为C50,抗渗等级为P12。

在数值模拟中,管片和连接螺栓均采用实体单元。管片与管片接触面的相互作用包括法向作用和切向作用,

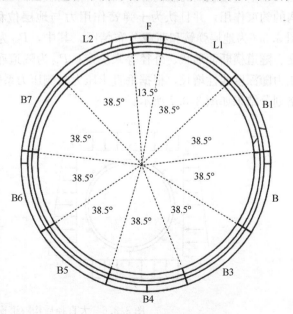

图3.3.5 地铁大直径盾构隧道横断面

通过接头摩擦力和螺栓共同作用来提供隧道接头的抗剪能力。因此，将管片间的接触定义为硬接触能够比较合理地模拟管片接头的变形，即当接触面之间的接触压力为 0 或负值时，接触面分离，同时解除相应节点上的接触约束，接触面摩擦系数取 0.4。混凝土和螺栓材料本构模型及相应计算参数如表 3.3.1 所示。

模型材料与参数　　　　　　　　　表 3.3.1

螺栓	数量	20
	材料	钢材
	弹性模量（N/m²）	$2.1×10^{11}$
	屈服应力（MPa）	400
	泊松比	0.3
管片	外径（m）	13
	内径（m）	11.9
	壁厚（m）	0.55
	宽度（m）	2
	材料	混凝土
	弹性模量（MPa）	$3.45×10^{4}$
	泊松比	0.2

土体对隧道的作用采用土弹簧来模拟，土弹簧为只受压不受拉的三向非线性弹簧，包括一个垂直接触面的法向弹簧和两个沿接触面的切向弹簧，共同作用来模拟土体对隧道结构的约束作用。并且认为土弹簧作用力与地层位移成正比，该比例系数即为基床系数。图 3.3.6 为地层弹簧和荷载分布情况，其中，P_{v1} 为上覆垂直土压力，根据隧道的覆土厚度、隧道横断面形状、外径等来决定；P_{y1} 为隧道底部土压力，作用在隧道两侧的水平土压力随深度线性增长，根据垂直土压力与侧压力系数计算得到。隧道管片和螺栓模型及网格划分结果如图 3.3.7 所示。

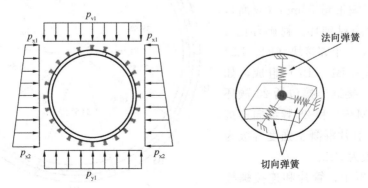

图 3.3.6　大直径盾构隧道横向受力示意图

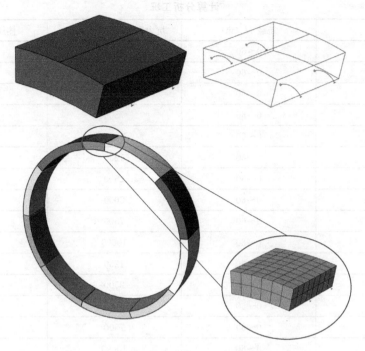

图 3.3.7 大直径盾构隧道管片和螺栓网格划分

3.3.4 数值计算结果分析

（1）受力变形影响分析

地铁盾构隧道横向存在 10 条接缝，沿环向不同部位的刚度不一样，在顶部压载、侧方卸载以及不同埋深影响下，隧道横向会发生弹塑性收敛变形，包括管片变形和螺栓变形。考虑到土体与隧道的相互作用，将上覆土压力简化为等效竖向荷载，侧向土压力的改变则通过调整侧压力系数来实现，不同埋深时周围土体的抗力系数也不同。因此，本节主要针对不同压载水平、土层抗力系数以及侧压力系数下的隧道横向变形影响进行计算分析。根据软土地质的土性特点，土体天然重度一般在 17.2～20.1kN/m³ 之间，故计算取 18.5kN/m³。一般地铁盾构隧道区间埋深较大，可达 20～30m 之多，加之局部地表堆土及建（构）筑物荷载影响，因此，为分析隧道横向收敛变形与其结构状态（混凝土应力、螺栓受力）随荷载变化的发展规律，统一将隧道上部荷载等效为上覆土压力，压载 H 取隧道埋深为 0～60m；抗力系数 K_S 分别取 1250kN/m³、2500kN/m³、5000kN/m³、7500kN/m³、10000kN/m³；侧压力系数 K_0 分别为 0.5、0.6、0.7、0.8。考虑了当接头螺栓应力达到极限状态后失效的情况，将竖向荷载、抗力系数和侧压力系数进行组合得到计算工况，如表 3.3.2 所示。

采用椭圆度、接头张开量及螺栓应力具体描述不同工况下隧道的横向变形，其中，椭圆度的计算参照《盾构法隧道施工与验收规范》GB 50446—2017：

$$椭圆度 = (a-b)/D \times ‰ \quad (3.3.12)$$

式中，a 为隧道水平收敛直径；b 为隧道竖向收敛直径；D 为隧道外径。

计算分析工况　　　　　　　　　　　　　　　表 3.3.2

工况	压载 H (m)	抗力系数 K_S (kN/m³)	侧压力系数 K_0
C1	0~60	1250	0.5
C2	0~60	2500	0.5
C3	0~60	5000	0.5
C4	0~60	7500	0.5
C5	0~60	10000	0.5
C6	0~60	1250	0.6
C7	0~60	2500	0.6
C8	0~60	5000	0.6
C9	0~60	7500	0.6
C10	0~60	10000	0.6
C11	0~60	1250	0.7
C12	0~60	2500	0.7
C13	0~60	5000	0.7
C14	0~60	7500	0.7
C15	0~60	10000	0.7
C16	0~60	1250	0.8
C17	0~60	2500	0.8
C18	0~60	5000	0.8
C19	0~60	7500	0.8
C20	0~60	10000	0.8

(2) 压载对受力变形规律的影响

由图 3.3.8 和图 3.3.9 可知，不同侧压力系数下压载对隧道变形和螺栓应力的影响规律基本一致。具体表现为两阶段变化：螺栓屈服前，隧道变形随压载的增加呈线性增加；螺栓达到屈服后，隧道变形随压载变化呈非线性增加。且土体抗力系数 K_S 越大，大直径盾构隧道椭圆度随压载水平的发展从线性到非线性的过渡分界荷载水平越高，如 $K_S=10000\text{kN/m}^3$ 时，二者的发展规律几乎一直表现为直线关系，没有出现显著增加的现象。由此可见，抗力系数是控制隧道变形发展的重要因素，可通过采用土体加固提高土体侧向抗力的方法控制隧道变形。

螺栓负责连接隧道管片，对隧道接头抵抗变形方面起到重要作用。螺栓应力随着荷载等效厚度的增加呈现两阶段增长特征，其中随着土体侧压力系数的增加，螺栓应力增长速度及最大应力值均出现显著下降。

在 $K_0 \leqslant 0.6$ 时，螺栓应力先是线性增加，然后基本达到屈服应力并保持不变。其中，在 $K_0=0.5$ 时不同抗力系数下螺栓屈服点对应位置 10m（抗力系数 $K_S=10000\text{kN/m}^3$ 时未达到屈服应力）。

说明在侧压力系数 K_0 较小时，相同工况下土体抗力系数的增加提高了土体抵抗变形的能力，侧压力系数的提高减小螺栓应力的效果初显。

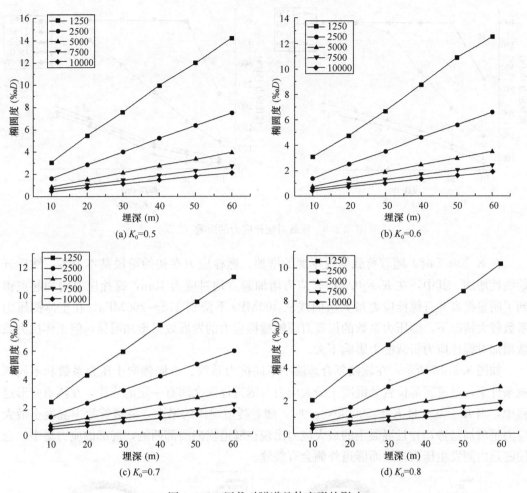

图 3.3.8 压载对隧道整体变形的影响

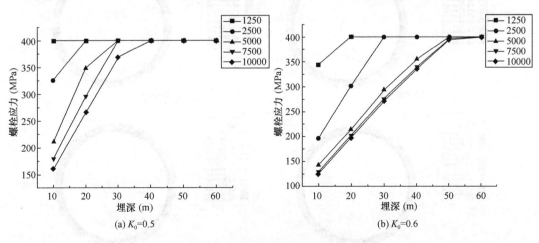

图 3.3.9 压载对螺栓应力的影响（一）

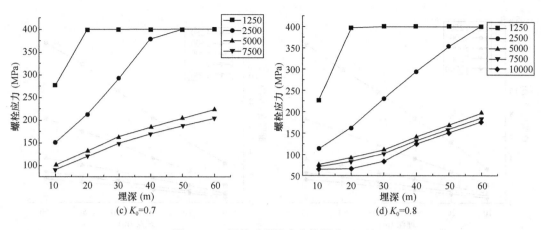

(c) $K_0=0.7$ (d) $K_0=0.8$

图 3.3.9 压载对螺栓应力的影响（二）

在 $K_0 \geqslant 0.7$ 时，随着荷载等效厚度的增加，螺栓应力在初始阶段基本为零，然后开始线性增加。其中，在 $K_0=0.8$ 时，应力增加起点均对应为 10m，螺栓应力增加起点得到了明显提高并且螺栓应力最大值曲线从 400MPa 下降到 172~200MPa。在土体侧压力系数较大情况下，侧压力系数的提高对缓解螺栓应力的发展效果愈加明显，但土体抗力系数增加对螺栓应力折减能力影响不大。

如图 3.3.10 所示，在软硬复合地层中不同抗力系数、不同侧向土压力系数和不同压载条件下，隧道腰部位置处混凝土最大应力与隧道埋深之间有一定的规律，在隧道变形过程中，当 $K_0=0.6$ 且 $K_S=5000$kN/m³ 时，随着隧道埋深的增大，隧道管片中混凝土最大应力呈增加趋势，并且混凝土的最大应力出现在隧道横向腰部两侧，局部的应力集中，会使隧道内侧发生压损，进而隧道外侧会有裂缝。

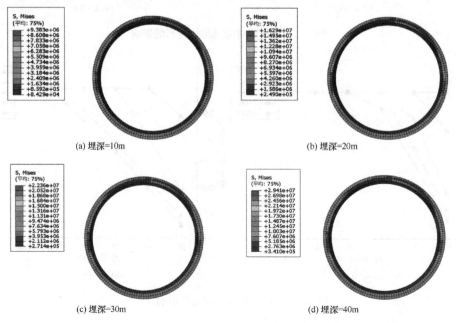

图 3.3.10 $K_S=5000$ 且 $K_0=0.6$ 时 Mises 应力云图（一）

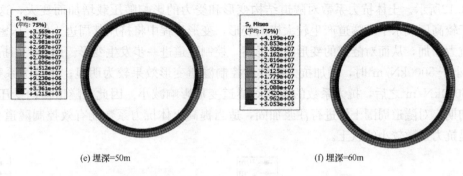

(e) 埋深=50m   (f) 埋深=60m

图 3.3.10　$K_S=5000$ 且 $K_0=0.6$ 时 Mises 应力云图（二）

由上述分析可知，土体抗力系数和侧压力系数越大，螺栓达到屈服所对应的压载水平越高，由此可见抗力系数是控制大直径盾构隧道变形发展的重要因素，但是在土体侧压力系数较大时，单纯增加土体的侧向抗力水平不够合理。隧道埋深是影响混凝土管片应力的重要因素，需要综合考虑抗力系数和侧压力系数以及隧道埋深来加固土体，从而提高对大直径盾构隧道变形能力的控制。

(3) 抗力系数对受力变形规律的影响

不同侧压力系数下土体抗力系数对隧道变形和螺栓应力的影响如图 3.3.11 和

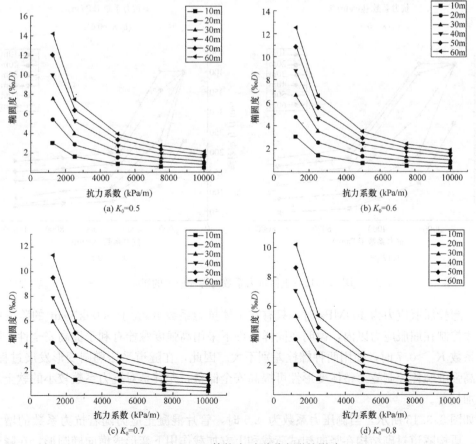

图 3.3.11　土体抗力对隧道变形的影响

图 3.3.12 所示。土体抗力系数对隧道结构变形和受力的影响随压载增加而变大，这主要是由于较高压载水平下隧道产生较大横向变形，变形过程中将挤压其周边土体，压密后的土体抗力增加，从而对隧道的变形约束提高，控制隧道进一步发生变形。此外，当抗力系数 K_S 小于 $5000kN/m^3$ 时，增加抗力系数对控制隧道变形效果较为明显；当抗力系数 K_S 超过 $5000kN/m^3$ 之后，抗力系数的增加对隧道变形影响减小。因此，隧道横向受压变形发展初期，对隧道周围土体进行注浆加固，适当提高土体抗力系数能有效控制隧道变形，尤其是抗力系数较小的软土。

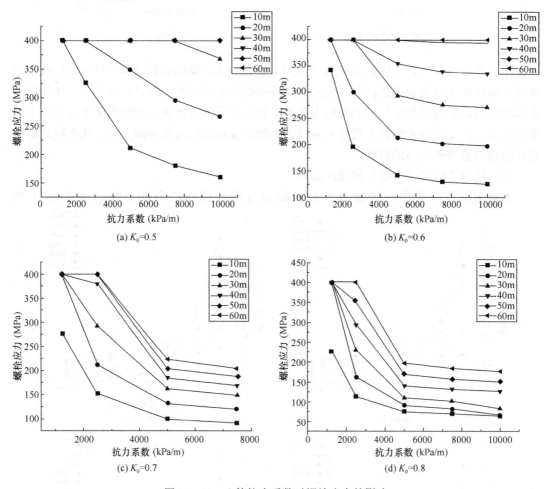

图 3.3.12　土体抗力系数对螺栓应力的影响

当螺栓屈服应力为 400MPa 时，只有在土体抗力系数 K_S 大于 $5000kN/m^3$ 的阶段螺栓应力才控制在屈服应力以内，说明在同样条件下采用高强度螺栓有利于提高安全性。在侧压力系数 $K_0 \geqslant 0.7$ 时，使用两种螺栓差别不大。因此，在隧道受压椭圆变形发展过程中，采用高强度螺栓控制隧道整体变形性可提高安全储备，尤其是对抗力系数较小的软土，效果更加显著。

如图 3.3.13 所示，当侧压力系数为 0.6 时，管片混凝土应力随着抗力系数的增大而减小。盾构隧道衬砌结构在竖向初试荷载和上方加载作用下变形成横向椭圆形，在隧道横

第 3 章 软硬复合地层隧道管片力学特征

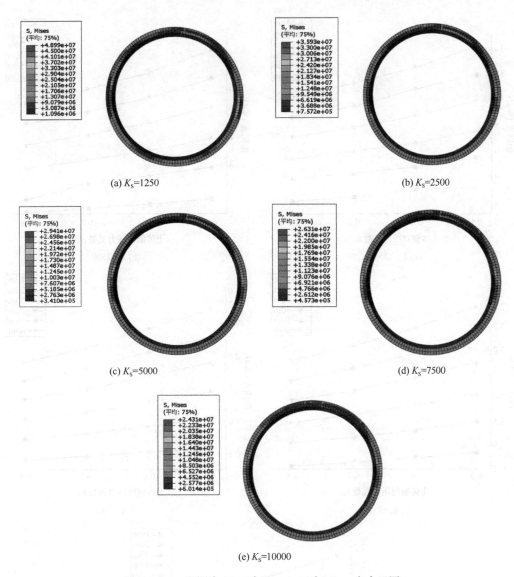

图 3.3.13 埋深为 40m 时 $K_0=0.6$ 时 Mises 应力云图

向变形过程中，由于接缝张开，隧道横向腰部位置外侧混凝土出现较大的应力集中现象。

(4) 侧压力系数对受力变形规律的影响

不同抗力系数下，侧压力系数对隧道变形和受力的影响如图 3.3.14 和图 3.3.15 所示。可以看出，在上部压载影响下，侧压力系数越大，隧道直径变化和接头张开量越小，而且二者几乎呈线性关系。对于螺栓应力而言，侧压力系数增加控制了隧道结构变形的发展，因此螺栓受力也相应地减小，螺栓达到屈服所对应的压载水平相应增加。

如图 3.3.16 所示，抗力系数为 $2500 kN/m^3$ 时，管片应力随着侧压力系数的增大而减小。在初始荷载和上方加载的作用下，软硬复合地层抗力系数和土体侧压力系数对大直径盾构隧道衬砌结构的变形都有显著的影响。

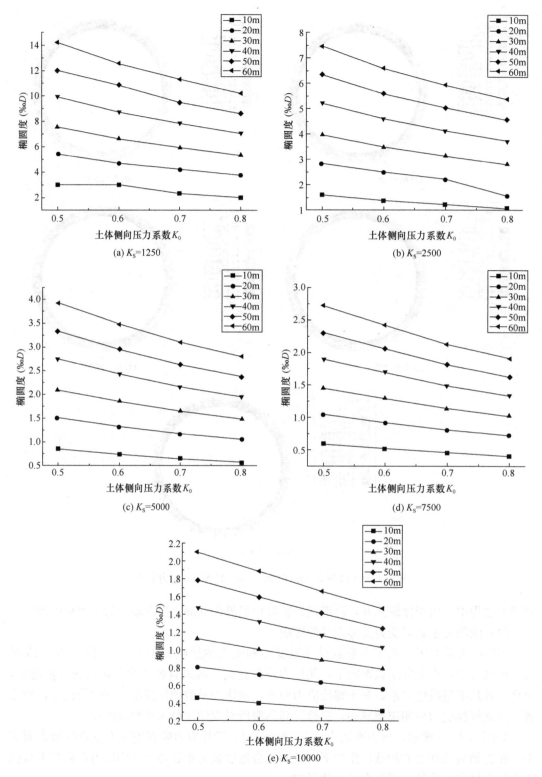

图 3.3.14 土体侧压力系数对隧道整体变形的影响

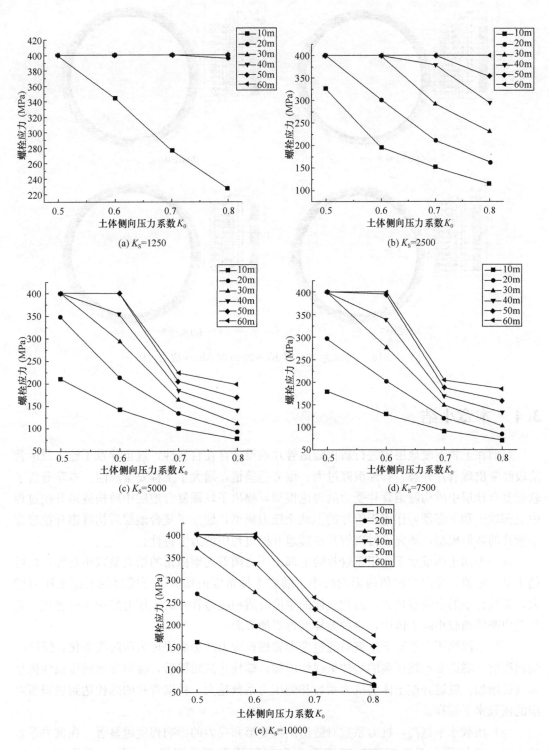

图 3.3.15 土体侧压力系数对螺栓应力的影响

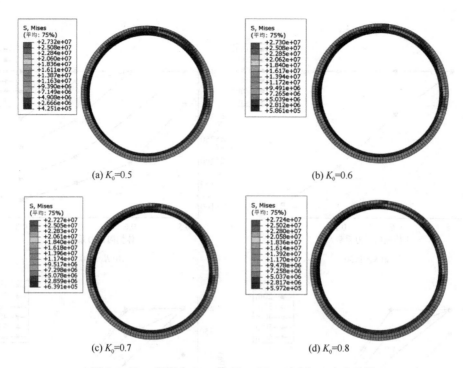

图 3.3.16　埋深为 30m 时 $K_S=2500$ 时 Mises 应力云图

3.4　本章小结

目前在上软下硬地层中进行盾构隧道管片的设计存在盲目性,这也导致了施工及运营阶段经常出现管片开裂、管片沉降过大、塌方等险情,增大了工程安全风险。本章分析了软硬复合地层中盾构隧道管片受力的理论模型,提出了软硬复合地层中盾构隧道开挖过程中上部软土和下部硬岩作用于管片的主动土压力模型,建立了复合地层盾构隧道开挖过程中管片的数值模型,研究了衬砌管片在隧道开挖过程中的力学特性。

(1) 不同土体重度下作用于管片的上部土压力随着内摩擦角的增大呈减小趋势,最后趋于某一定值,受内摩擦角的影响较小。随着土体重度的增大,开挖面的上部土压力增大,而且趋于的定值也越大。因此土体的重度对盾构隧道管片的土压力影响不容忽视,尤其是内摩擦角较小的土体中,这种差异变得更加显著。

(2) 不同侧压力系数下压载对隧道变形和螺栓应力的影响表现为两阶段变化:螺栓达到屈服前,隧道变形随压载的增加呈线性增加;螺栓达到屈服后,隧道变形随压载变化呈非线性增加。隧道开挖土体的抗力系数和侧压力系数越大,衬砌管片的螺栓达到屈服所对应的压载水平越高。

(3) 压载水平越高,抗力系数对隧道结构变形和受力的影响程度越显著。在抗力系数较小时,增加抗力系数对控制隧道受力和变形效果非常明显,当抗力系数 K_S 超过 5000kN/m^3 之后,抗力系数的增加对隧道变形和受力影响的程度降低。

(4) 在上部压载影响下,土体侧压力系数越大,隧道直径变化越小,且二者几乎呈线性关系；侧压力系数增加还减小了隧道结构变形的发展，侧压力系数越大，隧道管片应力减小，螺栓受力也相应地减小，螺栓达到屈服所对应的压载水平相应增加。

参考文献

[1] Terzaghi K. Stress distribution in dry and in saturated sand above a yielding trap-door[C]// Proceedings of First International Conference on Soil Mechanics and Foundation Engineering. Cambridge, Massachusetts, 1936: 307-311.

[2] Terzaghi K. Theoretical soil mechanics[M]. New York: John Wiley and Sons, 1943: 66-76.

[3] 雷凯, 莫海鸿, 陈俊生, 等. 上软下硬复合地层中盾构隧道管片受力变形性态研究[J]. 广东土木与建筑, 2016, (Z1): 52-56.

[4] 晁峰, 刘大刚, 黄海斌, 等. 不均匀地层地铁隧道拱顶荷载计算方法研究[J]. 现代隧道技术, 2017, 54(04): 77-82.

[5] 黄海斌. 上软下硬地层超大直径盾构隧道设计关键技术研究[D]. 成都：西南交通大学, 2015.

[6] 张晓清. 深埋盾构隧道开挖面失稳机制及土压力分布模式研究[D]. 上海：上海大学, 2018.

[7] 王其炎, 杨建辉, 薛永利, 等. 盾构在软土地层掘进过程中的管片上浮研究[J]. 现代隧道技术, 2014, 51(01): 144-152.

[8] 管会生. 土压平衡盾构机关键参数与力学行为的计算模型研究[D]. 成都：西南交通大学, 2007.

[9] 刘建虎, 吴志军, 冯平法, 等. 复合地层中盾构机外荷载模型研究[J]. 机械设计与制造, 2011(05): 1-3.

[10] 刘琼, 吴雄志, 姚捷, 等. 盾构隧道管片衬砌内力计算方法对比分析[J]. 河北工程大学学报（自然科学版）, 2008, 25(3): 26-29.

[11] 雷凯. 上软下硬复合地层地铁盾构隧道管片的力学性态研究[D]. 广州：华南理工大学, 2017.

第 4 章　软硬复合地层盾构隧道掘进开挖面支护压力特征

在城市轨道交通工程的盾构法掘进施工中，通常是浅埋隧道，土层起伏较大，经常遇到软硬不均的地层。这些地层的岩土力学性质、水文和地质特征差异较大，开挖面即使在常规的方法下也经常无法维持稳定而需施加地层的预处理或支护，给轨道交通盾构掘进施工中的开挖面稳定带来了困难和挑战。譬如，对现有盾构掘进施工中广泛采用的泥水平衡法，当处于软硬不均地层时，盾构掘进中开挖面会出现压力平衡困难、刀具的贯入度差异大、刀盘受力复杂，导致盾构机姿态难以控制、滚刀容易过载、管片出现上浮等现象。因此，在这类地层中进行盾构施工时，控制开挖面的支护压力，维持开挖面稳定是保证施工安全的关键，一旦开挖面失稳，将造成土体过度变形、掌子面坍塌、上部冒顶，继而引发地面坍陷、周围建筑物破坏等一系列严重后果，危及人员生命和财产损失。可见，盾构隧道掘进开挖面的支护压力是防止开挖面失稳的重要手段，对开挖面的稳定性起到决定性的作用。因此，本章针对典型的上软下硬复合地层，介绍盾构隧道开挖面的支护压力理论和数值分析方法，研究开挖面的支护压力特征及其分布，以期为开展这类复合地层下的盾构隧道掘进提供理论依据和技术支撑。

4.1 均匀地层开挖面支护压力的理论模型

4.1.1 支护压力理论发展

盾构隧道开挖面稳定研究的关键在于开挖面极限支护压力的确定，支护压力过小将导致开挖面土体坍塌，开挖面前方土体将进入压力舱并可能引起地面发生过大沉降，支护压力过大则将导致开挖面土体隆起破坏。关于开挖面支护压力的分析包括理论分析和数值分析方法，理论模型是理解支护压力的重要途径，也是早期开展支护压力研究的主要手段，下面介绍理论模型的发展情况。

盾构隧道掘进施工时开挖面的失稳主要为整体失稳破坏，理论分析方法主要采用塑性极限理论分析和极限平衡分析，前者运用塑性理论的上、下限定理计算开挖面的最大和最小支护压力，后者假定开挖面前方滑动体的形状，利用极限平衡法分析支护压力。

塑性极限分析法是基于塑限上、下限定理提出的，其中上限解是指在所有的机动容许的塑性变形位移速率场相对应的荷载中，极限荷载最小。根据上限定理可以确定出极限荷载的上限，因此通常又称为极限荷载的上限解；下限解是指在所有与静力容许的应力场相对应的荷载中，极限荷载为最大[1]。根据下限定理可以确定极限荷载的下限，通常又称为极限荷载的下限解。当上限解和上限解一致时，则得到了极限荷载的精确解。当然，一般情况下，上限解和下限解并不一致，而上限解由于是从虚功原理出发，考虑土体的极限塑性条件，计算结果偏于不安全，但是该解接近于土体的真实状态，因此在盾构隧道开挖面支护压力和稳定性分析中为众多研究者广泛采用。此外，在上限分析法中，土体常被设为 Mohr-Coulomb 材料（以下简称 Coulomb 材料），因此，上限分析适用于摩擦材料，如各类砂土等。Broms 等[2]研究了黏土不排水条件下开挖面稳定性问题，提出了开挖面的稳定系数法。Davis 等[3]根据塑性理论上、下限定理研究了不排水条件下的最小和最大极限支护压力。Leca 等[4]通过三维塑性极限分析，在排水条件下研究了最小和最大极限支护力。Soubra 等[5]提出了改进模型，通过采用多个锥形破坏面假定，获得了较为光滑的破裂面，得到的极限支护压力的上限解，与 Chambon 等[6]离心试验结果较为吻合，Mollon 等[7-11]在其基础上做了大量的改进工作，得到了一系列改进的极限支护压力上、下限解。

极限平衡法是土力学中一种广泛应用的稳定性分析方法，它假设土体破坏是由于在土体内的破裂面上发生滑动造成的，土体的滑动面可以是平面、圆弧面、对数螺旋线或其他不规则曲面。通过建立由滑动面形成的隔离体的静力平衡，可以求出一系列滑动面产生滑动时的破坏荷载。最小的破坏荷载就是需要求解的极限荷载，与之对应的即为最危险的滑动面。由于极限平衡法中除滑动面上应力以外，没有考虑其他位置的应力场，滑动面上的位移也并不一定是满足机动许可的位移场，因此一般情况下它所获得的解既不是下限解，也不是上限解，而是一种近似解，但因为它具有概念明确，计算简便，容易理解的特点，因此在实际应用中受到工程技术人员的广泛关注。Horn 根据筒仓理论提出了一种三维组合楔形体模型，它由位于开挖面的楔形体和上覆土层中的棱柱体组合而成，认为楔形体在自身重力、上覆棱柱体作用下和支护压力作用下形成力的平衡关系，进而可以得到合理的支护压力。Jancsecz 等[12]在此基础上考虑上覆土的土拱效应，研究了均质地层中盾构隧道开挖面最小极限支护力。Anagnostou 等[13]利用同样的计算模型，提出了考虑泥水式盾构施工中泥水注入影响、土压力盾构施工中地下水渗流产生的渗透力作用于楔形体内的影响，给出了极限支护力计算公式；魏纲[14]进一步修正了三维楔形体模型，假定开挖面失稳时滑动块形状为一梯形楔形体，而不是三角形楔形体，滑动块体上部为一梯形棱柱体，该模型最小支护力计算结果比三维楔形体模型计算结果小，更接近离心模型试验结果。当采用不同的滑动面的形式时，一些研究者通过极限平衡法得到了一系列开挖面极限支护力的计算公式。kusakabe 等[15]假定盾构前方因开挖释放而形成滑动面，由洞顶的滑动宽度求出盾构前进方向的松弛范围，计算出松动土压力，然后假定开挖面前部的滑动面始于开挖面下部，拱顶高度为铅直，在开挖面前方形成对数螺旋线状滑动面，提出了无水土层中开挖面支护力的计算公式。Zhou 等[16]通过假定开挖面前方土体滑动区域改为椭球形，获得了滑动面上的剪应力，利用极限平衡分析研究最小支护力。

这些理论解的出现，为理解盾构隧道开挖面的支护压力和稳定性分析提供了依据，也是检验数值解的重要手段。下面对几类重要的理论分析方法进行介绍。

4.1.2 开挖面支护压力的主要理论分析方法

1. 极限分析法

定义一个直径为 D 的隧道如图 4.1.1 所示，上覆土层厚度为 C，地面超载为 σ_s，土体的重度为 γ，隧道开挖面支护压力为 σ_T，设隧道轴心处土体的不排水抗剪强度为 c_u。

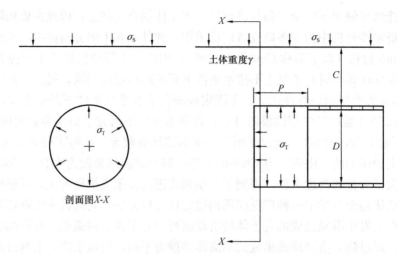

图 4.1.1 盾构隧道掘进开挖面和断面示意图

Broms[2]提出了黏土中不排水开挖面的稳定系数法,确定隧道的稳定系数比可按下式计算:

$$N = [s_s - s_T + g(C + D/2)]/c_u \tag{4.1.1}$$

当稳定系数 $N<6$ 时,开挖面地层保持稳定。

Davis 等[3]考虑分析对象为 Tresca 材料中的两种无支护平面应变稳定问题,得到稳定系数分别为:

$$N = 2 + 2\ln(2C/D + 1) \tag{4.1.2}$$

$$N = 4\ln(2C/D + 1) \tag{4.1.3}$$

Leca[4]假定滑移面可由一个或两个截锥形组合而成,如图 4.1.2 所示,并且土体为具有一定 c 和 ϕ 值的莫尔-库仑材料,运用塑性极限分析上、下限理论确定盾构施工隧道开挖面稳定的最大及最小支护压力。

$$\sigma_{Tmin} = N_s^- \sigma_s + N_r^- \gamma D + (N_s^- - 1)c \cdot \text{ctan}\phi \tag{4.1.4}$$

$$\sigma_{Tmax} = N_s^+ \sigma_s + N_r^+ \gamma D + (N_s^+ - 1)c \cdot \text{ctan}\phi \tag{4.1.5}$$

式中,N_s^+、N_r^+、N_s^-、N_r^- 分别为稳定系数。

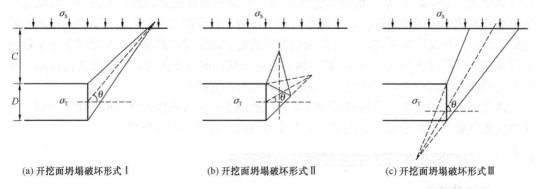

图 4.1.2 盾构隧道极限分析法的截锥形破坏面[4]

吕玺琳等[17]参照 Leca 等的破坏模式,假定块体 a 为一顶角为 2φ 的三角形 OO'B,其底边为线 OB,其顶角的平分线保持竖直。块体 c 为一等腰三角形 OAE,AE 线与水平方

向夹角为 $\pi/4+\varphi/2$。剪切区 b 为一以对数螺旋线 BE 围成的剪切区 OBE，点 O 为对数螺线中心点，点 B 和点 E 分别为对数螺线的起点和终点，如图 4.1.3 所示，破坏面几何尺寸为：

$$r_0 = \frac{D}{2\sin(\pi/4+\varphi/2)\exp[(\pi/4+\varphi/2)\tan\varphi]} \quad (4.1.6)$$

$$h = r_0/(2\tan\varphi) \quad (4.1.7)$$

$$l_B = \begin{cases} 0 & (h-C \leqslant 0) \\ 2(h-C)\tan\varphi & (h-C > 0) \end{cases} \quad (4.1.8)$$

按照关联流动法则，滑动面相对速度方向与速度间断面夹角应为土体内摩擦角 φ，各滑块相应速度场如图 4.1.3 所示。于是，块体 a 重力所做的功为：

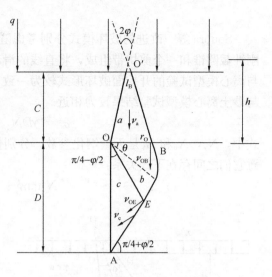

图 4.1.3 盾构隧道极限分析法的对数螺旋线破坏面[17]

$$P_{W_a} = \frac{1}{2}\gamma v_a [r_0 h - l_B(h-C)] \quad (4.1.9)$$

剪切区 b 为一曲边三角形，考虑微元土体重力所做的功为：

$$dP_{wb} = \frac{v_a}{2}\gamma r_0^2 \exp(3\theta\tan\varphi)\cos\theta d\theta \quad (4.1.10)$$

经过一系列推导得到了支护压力的表达式为：

$$\sigma_t = \gamma D N_\gamma + c N_c + \sigma_s N_s \quad (4.1.11)$$

式中：

$$N_c = -\frac{1}{D\exp\left[\left(\frac{\pi}{4}+\frac{\varphi}{2}\right)\tan\varphi\right]\sin\left(\frac{\pi}{4}+\frac{\varphi}{2}\right)} \times$$

$$\left\{(2h-l_B\cot\varphi) + \frac{D\exp\left[\left(\frac{\pi}{4}+\frac{\varphi}{2}\right)\tan\varphi\right]\cos\varphi}{2\sin\left(\frac{\pi}{4}+\frac{\varphi}{2}\right)} + r_0\cot\varphi\left\{\exp\left[\left(\frac{\pi}{2}+\varphi\right)\tan\varphi\right]-1\right\}\right\}$$

$$N_q = \frac{l_B}{D\exp\left[\left(\frac{\pi}{4}+\frac{\varphi}{2}\right)\tan\varphi\right]\sin\left(\frac{\pi}{4}+\frac{\varphi}{2}\right)}$$

$$N_\gamma = \frac{1}{2D^2\exp\left[\left(\frac{\pi}{4}+\frac{\varphi}{2}\right)\tan\varphi\right]\sin\left(\frac{\pi}{4}+\frac{\varphi}{2}\right)}$$

$$\left\{r_0 h - l_B(h-C) + \frac{\exp\left[3\left(\frac{\pi}{4}+\frac{\varphi}{2}\right)\tan\varphi\right]\left[3\tan\varphi\cos\left(\frac{\pi}{4}+\frac{\varphi}{2}\right)+\sin\left(\frac{\pi}{4}+\frac{\varphi}{2}\right)\right]-3\tan\varphi}{(1+9\tan^2\varphi)}\right\} \times$$

$$r_0^2\frac{D^2}{2}\tan\left(\frac{\pi}{4}-\frac{\varphi}{2}\right)\cos\left(\frac{\pi}{4}+\frac{\varphi}{2}\right)\exp\left[\left(\frac{\pi}{4}+\frac{\varphi}{2}\right)\tan\varphi\right]\right\}$$

Soubra 等[5]改进的破坏模式分别考虑隧道开挖面的坍塌与隆起，其破坏模式由两个刚性截圆锥和一个剪切带组成，将直线的滑动面用螺线滑动面替代，如图 4.1.4 所示，这与离心模型试验的开挖面破坏形式较为一致，可以反映更多的滑移形式，其得出的计算值与砂土离心模型试验结果较为相近。

$$\sigma_t = \gamma D N_\gamma + c N_c + \sigma_s N_s \tag{4.1.12}$$

式中，N_γ、N_c 和 N_s 是无量纲化参数，分别代表土的重度、黏聚力和上覆荷载的影响，注意它们之间存在下式关系：

$$N_c \tan\phi + 1 - N_s = 0 \tag{4.1.13}$$

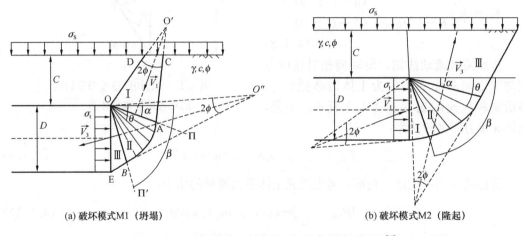

(a) 破坏模式 M1（坍塌）   (b) 破坏模式 M2（隆起）

图 4.1.4 盾构隧道极限分析法的双截圆锥破坏面[5]

Mollon 等[7]进一步提出了一个改进的破坏模式，由刚性螺旋滑块组成，用 5 个块体就足以计算出最小的极限支护压力，如图 4.1.5 所示，这个模型有助于解释整个圆形隧道的滑动面。研究结果还发现，对无黏性土或摩擦角不小于 20°的黏性土，最小的极限支护压力与隧道上覆层厚度无关。经一些简化后，得到开挖面支护压力为：

$$\sigma_c = \gamma D N_\gamma - c N_c + \sigma_s N_s \tag{4.1.14}$$

式中，N_γ、N_c 和 N_s 是与上面类似的无量纲化参数，分别按下式计算：

$$N_\gamma = \sum_{i=1}^{n} \left[\frac{V_i}{A_0 D} \cdot \frac{v_i}{v_1} \cdot \frac{\sin\beta_i}{\cos\beta_1} \right]$$

$$N_c = \sum_{i=1}^{n} \left[\frac{S_i}{A_0} \cdot \frac{v_i}{v_1} \cdot \frac{\cos\varphi}{\cos\beta_1} \right]$$
$$+ \sum_{i=1}^{n-1} \left[\frac{A_{i,i+1}}{A_0} \cdot \frac{v_{i,i+1}}{v_1} \cdot \frac{\cos\varphi}{\cos\beta_1} \right]$$

$$N_s = \frac{A'_n}{A_0} \cdot \frac{v_n}{v_1} \cdot \frac{\sin\beta_n}{\cos\beta_1}$$

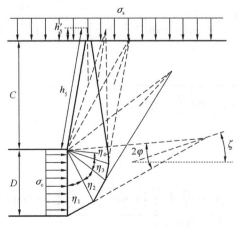

图 4.1.5 盾构隧道极限分析法的多块锥形体破坏面[7]

上面的表达式中，开挖面支护压力不仅与物理、力学和几何特征参数 γ、c、φ 和 C/D 有关，还依赖于 $2n-1$ 个角度参数 α_k（$k=2, \cdots, n$）和

β_l（$l=1$，…，n）的取值，极限支护压力取由上式按这些角度计算出的最大值。

之后，Mollon 等[8]又提出了一种双对数螺旋线的滑动面模型，可以模拟坍塌和隆起的破坏模式，如图 4.1.6 所示，并且采用了一种空间离散化技术建立了旋转破坏机制来模拟开挖面的主动和被动极限支护压力值。这种方法有两个好处，一是解决了滑动面是一个内接于隧道开挖面椭圆的问题，二是能够更好地与试验中旋转刚体运动相吻合。

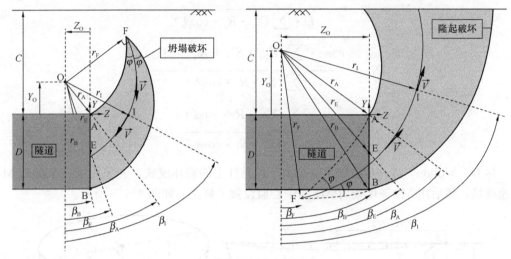

(a) 坍塌破坏和隆起破坏

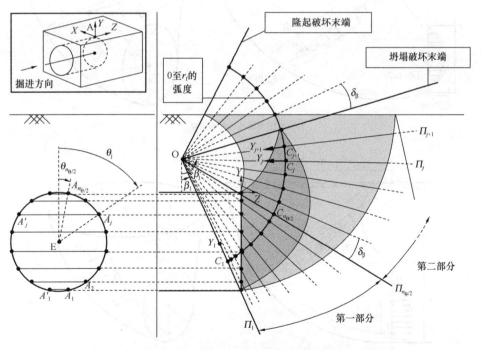

(b) 在给定 rE/D 和 βE 参数条件下，生成坍塌和隆起机制的离散化技术

图 4.1.6　盾构隧道极限分析法的双对数螺旋线破坏面[8]

经过一系列推导和简化后，可得到开挖面的坍塌与隆起相对应的极限支护压力为：

$$\sigma_c = \gamma \cdot D \cdot N_\gamma - c \cdot N_c + \sigma_s \cdot N_s \tag{4.1.15}$$

$$\sigma_b = \gamma \cdot D \cdot N_\gamma + c \cdot N_c + \sigma_s \cdot N_s \tag{4.1.16}$$

式中，N_γ、N_c 和 N_s 按下式计算：

$$N_\gamma = \frac{\sum\limits_{i,j}(R_{i,j} \cdot V_{i,j} \cdot \sin\beta_{i,j} + R'_{i,j} \cdot V'_{i,j} \cdot \sin\beta'_{i,j})}{D \cdot \sum\limits_j (\Sigma_j \cdot R_j \cdot \cos\beta_j)}$$

$$N_c = \frac{\cos\varphi \cdot \sum\limits_{i,j}(R_{i,j} \cdot S_{i,j} + R'_{i,j} \cdot S'_{i,j})}{\sum\limits_j (\Sigma_j \cdot R_j \cdot \cos\beta_j)}$$

$$N_s = \frac{\sum\limits_l (\Sigma'_l \cdot R_l \cdot \sin\beta_l)}{\sum\limits_j (\Sigma_j \cdot R_j \cdot \cos\beta_j)}$$

接着，Mollon[9]进一步给出了一个关于纯黏性土的破坏模式，先采用了一个称为 M1 的速度场，然后用 M2 速度场对 M1 的中心假设做了修正，如图 4.1.7 所示。

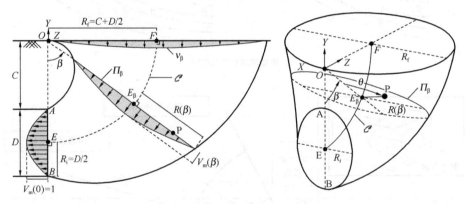

(a) M1模型速度场分布示意

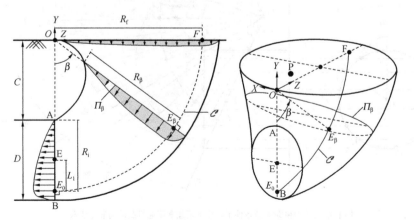

(b) M2模型速度场分布示意

图 4.1.7　盾构隧道极限分析法的多块锥形体破坏面[9]

经过推导和简化后得出隧道极限支护压力可以用下式表示：

$$\sigma_c = \gamma \cdot D \cdot N_\gamma - c_u \cdot N_c + \sigma_s \cdot N_s \tag{4.1.17}$$

式中，N_γ、N_c 和 N_s 按下式计算：

$$N_\gamma = \frac{\sum\limits_{N_\beta, N_r, N_\theta}(v_Y \cdot \delta V)}{D \cdot \sum\limits_{N_r, N_\theta, \beta=0}(v_\beta \cdot S_3)}$$

$$N_c = \frac{\sum\limits_{N_\beta, N_r, N_\theta}(2 \cdot \max(|\varepsilon_i|) \cdot \delta V)}{\sum\limits_{N_r, N_\theta, \beta=0}(v_\beta \cdot S_3)}$$

$$N_s = \frac{\sum\limits_{N_r, N_\theta, \beta=\pi/2}(v_\beta \cdot S'_3)}{\sum\limits_{N_r, N_\theta, \beta=0}(v_\beta \cdot S_3)}$$

上限分析方法虽然在早期的理论分析研究中取得了丰硕的成果，但在分析中寻找合适的机动场模型较为困难；在均质地层中效果较好，但复合地层中盾构开挖面的稳定性分析较为困难。

2. 极限平衡法

塑性极限分析有较强的理论依据，但求解过程相对繁琐，且理论推导通常是基于开挖面为均布压力的情况，这与传统的气压控制开挖面的方法相对应，而与目前主要的盾构隧道施工方法如泥水盾构或土压力平衡盾构施工的支护压力形式不完全相符，极限分析法也没有考虑渗透力、土拱效应等对盾构开挖面稳定性的影响，因此应用中存在一定的局限性。极限平衡法因形式简单，易于理解，而且可以考虑地下水的渗流影响，适用于不同的支护压力分布情况，在工程中有着较为广泛的认知。极限平衡法可以模拟盾构隧道在开挖掘进过程中开挖面坍塌情况，也可以模拟开挖面造成地面隆起的情况，分别对应于极限平衡法中的主动土压力和被动土压力的情形，下面分别介绍现有的一些理论成果。

1) 主动土压力破坏

主动土压力情况与开挖面坍塌的工况对应，是盾构隧道施工中最常见的情况，当掌子面的支护力不足时，开挖面土体向隧道内部坍塌，土体形成向内的整体滑动，造成地面塌陷等问题，是典型的主动土压力破坏。这种模型较早是基于筒仓模型提出的，是目前理论分析方法的基础。根据筒仓和开挖面破坏的形态，有不同的假定，包括楔形棱柱滑动面、楔形梯形柱滑动面、半圆楔形半圆柱滑动面，还有其他一些复杂曲面或曲线的模型假定，下面分类介绍。

(1) 楔形棱柱体极限平衡法

楔形棱柱体模型的概念是 Jancsecz[12] 基于筒仓模型提出的，如图 4.1.8 所示。假定开挖面前方土体滑动区域由一个位于开挖面前方的楔形体和开挖面上方的棱柱体组成，土体为刚塑性材料，满足莫尔-库仑准则，针对开挖面前方楔形体滑块的力的平衡关系，并考虑楔形体上方的棱柱体的实际压力，就可以得到 ABCD 面上的作用力，通过假定开挖面前方楔形体滑动面角度，可以获得其对应的面 ABCD 上的作用力，最大值即为满足开挖面稳定的极限支护力。

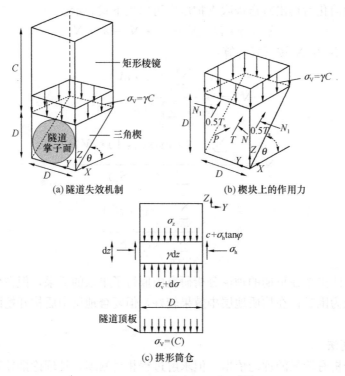

图 4.1.8 楔形体极限平衡法[18]

盾构隧道通常具有一定的埋深,当埋深较大($C/D>1$)时,施工过程中刀盘的切削开挖引起上部地层的应力释放,隧道上方周围的土体会对下移的土体产生一定的制约作用,引起应力重分布,使隧道上覆土压力小于地层的原始应力,在上覆地层中产生土拱效应[19],形成类似岩石松动圈的概念,上覆地层中的压力为松动土压力。该松动土压力就对应着隧洞开挖面楔形体滑块的上覆土压力,它的确定是隧洞开挖面极限支护力计算的一项重要内容。隧道上覆土压力的计算与埋深有关,若埋深较小,可不计土拱效应,直接按照全覆土重计算;当存在土拱效应时,有两类计算方法,普氏土压力理论[20]和太沙基土压力松动理论[21]。

普氏土压力理论以松散理论为基础,认为隧道开挖后上方土体形成平衡拱,衬砌上的土压力为拱内土体的重力,如图 4.1.9 所示。

假定平衡拱的曲线方程为抛物线,对上面的拱内土体分层单元进行分析并积分可以得到初砌上的平均土压力为:

$$\sigma_v = \frac{p_v}{2a} = \sum \frac{2}{3}\sqrt{\frac{f}{a}}(\sqrt[3]{h_{i+1}^2} - \sqrt[3]{h_i^2})\gamma_i \tag{4.1.18}$$

可见,普氏土压力与隧道的埋深无关,适用于能够形成完全拱的地层,一般对于深埋隧道比较适用,且这类地层土质通常较为坚硬。

太沙基松动土压力理论是计算盾构隧洞上覆土压力中更为常用的一个方法,大多数浅埋隧道中并未完全形成土拱,这时该理论更为适用。太沙基松动土压力理论考虑的因素较为全面,如埋深、土体黏聚力、隧洞尺寸和内摩擦角,但计算公式较为复杂。盾构隧洞在开挖过程中,隧洞顶部土体因受到自重作用,顶部土体会有向下滑移的趋势。因此,从隧

第4章 软硬复合地层盾构隧道掘进开挖面支护压力特征

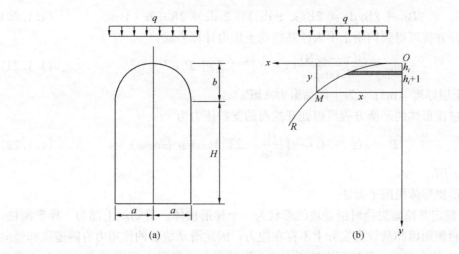

图 4.1.9 普氏土压力理论计算示意图

洞的两侧一定距离到地表会形成 2 个竖直剪切面，如图 4.1.10 所示。盾构隧洞施工中，土体不可避免地会受到一定程度的施工扰动，竖直剪切面中间土体向下滑动时，滑动与未滑动土体颗粒之间会有相互错动趋势并发生应力传递作用，未滑动的土体会对隧洞上方向下滑动的土体产生一定的阻力。因此，太沙基松动土压力会小于土体原始应力。采用太沙基松动土压力理论计算圆形隧洞时，竖直滑动土体宽度为 $2B_1$，其中：

$$B_1 = \frac{R}{\tan\left(\dfrac{\pi}{8} + \dfrac{\varphi}{4}\right)} \tag{4.1.19}$$

式中，R 为隧洞半径（m）；φ 为土的内摩擦角（°）。

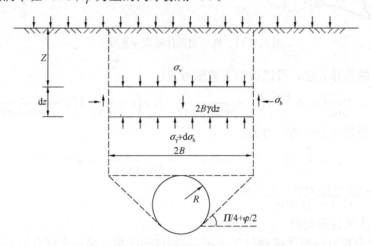

图 4.1.10 均质地层太沙基松动土压力计算模型[21]

盾构施工过程中，隧洞开挖面前方土体会形成一个松动区，楔形体上部土体在重力作用下有向下滑动趋势，形成柱状松动区。松动圈边界大于洞径，按（45°+φ/2）扩散，φ 为土体内摩擦角（°）。松动土体单元受力情况如图 4.1.10 所示[21]。

微体竖直方向受力平衡：

$$2B\sigma_v + 2B\gamma dz = 2B(\sigma_v + d\sigma_v) + 2cdz + 2K\sigma_v dz \cdot \tan\varphi \tag{4.1.20}$$

解此微分方程可得到均质土中太沙基松动土压力计算公式:

$$\sigma_v = \frac{B(\gamma - c/B)}{K\tan\varphi}(1 - e^{-K\tan\varphi \cdot z/B}) + P_0 e^{-K\tan\varphi \cdot z/B} \tag{4.1.21}$$

式中,z 为土层厚度(m);c 为土体黏聚力(kPa)。

于是通过楔形体的平衡方程可得到开挖面的支护压力为[14]:

$$P = \varepsilon(P_v + G) - \left(\frac{cB^2}{\sin\alpha} + 2T'\right)(\varepsilon\sin\alpha + \cos\alpha) \tag{4.1.22}$$

式中,$P_v = \sigma_v BL$。

(2) 梯形楔形体极限平衡法

魏纲[14]假定开挖面失稳时滑动块的形状为一个梯形楔体,滑动块上部为一梯形棱柱,同时滑动块两侧面因卸载效应实际上不存在应力,因此滑动块上的作用力有隧道顶部竖向作用力 P_v、土体自重 G、开挖面支护压力 P、滑动面上的摩阻力 T 及法向作用 N,模型如图 4.1.11 所示。

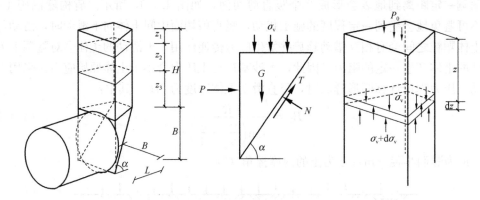

图 4.1.11 梯形楔形体极限平衡法[14]

根据类似的推导方法,可以得到支护压力为:

$$P = \frac{\varepsilon B^2}{\tan\alpha}\left(\sigma_v + \frac{B\gamma}{2}\right)\left(1 - \frac{1}{\tan\alpha\tan\beta}\right) - B^2 c\left(\varepsilon + \frac{1}{\tan\alpha}\right)\left(1 - \frac{1}{\tan\alpha\tan\beta}\right) \tag{4.1.23}$$

其中,隧道顶部的松动压力为:

$$\sigma_v = \frac{B_1}{A}(1 - e^{-Az}) + P_0 e^{-Az} = \frac{\gamma - \lambda c}{\lambda K_0 \tan\varphi}(1 - e^{-\lambda K_0 z\tan\varphi}) \tag{4.1.24}$$

式中,$\lambda = \dfrac{2(\tan\alpha - 1/\tan\beta + 1/\sin\beta)}{B(1 - 1/\tan\alpha)}$。

(3) 楔形半圆柱滑动面

赵文[22]结合现有楔形体模型与 Takano 模型试验结果,采用半圆台加上部分球体的方法模拟土体破坏区的曲面体外形,采用半圆柱模拟上部土体松动区,如图 4.1.12 所示,在考虑松动土压力的情况下提出盾构开挖面主动极限支护压力的计算公式并简化,最后计算平均支护压力 σ_t。

经推导,可以得到半圆柱形筒仓的隧道开挖面支护压力为:

$$\sigma_v = (1 - e^{-K_{\text{III}}\tan(\varphi)Mz})\frac{\gamma - cM}{K_{\text{III}}\tan(\varphi)M} + Ce^{-K_{\text{III}}\tan(\varphi)Mz} \tag{4.1.25}$$

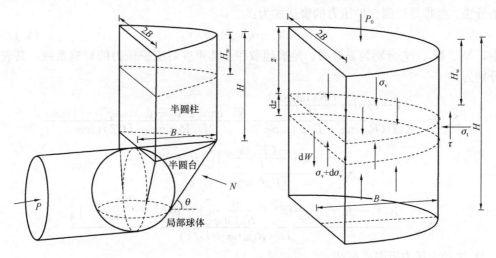

图 4.1.12 楔形半圆柱极限平衡法[22]

式中，$M = 2(\pi+2)/(\pi B)$；C 为常数。

最后计算得平均支护压力为：

$$\sigma_\mathrm{t} = \frac{H_\mathrm{I} + H_\mathrm{II}}{S_\mathrm{I} + S_\mathrm{II}} \tag{4.1.26}$$

式中，S_II 为半圆台区域投影面积；H_II 为半圆台区域水平合力；S_I 为局部球体区域投影面积；H_I 为局部球体区域水平合力。

(4) 对数螺线极限平衡法

盾构隧道开挖面多为圆形，严格地说需进行三维分析，但由于三维分析的复杂性，为便于工程应用，往往将其转化为二维进行分析。根据村山公式基本原理，吕玺琳假定开挖面前方滑动面形状为一对数螺线 $R = R_0 \mathrm{e}^{\theta \tan\varphi}$，该对数螺旋线在盾构顶端为竖直，底面与水平方向夹角为 $\pi/4 + \varphi/2$（φ 为土体内摩擦角），如图 4.1.13 所示，其几何形状参数为：

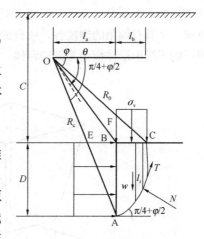

图 4.1.13 对数螺旋线极限平衡法[17]

$$R_0 = \frac{D}{\cos\left(\frac{\pi}{4} - \frac{\varphi}{2}\right)\exp\left[\left(\frac{\pi}{4} - \frac{\varphi}{2}\right)\tan\varphi\right] - \sin\varphi} \tag{4.1.27}$$

$$l_\mathrm{a} = \sin\left(\frac{\pi}{4} - \frac{\varphi}{2}\right) R_0 \exp\left[\left(\frac{\pi}{4} - \frac{\varphi}{2}\right)\tan\varphi\right] \tag{4.1.28}$$

$$l_\mathrm{b} = \cos\varphi R_0 - l_\mathrm{a} \tag{4.1.29}$$

考虑开挖面前方 ABC 滑动区域土体的力矩平衡条件，假定松动土压力 σ_v 为：

$$\sigma_\mathrm{v} = \frac{\gamma B' - c}{K_0 \tan\varphi}\left[1 - \exp\left(-\frac{CK_0 \tan\varphi}{B'}\right)\right] + q\exp\left(\frac{-CK_0 \tan\varphi}{B'}\right) \tag{4.1.30}$$

式中，$B' = D[1 + \tan(\pi/4 - \varphi/2)]/2$；$q$ 为地表超载；侧压力系数 $K_0 = 0.95 - \sin\varphi$。

据莫尔-库仑强度准则，滑动面上土体抗剪强度为 $\tau_\mathrm{f} = c + \sigma\tan\varphi$，类似土坡稳定计算的条分法，经推导得到支护压力的表达式为：

$$\sigma_t = cN_c + qN_q + \gamma D N_\gamma \tag{4.1.31}$$

式中，N_c、N_q、N_γ 分别为黏聚力、地表超载和土体重度对支护压力的影响系数，其表达式分别为：

$$N_c = -\frac{1-\exp\left(-\frac{CK_0\tan\varphi}{B'}\right)}{K_0 D(R_0\sin\varphi + D/2)\tan\varphi} - \frac{R_0^2\{\exp[2(\theta_1-\theta_0)\tan\varphi]-1\}\cos\varphi}{2D(R_0\sin\varphi + D/2)\tan\varphi}$$

$$N_q = \frac{\exp\left(\frac{-CK_0\tan\varphi}{B'}\right)\left(l_a l_b + \frac{l_b^2}{2}\right)}{D(R_0\sin\varphi + D/2)}$$

$$N_\gamma = \frac{R_0^3 f_1 - R_0 f_2 - \frac{1}{3}Dl_a^2 + \frac{B'}{K_0\tan\varphi}\left[1-\exp\left(-\frac{CK_0\tan\varphi}{B'}\right)\right]}{D^2(R_0\sin\varphi + D/2)}$$

2）被动土压力极限平衡法

陈仁朋[23]根据数值分析结果发现，在开挖面前方土体发生被动失稳时，前方地表的隆起范围一般较大，地层内部变形等值线并非沿竖直方向，而是具有一定倾角，隆起区域的形状更接近上宽下窄的盆形。据此对极限平衡法中的楔形体模型进行改进，将模型上方的棱柱改成一个具有倾角的倒棱台，棱台的倾角根据挡土墙被动失稳的库仑土压力计算法则确定，修正的三维楔形体模型为倒棱台体，如图4.1.14所示，该方法适用于无黏性砂土。

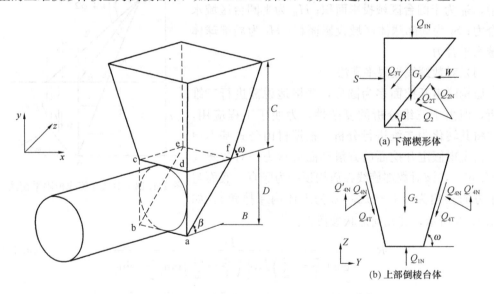

图 4.1.14 砂土地层中被动土压力极限平衡法[23]

经力的平衡关系推导可得出开挖面的被动土压力为：

$$P/(\gamma D) = N_1 \cot\beta\cos\beta + (N_1\cos\beta + N_2\cot\beta + N_3)\tan(\beta+\varphi) + \frac{\gamma_w}{\gamma}\left(K + \frac{1}{2}\right) \tag{4.1.32}$$

式中，N_1、N_2 和 N_3 的表达式分别为：

$$N_1 = \frac{4}{\pi}\lambda\left(K + \frac{1}{3}\right)\tan\varphi$$

$$N_2 = \frac{1}{2} + K + \frac{4}{\pi}K^2\cot\omega + \frac{4}{\pi}\lambda K^2(1+\sin\varphi)(\tan\varphi-\cot\omega)$$

$$N_3 = \frac{16}{3\pi}K^3\cot^2\omega + K^2\cot\omega + \lambda K^2\left(1+\frac{16K\cot\omega}{3\pi}\right)(1+\sin\varphi)(\tan\varphi-\cot\omega)$$

根据上式对倾角进行试算，求得最小的支护力即为被动破坏极限支护力。

申林方[24]等考虑土体黏聚力的影响，优化楔形滑块的倾角，沿用陈仁朋的模型对楔形块+倒棱台体计算进行了改进，建立了计算盾构隧道开挖面被动极限支护压力的三维极限平衡，最终将该问题转化为一元非线性函数的数学优化问题，通过优化方法搜索最小支护力，从而获得了被动极限平衡状态下的支护压力。

4.2 复合地层中开挖面支护压力的理论分析法

随着城市轨道交通建设的发展，盾构法作为隧道施工方法之一，因施工速度快、交通干扰小的优点而被广泛采用。但近年来随着盾构施工工程量的增多，也遇到了大量复杂地层的情况，其中上软下硬的复合地层情况尤其常见，而在这种复合地层中开展盾构法施工时，由于开挖面上下地层的力学性质差异很大，若掘进过程盾构压力控制不当，很容易导致开挖面失稳。因此复合地层中开挖面支护压力的研究受到了工程界的广泛重视，其中理论分析方法也在不断发展以实现对复合地层中开挖面支护压力的理论求解。

4.2.1 复合地层盾构隧道开挖面支护力的极限分析法

1. 复合地层开挖面支护力极限分析的加权平均法

前已述及，塑性极限分析法在分析盾构隧道开挖面支护压力时，通常针对的是均匀地层，而在复合地层条件下盾构隧道开挖面的支护力应用中较为困难，因此，较早的研究采用了一些等效的方法，如加权平均法。郑永来[25]根据 Leca 和吕玺琳类似的滑动面模型（图 4.2.1），采用破坏土层高度范围内土体参数厚度加权平均值来分析盾构隧道开挖面的支护力等效作用。采用迭代计算确定了破坏土层高度：

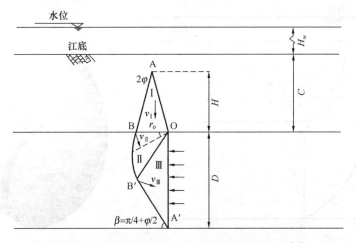

图 4.2.1 极限分析上限法的破坏模型（塌陷）[25]

$$\overline{H} = \left(\frac{1}{4R\tan\overline{\varphi}\sin\beta} + 1\right)D \tag{4.2.1}$$

其中，破坏土层高度 $\overline{H}$ 范围内的内摩擦角加权平均值 $\overline{\varphi}$ 为：

$$\overline{\varphi} = \sum_{i=1}^{n}\varphi_i h_i / \sum_{i=1}^{n} h_i \tag{4.2.2}$$

式中，$\sum_{i=1}^{n} h_i = \overline{H}$。

在确定 $\overline{H}$ 和 $\overline{\varphi}$ 值之后，利用厚度加权平均值法计算 $\overline{H}$ 范围内土体的 $\overline{\gamma}$ 和 $\overline{c}$，如下：

$$\overline{\gamma} = \sum_{i=1}^{n}\gamma_i h_i / \sum_{i=1}^{n} h_i \tag{4.2.3}$$

$$\overline{c} = \sum_{i=1}^{n}c_i h_i / \sum_{i=1}^{n} h_i \tag{4.2.4}$$

同时，考虑了盾构隧道受高水位作用的情况，隧道中心点处所受的孔隙水压力：

$$\sigma_e = \gamma_w \left(H_w + \sum_{i=1}^{n} h_{wi}\xi_i\right) \tag{4.2.5}$$

式中，$\sum_{i=1}^{n} h_{wi}$ 为江底土层至隧道中心点处的距离；ξ_i 为土水压力比。

将上述利用厚度加权平均法计算的 $\overline{\varphi}$、$\overline{c}$、$\overline{\gamma}$、$\overline{N_e}$ 去替代均匀地层中的 φ、c、γ、N_e 即可得多层土下的隧道开挖面极限支护压力：

$$\overline{\sigma}_T = \overline{\gamma}\overline{N_\gamma} + \overline{c}\overline{N_c} + \gamma_w\overline{N_e} \tag{4.2.6}$$

式中，$\overline{N_c}$、$\overline{N_\gamma}$ 是将 $\overline{\varphi}$ 替代 φ 所得。

冯利坡[26]在 Mollon 的双对数螺旋线滑动面模型的基础上，简化形成二维双对数螺旋线滑动面，同样采用类似上述加权平均法，将双对数螺旋线滑动面模型拓展到多层土的计算，如图 4.2.2 所示。

之后，冯利坡等[27]又完成了加权平均法下三维双对数螺旋线滑动面的多层土等效，如图 4.2.3 所示。

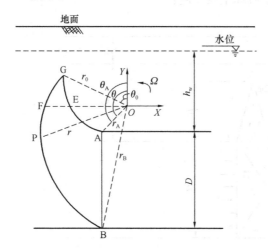
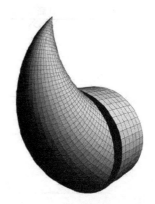

图 4.2.2 盾构隧道对数螺旋破坏模式机构图[26]　　图 4.2.3 深埋盾构隧道开挖面三维双对数螺旋破坏示意图[27]

2. 复合地层开挖面支护力极限分析的直接法

Ibrahim等[28]于2015年解决了复合地层开挖面支护力极限分析,在Mollon双对数螺旋线的基础上,针对纯摩擦材料,考虑土层的分层现象,提出了新的解的模式,如图4.2.4所示,在开挖面处的滑动面仍由两段对数螺旋线表示,但由于土层界面的存在,不同的土层具有不同的摩擦系数φ_i,速度矢量为$\vec{v}=\omega\cdot r$,速度法线方向与破坏面的夹角为φ_i。

于是可以类似均匀地层中双螺旋线的定义,得出多层土的双对数螺旋线方程:

$$r=r_A\exp[(\beta-\beta_A)\tan\varphi_{i+1}] \tag{4.2.7}$$

$$r=r_B\exp[(\beta_B-\beta)\tan\varphi_i] \tag{4.2.8}$$

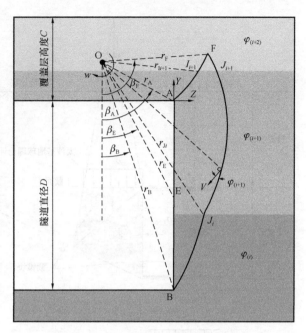

图4.2.4 多层砂土中盾构隧道开挖面双对数螺旋破坏图[28]

经与均匀地层中极限分析类似的推导,可以得出最终的极限支护力为:

$$\sigma=DN_\gamma-N_c+\sigma_sN_s \tag{4.2.9}$$

当地层各层的参数φ、γ一样时,该公式可以退化为均匀地层双螺旋线极限支护压力的计算公式[8]。

上面的研究适用于纯摩擦土,近期代仲海等[29]针对黏性土,考虑了双层地基中的隧道开挖,同样采用组合对数螺旋线破坏模式(图4.2.5),但可以同时考虑内摩擦角和黏聚力的作用,推导了开挖面极限支护力,由于其结果较为复杂,不便于直接求解,采用了序列二次规划法来优化以获得极值。

对于多层土的情况,Han等[30]还开展了一些简化研究,分别在均匀地层中隧道支护压力极限分析的Leca滑动面模型[4]和Soubra滑动面模型[5]的基础上,考虑了隧道顶部存在成层土的情况,采用太沙基土压力理论分析了上覆压力,修正了上覆成层土的极限支护压力计算方法,如图4.2.6所示。

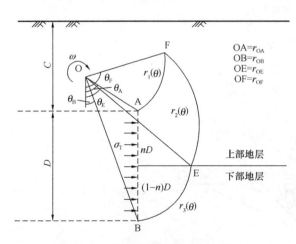

图4.2.5 复合黏土地层中隧道开挖面双对数螺旋破坏图[29]

3. 非均匀复合地层开挖面支护力极限分析法

在关于成层土的极限支护压力分析

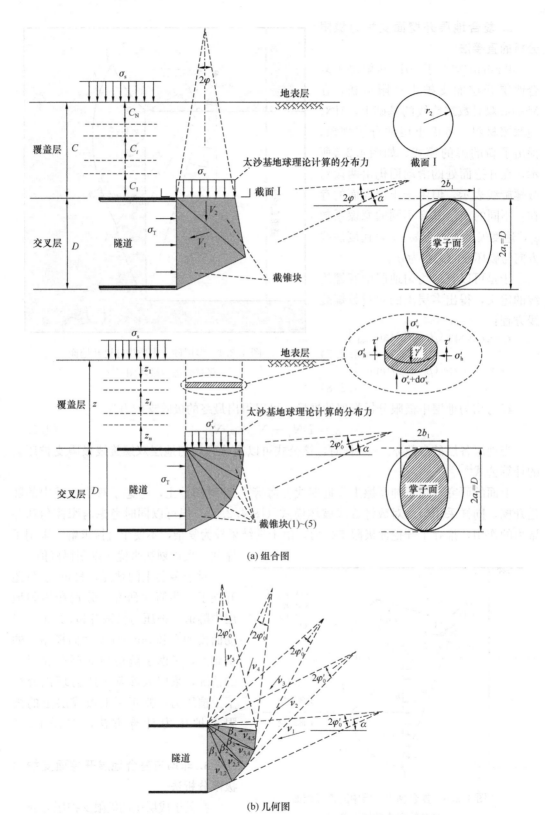

图 4.2.6 上覆成层土地基中隧道开挖面极限支护压力[30]

中，还有一种特殊情况，即可以简化为模量沿地层深度呈线性变化的复合地层。Mollon[10]提出了一种可以考虑模量随空间变化的隧道开挖面支护压力极限分析法，如图 4.2.7 所示，其中土体的剪切模量 φ 和 c 均是空间坐标的函数，取为 $\varphi(x,y)$ 和 $c(x,y)$。由于模量是变化的，因此速度场也随之变化，块体滑动面不能用双对数螺旋线来表示，而是通过空间离散方法点对点地描述滑动面，理论上该方法可以同时描述 φ 和 c 的变化，但为方便起见，只给出了无黏性土的情况。也正是由于无法解析给出滑动面，该方法只能通过数值方法实现模拟。

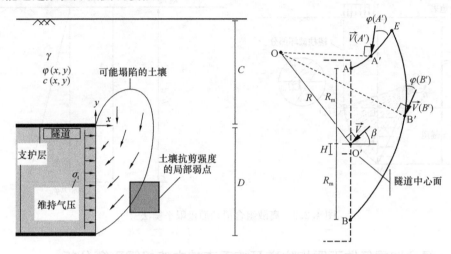

图 4.2.7　考虑模量随空间变化的隧道开挖面支护压力极限分析法

Zhang 等[31]依据 Mollon 的双对数螺旋线方法[8]，考虑了土体不排水抗剪强度随深度变化的非均匀地层的开挖面极限支护力分析，如图 4.2.8 所示。

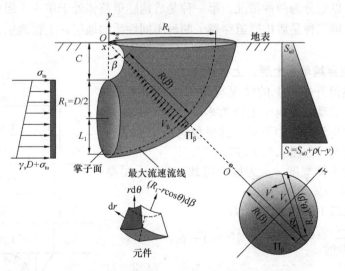

图 4.2.8　对数螺旋线极限平衡法[31]

经过推导，得出开挖面坍塌和隆起下的极限支护压力计算公式分别为：

$$\sigma_{tu} = \sigma_s N_s + \gamma D (N_\gamma - r_s N_{\gamma s}) - (s_{u0} N_{c0} + \rho D N_{c\rho}) \qquad (4.2.10)$$

$$\sigma_{tu} = \sigma_s + \gamma D(N_\gamma - r_s N_{\gamma s}) + (s_{u0} N_{c0} + \rho D N_{cp}) \tag{4.2.11}$$

式中的参数表达式较为复杂,这里不再赘述,可参考原文注释。

Chen 等[32]采用了离散组合滑动面方法,将开挖面前方的滑动面设为一个离散破坏面和一个棱柱体破坏面的组合,同时考虑了土层的内摩擦角沿深度方向线性变化,如图 4.2.9 所示。该方法得到的开挖面支护压力极值表达式较为复杂,需通过计算编程搜索求解。

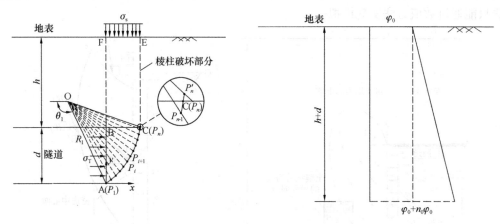

图 4.2.9　离散组合滑动面极限平衡法[32]

4.2.2　复合地层条件下盾构隧道开挖面支护力的极限平衡分析

复合地层条件下盾构隧道采用极限平衡方法分析开挖面支护力的基本方法与均匀土层中的方法基本类似,仍采用滑块体与上覆土柱的组合滑动体形式进行分析,但根据地层条件不同,主要可以划分为两种情况。第一种是盾构隧道整体处于单一土层中,上覆地层为多层土的形式;第二种是盾构隧道穿越了两种不同性质的地层,上覆地层为单层或多层土的形式。

1. 盾构隧道穿越单一土层,上覆多层土

这类盾构隧道开挖面上的情况与均匀地层中类似,仍是全断面发生滑动,但由于上覆为多层土,上部棱柱体的覆土压力与均匀地层中不同。这里仅讨论太沙基松动压力计算的情况,如图 4.2.10 所示[21]。

图中 $2B_1$ 为土体宽度,p_0 为地面超载,Z 为土层厚度,σ_v 为上覆土压力。

隧洞顶部土层 1 处的土压力为:

$$p_1 = \frac{B_1(\gamma_1 - c_1/B_1)}{K\tan\varphi_1}(1 - e^{-\frac{z_1}{B_1}K\tan\varphi_1}) + p_0 e^{-\frac{z_1}{B_1}K\tan\varphi_1} \tag{4.2.12}$$

同理可得各个土层之间的相互作用力为:

$$p_2 = \frac{B_1(\gamma_2 - c_2/B_1)}{K\tan\varphi_2}(1 - e^{-\frac{z_2}{B_1}K\tan\varphi_2}) + p_1 e^{-\frac{z_2}{B_1}K\tan\varphi_2} \tag{4.2.13}$$

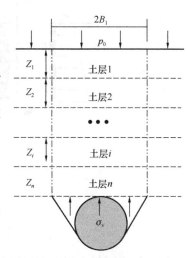

图 4.2.10　太沙基松动土压力示意(多层土)[21]

$$p_i = \frac{B_1(\gamma_i - c_i/B_1)}{K\tan\varphi_i}(1 - e^{-\frac{Z_i}{B_1}T\tan\varphi_i}) + p_{i-1}e^{-\frac{Z_i}{B_1}K\tan\varphi_i} \quad (4.2.14)$$

$$p_n = \frac{B_1(\gamma_n - c_n/B_1)}{K\tan\varphi_n}(1 - e^{-\frac{z_n}{B_1}\tan\varphi_n}) + p_{n-1}e^{-\frac{z_n}{B_1}T\tan\varphi_n} \quad (4.2.15)$$

式中，p_0 为地面超载；p_i 为第 i 层土与第 $i+1$ 层土之间的相互作用力；γ_i 为第 i 层土的重度（kN/m³）；c_i 为第 i 层土的黏聚力（kPa）；φ_i 为第 i 层土的内摩擦角（°）；K 为侧向土压力系数；Z_i 为第 i 层土的土层厚度（m）。

同样类似于均匀地层中的方法，建立楔形体的平衡方程，可以得到同样开挖面的支护压力表达式。

魏纲[14]考虑了隧道顶部为梯柱体的情况，当土层为多层土时，分层松动土压力如下：

$$P_1 = \frac{\gamma_1 - \lambda c_1}{\lambda K_{01}\tan\varphi_1}(1 - e^{-\lambda K_{01}z_1\tan\varphi}) + P_0 e^{-\lambda K_{01}z_1\tan\varphi} \quad (4.2.16)$$

同理，可得土层间相互作用力如下：

$$P_2 = \frac{\gamma_2 - \lambda c_2}{\lambda K_{02}\tan\varphi_2}(1 - e^{-\lambda K_{02}z_2\tan\varphi_1}) + P_1 e^{-\lambda K_{02}z_2\tan\varphi_2} \quad (4.2.17)$$

$$P_i = \frac{\gamma_i - \lambda c_i}{\lambda K_{0i}\tan\varphi_i}(1 - e^{-\lambda K_{0i}z_i\tan\varphi_i}) + P_{i-1} e^{-\lambda K_{0i}z_i\tan\varphi_i} \quad (4.2.18)$$

$$P_n = \frac{\gamma_n - \lambda c_n}{\lambda K_{0n}\tan\varphi_n}(1 - e^{-\lambda K_{0n}z_n\tan\varphi_n}) + P_{n-1} e^{-\lambda K_{0n}z_n\tan\varphi_n} \quad (4.2.19)$$

由上述式子进行叠加，可以得到成层土的太沙基松动土压力计算公式为：

$$\sigma_v = P_n = \frac{\gamma_n - \lambda c_n}{\lambda K_{0n}\tan\varphi_n}(1 - e^{-\lambda K_{0n}z_n\tan\varphi_n}) \\ + \sum_{n=1}^{1}\frac{\gamma_i - \lambda c_i}{\lambda K_{0i}\tan\varphi_i}(1 - e^{-\lambda K_{0i}z_i\tan\varphi_i})\prod_{j=n}^{i+1} e^{-\lambda K_{0j}z_j\tan\varphi_j} + P_0 \prod_{k=1}^{n} e^{-\lambda k_{0k}z_k\tan\varphi_k} \quad (4.2.20)$$

2. 盾构隧道穿越不同性质土层

由于浅埋盾构隧道地质条件复杂，经常遇到隧道断面穿越不同性质土层的情况，特别是上硬下软或上软下硬地层，这类地层在工程中很常见，当上下土层的力学性质差异很大时，常造成盾构机姿态控制难度加大，如图 4.2.11 为杭州市环城北路-天目山路提升改造

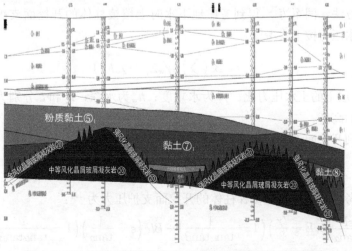

图 4.2.11 杭州市环城北路-天目山路盾构隧道的地质情况

工程第 2 标段工程项目某段的地质情况，显示出一些软土地层与风化基岩交错的情况。

对于上软下硬复杂地层状况，开挖面上部为砂土地层，下部为较硬风化凝灰岩地层，隧洞开挖面的破坏主要发生在上部较软地层中，而对于下部较硬地层，由于变形较小，发生破坏的可能性较小。采用适合上软下硬复合地层的部分楔形体模型，对隧洞开挖面支护压力进行计算更为合理。参照前面关于均匀地层中的滑动面和上部松动体形式，陈强[20]、闫军涛[33,34]根据已有的上覆棱柱体和上覆梯柱体两种情况，分别给出了考虑上软下硬地层的盾构隧道开挖面的部分楔形体滑块模型，如图 4.2.12 所示。

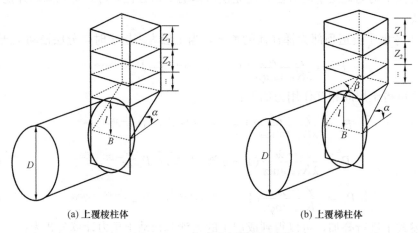

(a) 上覆棱柱体　　　　　　　　　　(b) 上覆梯柱体

图 4.2.12　部分楔形体模型[20]

同样，经推导楔形体的平衡方程，可得到上覆棱柱体的开挖面支护压力为[20]：

$$P = \varepsilon(P_v + G) - \left(\frac{cBL_1}{\sin\alpha} + 2T'\right)(\varepsilon\sin\alpha + \cos\alpha) + P_w \quad (4.2.21)$$

这种情况下，实际盾构隧道开挖面支护压力为梯形分布，因此设梯度为 k，则隧道中心处支护压力 P_c 为：

$$P_c = \frac{P}{BL_1} + \frac{1}{2}kR \quad (4.2.22)$$

用类似的方法，闫军涛[33]得到考虑地下水时上覆棱柱体的开挖面支护压力，隧洞开挖面处的孔隙水压力按下式考虑：

$$p_w = Bl\left(\sum_{i=1}^{n}\xi_i\gamma_w Z_i + \gamma_w h_w\right) \quad (4.2.23)$$

式中，ξ_i 为第 i 层土的土水压力比；γ_w 为水重度；h_w 为水深；B 和 l 分别为隧洞等效直径和滑动楔形体的高度。

于是，得到开挖面支护力为：

$$P = \varepsilon(\sigma_v B'L + G) - \left(\frac{cB'L}{\sin\alpha} + 2T'\right)\times(\varepsilon\sin\alpha + \cos\alpha) + P_w \quad (4.2.24)$$

进而得到考虑地下水时上覆梯柱体的开挖面支护压力为[34]：

$$p = \frac{\varepsilon B}{\tan\alpha}\left(\sigma_v B + \frac{l\gamma}{2}\right)\left(1 - \frac{1}{\tan\alpha\tan\beta}\right) - Blc\left(\varepsilon + \frac{1}{\tan\alpha}\right)\left(1 - \frac{1}{\tan\alpha\tan\beta}\right) + p_w \quad (4.2.25)$$

赵明华[35]分析了盾构隧道穿越上硬下软地层时开挖面的局部楔形体模型，为适应开挖面土层上硬下软的情况，假设开挖面发生整体破坏，滑动面跨越隧道穿越的上硬下软两个地层，对筒仓模型做了改进，开挖面土体的滑动面简化为上下相接的两个折线形楔形体，滑动面与水平面所成夹角与土体的内摩擦角有关，符合 $\theta = 45° + \varphi/2$，计算模型如图 4.2.13 所示，θ_1 与 θ_2 分别为下、上土层的破坏角，D_1 和 D_2 分别下、上土层的厚度。

G_1 与 G_2 分别为下层和上层土体重力，由楔形体的几何关系可得（图 4.2.14）：

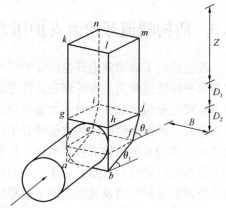

图 4.2.13　上硬下软地层楔形体模型[35]

$$G_1 = \frac{1}{2}\gamma_1 B D_1^2 \cot\theta_1 \tag{4.2.26}$$

$$G_2 = \gamma_2 B D_2 \left(D_1 \cot\theta_1 + \frac{1}{2} D_2 \cot\theta_2\right) \tag{4.2.27}$$

式中，B 为隧道开挖面宽度；γ 为土体重度。

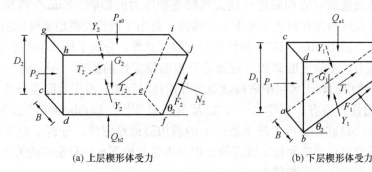

图 4.2.14　上硬下软楔形体受力示意图[35]

经推导可得复杂地层中盾构开挖面支护力 P 的表达式：

$$P = \frac{D}{\eta_1 D_1 + \eta_2 D_2}[\lambda_1 - (\eta_1\cos\theta_1 + \sin\theta_1)\lambda_2 - (\eta_2\cos\theta_2 + \sin\theta_2)\lambda_3] \tag{4.2.28}$$

式中，λ_1、λ_2、λ_3、η_1 和 η_2 表达式为：

$$\lambda_1 = B\left\{[\sigma_0(D_1\cot\theta_1 + D_2\cot\theta_2)] + D_1\left(\frac{1}{2}\gamma_1 D_1 + \gamma_2 D_2\right)\cot\theta_1 + \frac{1}{2}\gamma_2 D_2^2\cot\theta_2\right\}$$

$$\lambda_2 = D_1^2\cot\theta_1\left\{c_1 + K_1\tan\varphi_1 \cdot \left[\sigma_{v0} + \left(\frac{1}{3}\gamma_1 D_1 + \gamma_2 D_2\right)\right]\right\} + \frac{c_1 B D_1}{\sin\theta_1}$$

$$\lambda_3 = D_2\{D_1\cot\theta_1[2c_2 + K_2\tan\varphi_2(2\sigma_{V0} + \gamma_2 D_2)] +$$

$$D_2\cot\theta_2\left[c_2 + K_2\tan\varphi_2\left(\sigma_{V0} + \frac{1}{3}\gamma_2 D_2\right)\right]\} + \frac{c_2 B D_2}{\sin\theta_2}$$

$$\eta_1 = \frac{\tan\varphi_1\sin\theta_1 + \cos\theta_1}{\sin\theta_1 - \tan\varphi_1\cos\theta_1}$$

$$\eta_2 = \frac{\tan\varphi_2\sin\theta_2 + \cos\theta_2}{\sin\theta_2 - \tan\varphi_2\cos\theta_2}$$

4.3 盾构隧道开挖面支护压力数值分析

前面总结了盾构隧道开挖面支护压力的理论研究发展和现状，对开挖面极限分析方法和极限平衡法这两类主要的理论计算方法做了详细的介绍。但应用中发现，在复合地层条件下，理论分析方法往往做了大量简化，且理论计算公式非常复杂，有些情况下并没有解析表达式，还需要借助各种数值计算手段或优化搜索技术来寻找极限支护压力；而对于更为复杂一些的地层条件或边界条件，往往很难运用现有的理论方法开展研究和计算。鉴于理论分析的局限性，且随着岩土工程有限元分析软件的快速发展，用数值计算方法研究隧道开挖面的支护压力及其引起的土层稳定性受到广泛的重视。因此，近年来数值模拟方法特别是有限元法因其适应性广、灵活方便而被广泛应用于盾构隧道开挖面支护压力和稳定性分析。

由于理论分析对于不排水条件下的盾构隧道开挖面支护压力与稳定性分析结果较为吻合，而对于排水条件的工况有所差异，Anagnostouv[13]和 De Buhan[36]在隧道开挖面极限分析的基础上，考虑了地下水位渗流，采用有限元法对开挖面的稳定性进行了分析。Vermeer等[37]同样采用有限元技术模拟了排水条件下开挖面稳定性分析，并研究了黏聚力、土体重度和地表超载对盾构隧道开挖面极限支护压力的影响。Kim[38]考虑了盾构隧道中泥皮的产生，泥皮的存在阻止了地下水的渗流，提出了理想膜模型来模拟粗粒土的开挖面所形成的泥皮，运用 Midas GTS 软件进行有限元计算，分析了排水条件下隧道直径、覆径比、侧向土压力、土的强度参数等对隧道开挖面稳定性的影响。Alagha[39]同样采用 Midas 软件分析了成层的软土地层中盾构隧道的开挖稳定问题。由于有限差分法在地下水渗流分析中的适用性，还有一些学者[40]，以及黄正荣[41,42]、Lambrughi[43]、Senent[44]、Pan[45,46]通过 FLAC3D 软件分析了排水条件下的盾构隧道稳定性，分析了地下水位对支护压力的影响，研究显示开挖面稳定所需的支护压力值与地下水位有密切的关系，且水头压力对隧道开挖面支护压力影响较大。

已有的数值计算成果反映出盾构隧道开挖面的稳定性是工程界关注的重要问题，它重点考查开挖面的支护压力和开挖面的变形与稳定性。从盾构隧道开挖面支护压力与地层变形和稳定性的关系来看，在隧道管片安装时间内，开挖面前方土体支护压力比通常小于1，较小的极限支护压力比容易控制，但操作不慎易造成工作面和地表坍塌，较大的极限支护压力比有利于保持盾构隧道开挖面前方土体的稳定，但过大后存在造成地面隆起的可能性。影响开挖面支护压力和稳定性的主要因素包括土层覆径比、土质与强度参数的影响。一般而言，开挖面的极限支护压力与埋深成正比，在相同的支护压力比条件下，隧道埋深越大，开挖面所造成的地表沉降范围越大。土体的内摩擦角对开挖面的支护压力有显著影响。相同支护压力条件下，随着土体摩擦角的增大，地表沉降通常呈减小趋势。土的黏聚力对开挖面的合理支护压力的影响也较为显著。黏聚力越小，极限支护压力比越大，当黏聚力达到一定程度后，开挖面能够自稳。

从现有的盾构隧道开挖面支护压力和稳定性计算来看，有限元计算分析的研究还不够充分，所运用的软件还不够丰富，因此，有必要进一步开展研究，本节将运用多物理场耦合分析软件对盾构隧道的开挖面稳定性进行研究，确定合理的支护压力及地层变形情况。

4.3.1 均质地层中盾构隧道开挖面支护压力分析

1. 隧道横断面开挖稳定性研究

采用有限元软件建立均质地层盾构隧道开挖模型进行弹塑性计算分析，模型的几何边界尺寸为 80m×60m（长度×深度），地层为软土，隧道埋深（隧道中心位置）为 17m，隧道半径为 6.28m，模型边界在隧道中线左右各取 40m，在竖向总共取 60m，土体选用莫尔-库仑弹塑性本构模型，支护结构选用弹性材料。模型表面为自由面，左、右两侧施加 x 方向的水平约束，模型底面为固定约束。模型采用三角形单元，网络划分如图 4.3.1 所示。土体材料参数如表 4.3.1 所示。

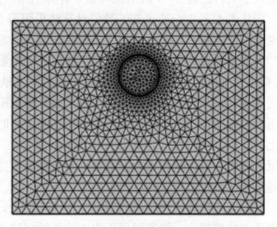

图 4.3.1 均质地层中盾构隧道横断面开挖有限元模型

土层材料参数　　　　　　　　　表 4.3.1

材料	密度（kN/m³）	弹性模量（GPa）	泊松比	内摩擦角（°）	黏聚力（kPa）
土层	1900	0.05	0.30	20	15

图 4.3.2 分别给出了 ABAQUS 数值模拟软件计算的土岩比为 2:1 的地表沉降数值模拟结果（虚线）和本节数值模拟软件计算的地表沉降数值模拟结果（实线）。何小辉等[47]通过 ABAQUS 软件对上软下硬盾地层构隧道开挖进行数值模拟，给出了全断面岩层、土岩比为 1:2、土岩比为 1:1、土岩比为 2:1 四种岩层的地表沉降数值模拟结果，不同土岩比地层中隧道变形收敛模式呈现出的规律和特点是由于隧道开挖的卸载，在隧道拱底产生一定的隆起，且在均一地层中（全断面岩层中）拱底隆起量小于上软下硬地层。而在上软下硬地层中，土岩比不同时，隧道拱底隆起量基本保持不变。隧道拱顶正中心位置的沉降量最大，且随着隧道围岩软土比例的增加，拱顶沉降量逐渐增大，反映到地表也

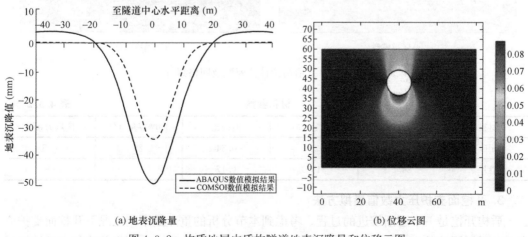

(a) 地表沉降量　　　　　　　　　(b) 位移云图

图 4.3.2 均质地层中盾构隧道地表沉降量和位移云图

是相似规律,即围岩软土比例越大,地表沉降量越大。所以当土层全部为软土层时,沉降量大于土岩比为2:1时的沉降量,计算结果如图4.3.2所示。

从图4.3.2(a)可知,数值计算结果沉降范围(宽度)及地层损基本相近,总体来说分布规律基本一致,说明所采取的数值计算方案可用于盾构隧道变形收敛模式分析。

通过数值计算模拟的均质地层的地表沉降数值模拟结果可知,数值计算结果沉降范围(宽度)及地层损失,总体来说与何小辉等文献中用ABAQUS软件数值模拟的结果分布规律基本一致,沉降量也基本一致,当开挖面距离较远时,地表垂直位移很小,且由于舱压力的作用,当土舱内压力高于土体正面压力时,以及模拟时增加了土壤塑性,土体有向上的位移,则盾构上方地面会出现升隆现象;当开挖面距离较近时,土体由隆起变成下沉。说明本节的数值计算方案可用于盾构隧道变形收敛模式分析,由数值模拟的结果可知隧道拱顶正中心位置的沉降量最大。

隧道的位移云图分布如图4.3.2(b)所示。也可以看出,当开挖面距离较远时,地表垂直位移很小,隧道拱顶正中心位置的沉降量最大。

2. 计算方法验证

为进一步研究盾构隧道开挖面的支护压力和稳定性,选取某砂土地基中盾构隧道进行开挖面变形与破坏数值模拟研究,采用有限元建立数值模型,进行弹塑性计算,模型的几何边界尺寸为50m×30m(长度×深度),土层为无黏性砂土,隧道直径为6m,土层埋深12m,管片为C50钢筋混凝土弹性材料,厚度为35cm。弹塑性计算时通过改变支护压力来获取开挖面的弹塑性位移,采用莫尔-库仑(M-C)本构模型描述砂土层,模型上边界设为自由面,左右边界为法向约束,底边为固定约束。计算模型尺寸和网格划分如图4.3.3所示,材料参数如表4.3.2所示。

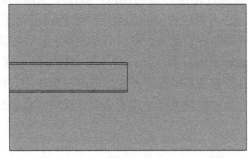
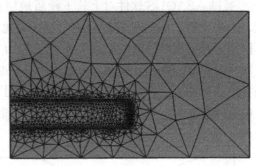

(a) 隧道模型　　　　　　　　　　　　(b) 网格划分

图4.3.3 数值模拟计算模型及网格划分

材料参数　　　　　　　　　　　　表4.3.2

材料	密度(kN/m³)	弹性模量(MPa)	泊松比	内摩擦角(°)	侧压力系数
干砂	18	25	0.34	25	0.5
管片	24.5	34500	0.17	—	—

3. 开挖面支护压力数值模拟方法

盾构开挖是一个逐渐推进的过程,考虑到本节分析的重点是不同工况下开挖面支护应力变化对周围地基产生的影响,数值计算中,采取一次开挖到一定距离并施加支护结构后逐渐减小开挖面支护压力，研究周围土体应力应变与支护压力的关系，模拟过程如下：

（1）建立原始砂土地层模型并进行地应力平衡；

（2）开挖隧道，并及时设置支护结构单元，同时在开挖面上施加与原始地层侧向静止土压力值相等的梯形支护作用力，迭代使模型达到平衡稳定状态；

（3）开挖面支护压力以缓慢的速度逐渐减小，在此过程中追踪并记录开挖面前方土体的水平位移变化及感兴趣位置单元或节点的应力及变位情况；

（4）当开挖面支护压力达到极限最小支护压力时，开挖面前方节点位移在支护压力变化很小的情况下急速发展，使得出现过大变形，程序计算中止。

4. 数值计算中进行如下相关定义及处理说明

（1）为了描述方便，实际作用于开挖面的支护压力为梯形荷载，本书取隧道中心点支护压力值来代表开挖面支护压力大小，所以下述的开挖面支护压力统一指开挖面中心点施加的支护压力。

（2）对开挖面支护压力的衡量，引入支护压力比的概念。

作用于开挖面的支护压力为梯形荷载，取隧道中心点支护压力值代表开挖面支护压力。开挖面支护压力采用开挖面支护压力比的概念衡量：

$$\lambda = \sigma_0 / \sigma_s \tag{4.3.1}$$

式中，σ_0 为盾构隧道开挖面中心点支护压力；σ_s 为隧道中心原始地层侧向静止土水压力。

土体参数指标均采用有效应力指标，初始静止水平土压力采用水土分算法，计算公式如下：

$$\sigma_0 = \gamma_w h + K_0 \gamma' h \tag{4.3.2}$$

$$\gamma' = \gamma_{sat} - \gamma_w \tag{4.3.3}$$

式中，γ_w 为水的重度；h 为土层高度；γ' 为土体浮重度；γ_{sat} 为土体饱和重度；K_0 为静止侧压力系数。

5. 数值结果分析

（1）隧道变形

通过调节支护压力比，可以获得不同支护压力比下盾构开挖面的位移场，图4.3.4给出了支护压力比分别为1.0和0.1时的开挖面位移场云图。可见，当支护压力比较大时，位移变化较小，且地表变形较大，开挖面变形较小；当支护压力比较小时，土体向隧道内坍塌，图中反映出颜色很深，说明变形较大。

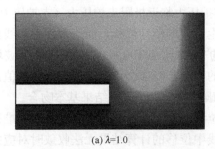

(a) $\lambda=1.0$　　　　　　　　　(b) $\lambda=0.1$

图4.3.4　盾构隧道在不同支护压力比下的位移云图

（2）极限最小支护压力的确定

极限支护压力是指开挖面处于临界失稳状态时的支护压力，因此，数值模拟确定极限支护压力的一个重要问题就是设定判断开挖面失稳的标准，达到失稳标准即达到极限支护压力。采用数值模拟方法研究土工稳定的学者一般认为判断开挖面失稳有收敛准则和突变准则两种方法。收敛准则是指开挖面处因为强度达到极限、塑性区极大开展、位移过大而导致计算无法收敛，则可以认为开挖面失稳；突变准则是指在靠近临界状态时，在支护压力变化很小的情况下开挖面处水平位移突然增大，则可认为开挖面失稳。

本节塑性模型验证运用多物理场耦合计算分析软件进行模拟验证，采用收敛准则来确定开挖面的稳定性，从而获得开挖面的极限支护压力，收敛指标选取开挖面中心点的位移。通过计算不同支护压力比下盾构隧道中心点的位移，绘制出开挖面中心点水平位移与支护压力比的关系曲线，如图4.3.5所示。

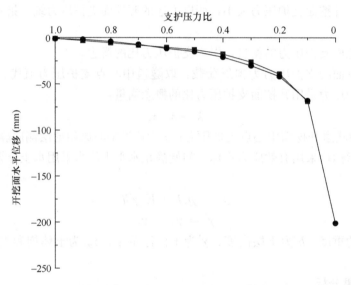

图4.3.5 盾构隧道不同支护压力比下开挖面中心点水平位移

可见，通过采用塑性计算方法进行开挖面稳定性分析发现盾构隧道开挖面的中心点水平位移随支护压力比的减小而增大，可将开挖面水平位移随支护压力比减小划分为三个阶段，即弹性变形阶段、塑性变形阶段以及破坏阶段。在盾构隧道开挖面支护压力控制变化引起开挖面的变形与破坏表现第一阶段，开挖面支护压力减小引起的开挖面变形较小，两者之间几乎呈线性变化；第二阶段，开挖面支护压力临近极限支护压力（支护压力比0.4~0.1），此时支护压力的减小将导致开挖面发生明显的塑性位移，曲线表现为非线性段；第三阶段，当开挖面支护压力低于极限值（支护压力比小于0.1），开挖面发生破坏，变形对支护压力非常敏感，在支护压力几乎不变的情况下变形会快速发展。采用数值计算出来的结果和朱伟等[40]砂土中盾构开挖面变形与破坏数值模拟研究结果基本吻合。

由绘制的支护压力系数与开挖面中心点位移曲线，根据前述的开挖面失稳准则，只要找出支护压力比与开挖面中心处水平位移曲线中位移的计算结果无法收敛时对应的支护压力比，即可以确定极限最小支护压力。在模拟程序时尝试计算支护压力系数小于0.1的支护状况，因迭代步骤过多而报错不收敛，这是由塑性变形过大所致，因此可以认为此时开挖面已经发生坍塌，于是得到极限支护压力比为0.1。

6. 开挖面变形与破坏影响因素分析

盾构施工中，隧道的直径及埋深、开挖面地层条件等都对开挖面支护压力引起的开挖面变形与破坏问题产生一定的影响，基于此，所以要对隧道条件及土层参数进行相关敏感性分析。

(1) 隧道覆径比的影响

不同隧道覆径比（隧道埋深与直径的比值）对隧道开挖面变形有着一定的影响，在隧道覆径比 $D/H=2$ 的情况下，研究隧道覆径比分别为 1.0、1.5、2.0、2.5 情况下支护压力减小引起开挖面附近土体变位情况。不同隧道覆径比下，开挖面支护压力比与中心点水平位移关系如图 4.3.6 所示，结合支护压力比与系统不平衡力的变化，可以得到不同覆径比下的极限支护压力结果如表 4.3.3 所示。

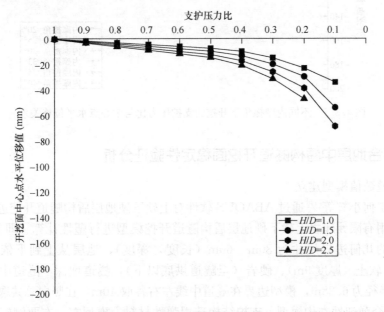

图 4.3.6 不同覆径比下开挖面支护压力比与中心点水平位移关系

不同覆径下的极限支护压力比　　　　　表 4.3.3

覆径比	1.0	1.5	2.0	2.5
极限支护压力比	0.1	0.1	0.1	0.2

由上述计算可以得到以下认识：同样隧洞直径下，随着埋深的增大，四种不同的埋深条件所对应的曲线的形状基本相同，开挖面极限支护压力随埋深略有增加；这也意味着开挖面的极限压力基本与埋深正相关。当开挖面支护压力比大于 0.2 时，无论埋深多大，开挖面都可以满足稳定，同时，相同的支护压力比下，开挖面水平位移量随着埋深的增大而增大，当支护压力比小于极限压力时，浅埋地层开挖面发生破坏，这预示着开挖面开始大面积进入塑性区或开挖面已失稳。

(2) 砂土内摩擦角的影响

砂土材料性质对开挖面稳定的影响研究主要侧重于内摩擦角的影响分析。取不同砂土材料进行数值分析，不同内摩擦角下开挖面支护压力比与中心点水平位移关系如图 4.3.7 所示。由计算可知，同样的隧道条件下，随着内摩擦角的增大，开挖面极限支护压力减小。

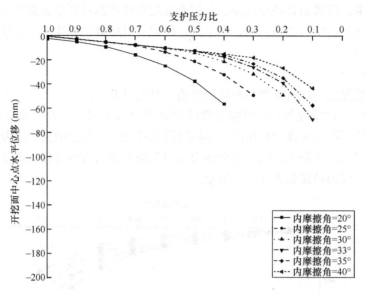

图 4.3.7　不同内摩擦角下开挖面支护压力比与中心点水平位移关系

4.3.2　复合地层中盾构隧道开挖面稳定性验证分析

(1) 隧道数值模型建立

本节基于何小辉等[47]通过 ABAQUS 软件对上软下硬地层盾构隧道开挖进行数值模拟的结果，采用有限元建立上软下硬地层盾构隧道开挖模型进行塑性计算（即非流固耦合）分析，模型的几何边界尺寸为 80m×60m（长度×深度），地层从上到下依次为杂填土（厚度 8m）、软土（厚度 9m）、硬岩（至隧道拱底以下），隧道埋深（隧道中心位置）为 17m，隧道半径为 6.28m，模型边界在隧道中线左右各取 40m，在竖向总共取 60m，土体选用莫尔-库仑弹塑性本构模型，支护结构选用弹性材料。模型左、右两侧施加 x 方向的水平约束，模型拱底施加 y 方向的竖向约束，上面为自由面。

该数值分析主要研究盾构隧道开挖引起隧道收敛模式，为了了解隧道内地层的瞬时位移情况，基本上不考虑衬砌的作用，仅仅在盾构隧道开挖后施加一层参数与硬岩相近的弹性初支，计算中设置为弹性材料。对上软下硬地层分别进行建模，土体和初支均采用实体单元。所建立的数值模型如图 4.3.8 所示。

模型中主要材料是杂填土、软土、硬岩及初支结构，根据国内典型上软下硬地层盾构隧道工程，该模型的材料参数如表 4.3.4 所示。其中，隧道初支结构主要是起一个简单的支护作用，防止盾构隧道上部软土层开挖后坍塌。为了能观察到隧道洞内的瞬时位移情况，该初支材料参数略高于硬岩体参数。

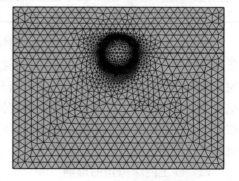

图 4.3.8　上软下硬地层中盾构隧道横断面有限元计算模型

第4章 软硬复合地层盾构隧道掘进开挖面支护压力特征

某标段上软下硬地层中盾构隧道的地层参数 表 4.3.4

材料	重度（kN/m³）	弹性模量（GPa）	泊松比	内摩擦角（°）	黏聚力（kPa）
杂填土	1800	0.008	0.35	11	10
土层	1900	0.005	0.30	20	15
岩层	2200	0.8	0.2	30	150
初支	2500	1	0.2	—	—

（2）位移云图分布

数值模拟软件计算得到的位移云图如图 4.3.9 所示，可以看出，隧道拱顶正中心位置的沉降量最大。

（3）地表沉降数据分析

图 4.3.10 分别给出了 ABAQUS 数值模拟计算（虚线）和本节数值模拟计算的地表沉降结果（实线）对比。从图 4.3.10 可知，数值计算结果沉降范围（宽度）及地层损基本相近，总体来说分布规律基本一致，说明所采取的数值计算方案可用于盾构隧道变形收敛模式分析。

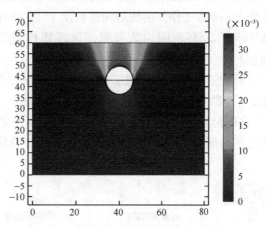

图 4.3.9 上软下硬地层的盾构隧道横断面位移云图（单位：m）

可知，两个软件的数值计算结果沉降范围（宽度）及地层损失，总体来说分布规律基本一致，横向地表沉降曲线呈凹槽形分布，沉降量也基本一致，但是，当开挖面距离较远时，地表垂直位移很小，位移几乎为 0；当开挖面距离较近时，土体下沉。说明所采取的数值计算方案可用于盾构隧道变形收敛模式分析，由数值模拟结果可知，隧道拱顶正中心位置的沉降量最大。

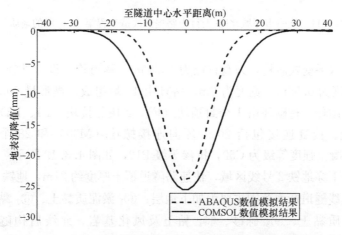

图 4.3.10 上软下硬地层中盾构隧道地表沉降与隧道中心距关系

4.3.3 盾构隧道开挖面支护压力与稳定性分析工程实例

1. 工程实例的横断面稳定性分析

（1）工程概况

随着我国公路、轨道交通、供水供气及市政综合管廊等基础建设的飞速发展，大直径盾构施工的隧道被广泛应用。在城市繁华地段，大直径盾构施工下穿既有地铁隧道时，穿越的地层也越来越复杂，盾构隧道施工将穿越更多的上软下硬地层。

工程位于杭州市环城北路-天目山路提升改造工程第02标段，设计里程 K2+393.496～K5+653.247，西起2号工作井，东至中河立交以东，工程路线全长 3.260km。其中2号工作井～3号工作井南线盾构段长度 1742.694m，北线盾构段长 1742.976m，以下穿2号线影响区50环范围内为背景，该段盾构隧道由全软地层进入强风化凝灰岩层（全硬地层）。

盾构隧道依次穿越地层主要为：④$_2$淤泥质粉质黏土夹粉土、⑥$_1$淤泥质黏土、⑥$_2$黏土、⑦$_1$黏土、⑦$_4$含黏性土砾砂、⑧$_2$黏土、⑨$_1$含砂粉质黏土、⑨$_2$粉砂、⑩$_1$黏土、⑯$_1$含砾粉质黏土、⑳$_1$全风化晶屑玻屑凝灰岩、⑳$_2$强风化晶屑玻屑凝灰岩、⑳$_3$中等风化晶屑玻屑凝灰岩、㉓$_1$全风化凝灰岩等。具体如图4.3.11所示。

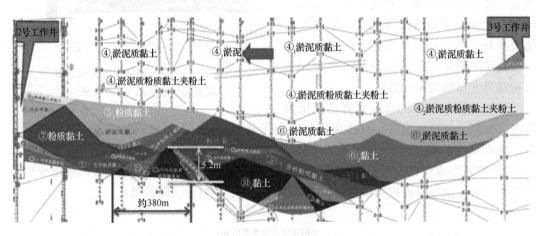

图 4.3.11 杭州市环城北路-天目山路提升改造工程第02标段的地质剖面

工程采用泥水平衡式盾构，刀盘直径为 13.46m，隧道管片设计外径为 13m、内径为 11.9m，结构厚度为 0.55m，宽度为 2m，每环由 10 块组成，楔形量 50mm（双面），错缝拼装的通用衬砌环。衬砌环由 1 个封顶块（F），2 块邻接块（L1、L2）及 7 块标准块（B1～B7）组成。接缝连接包括 20 个环向连接螺栓（M36）和 28 个纵向连接螺栓（M36）。管片混凝土强度等级为 C50，抗渗等级 P12，如图 4.3.12 所示。

由勘察报告下穿地铁2号线区域，快速路隧道覆土厚度约 21m，地铁2号线隧道覆土厚度约 11m；北线隧道断面范围主要为如下地层：⑥$_1$淤泥质黏土、⑥$_2$黏土、⑦$_1$粉质黏土、⑨$_1$含砂粉质黏土、⑨$_2$砾砂、⑩$_1$黏土及风化基岩。北线盾构隧道地质情况如图 4.3.13 所示。计算参数如表 4.3.5 和表 4.3.6 所示。

第4章 软硬复合地层盾构隧道掘进开挖面支护压力特征

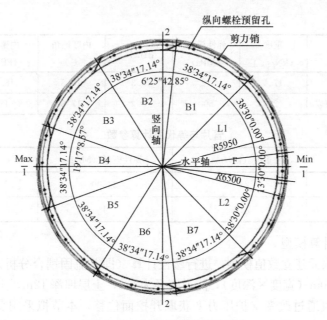

图 4.3.12 盾构隧道的管片尺寸

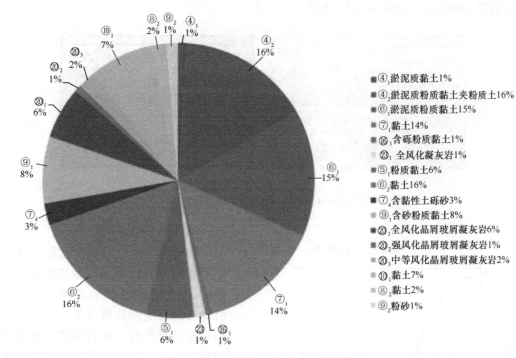

图 4.3.13 盾构隧道的地质情况饼状图

土层计算参数　　　　　　　　　　　　　　　　　　表 4.3.5

地层编号	地层类型	重度 (kN/m³)	弹性模量 (MPa)	泊松比	内摩擦角 (°)	内聚力 (kPa)	土层厚度 (m)
①$_1$	杂填土	18	1.8	0.35	11	10	2.8
⑥$_1$	淤泥质黏土	18	4.6	0.34	9.3	17.2	22.2

121

续表

地层编号	地层类型	重度(kN/m³)	弹性模量(MPa)	泊松比	内摩擦角(°)	内聚力(kPa)	土层厚度(m)
⑥₂	黏土	17.5	12	0.3	10.8	18.8	10.8
⑳₂	风化凝灰岩	22	500	0.2	17.3	48	6.2

管片与等代层计算参数　　　　　表 4.3.6

材料	重度 (kN/m³)	弹性模量 (MPa)	泊松比
管片	24.5	34500	0.17
等代层	18	1	0.20

（2）有限元计算模型

工程采用有限元建立数值模型，进行塑性计算（即非流固耦合分析），模型的几何边界尺寸为 60m×40m（宽度×深度），隧道直径为 6m，土层埋深 12m，土层为上软下硬地层。塑性计算阶段通过改变支护压力来获取开挖面位移，本节拟采用莫尔-库仑（M-C）模型表述，模型上边界设为自由面，左右边界为法向约束，底边为固定约束。计算模型尺寸和有限元网格划分如图 4.3.14 所示。

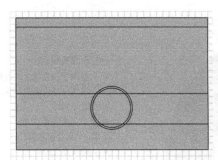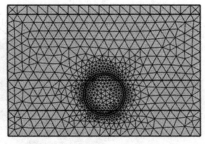

图 4.3.14　盾构隧道标段的有限元计算

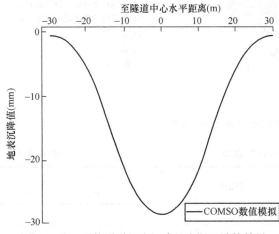

图 4.3.15　盾构隧道地表沉降的有限元计算结果

（3）数据结果分析

盾构隧道地表沉降的有限元计算结果如图 4.3.15 所示，地表沉降最大值约 28mm，根据试验段埋设的分层沉降及地表沉降监测成果，表明在盾构穿越试验段时，地表沉降变化最大值约 29mm，盾构已成功下穿既有地铁，既有地铁的实际监测成果表明，既有地铁道床沉降基本在可控范围内，与试验段的监测成果判断基本一致，试验段监测成果为顺利下穿既有地铁 2 号线提供了实际指导，数值模拟结果和试验结果基本一致。

数值计算位移云图如图4.3.16所示，同样可以看出，隧道拱顶正中心位置的沉降量最大。

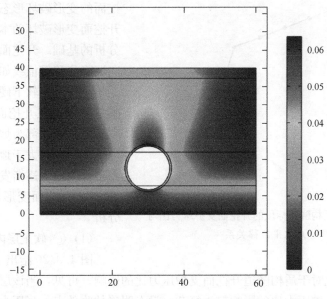

图4.3.16　盾构隧道有限元计算位移云图（单位：m）

2. 不考虑盾尾间隙的开挖面稳定性分析

采用有限元方法对工程实例的开挖面稳定性进行分析，仍采用有限元建立数值模型，进行莫尔-库仑弹塑性数值计算，模型的几何边界尺寸为80m×40m（长度×深度），如图4.3.17所示。

1) 支护压力比数值结果分析

(1) 开挖面中心点位移

图4.3.18是工程实例进行模拟验证的结果，隧道埋深为20.8m，反映了不同支护压力比对应的开挖面中心点水平位移曲线，采用弹塑性计算方法进行开挖面稳定性分析，采用突变准则来确定开挖面的稳定性，从而获得开挖面的极限支护压力。可见，在压力比为0.4时，中心点水平位移出现急剧下降，曲线发生断崖式的下跌（中心点位移由70mm急剧增大至

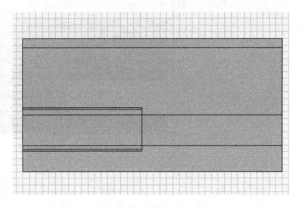

图4.3.17　盾构隧道开挖面支护压力有限元计算模型

164mm），开挖面发生整体失稳破坏，此时塑性区由开挖面贯通至地表，可认为开挖面进入完全塑性变形阶段。说明这时开挖面的稳定性丧失，从而可以得到极限支护压力比为0.4。

(2) 开挖面破坏模式研究

开挖面破坏模式研究是确定防止开挖面破坏发生措施的前提，隧道开挖面稳定分析对

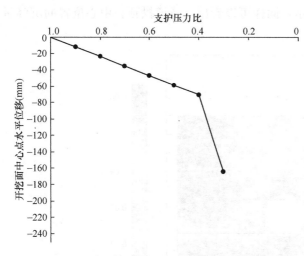

图4.3.18 某盾构隧道标段的开挖面支护压力比与中心点水平位移关系

破坏模式的合理选定具有依赖性,开挖面破坏模式在一定程度上揭示了开挖面的变形破坏形态和机理,反映了开挖面变形破坏的本质,因而是稳定分析的基础。开挖面失稳破坏后,纵向沉降位移等值线如图4.3.19所示。

可知,上软下硬地层开挖面破坏模式表现为在开挖面前方为楔形状,在破坏区域顶部为烟囱状,开挖面附近土体变形量大于地表,破坏由开挖面顶部向地表逐渐发展。

2) 开挖面变形与破坏影响因素分析

(1) ⑥$_1$软土层内摩擦角的影响

图4.3.20给出了⑥$_1$淤泥质软土层内摩擦角的变化对于盾构隧道开挖面支护压力比的影响。可见,当该层的内摩擦角较小时,内摩擦角对支护压力比的影响较为复杂,没有明确的收敛点,当压力比达到0.1时出现了突变点(因无法收敛而计算中断),但当该层内摩擦角较大(大于20°)时,出现了支护压力的失稳点,极限压力比在0.5~0.4之间,随着内摩擦角越大,极限压力比越小,且内摩擦角超过25°后,极限压力比基本保持不变。

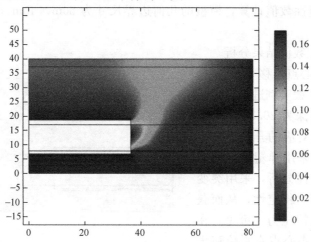

图4.3.19 某盾构隧道标段的开挖面位移云图(单位:m)

(2) ⑥$_2$黏土内摩擦角

图4.3.21给出了⑥$_2$黏土层内摩擦角的变化对于盾构隧道开挖面支护压力比的影响。可见,内摩擦角对支护压力比的影响较为复杂,部分结果也没有明确的收敛点。当该层的内摩擦角为10°时,在压力比达到0.1后出现突变点,而当该层内摩擦角为15°和20°时,出现了收敛点,对应的支护压力比为0.3和0.2,继续增大内摩擦角后又出现了支护压力的突变点(不收敛),极限压力比在0.1。

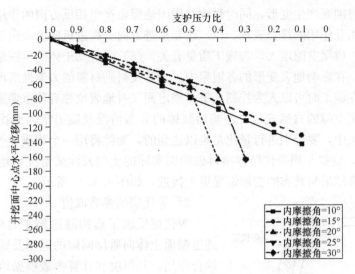

图 4.3.20　某盾构隧道标段的开挖面支护压力比与中心点水平位移关系（淤泥质软土层）

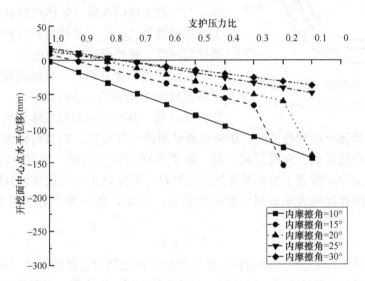

图 4.3.21　某盾构隧道标段的开挖面支护压力比与中心点水平位移关系（黏土层）

可见，由于分层土之间相互作用较为复杂，难以从单一层位的内摩擦角去判断极限压力比的变化规律。由计算可知，同样的隧道条件下，内摩擦角对上软下硬土层开挖面稳定有重要的影响，且与不同的层位分布和内摩擦角组合有关。

3. 考虑盾尾间隙的开挖面等代层法稳定性分析

1）盾构隧道开挖的真实位移模拟

根据盾构法隧道的施工过程和特点，盾构法隧道施工引起地层开挖面和地表变形的原因主要有以下几点：(1) 开挖面土体的移动。当隧道掘进时，开挖面土体受水平支护压力可能小于或大于原始侧压力，开挖面上前方土体会产生下沉或隆起。(2) 土体挤入盾尾空隙。盾构法隧道的初始衬砌脱离盾尾后，在隧道开挖壁面和衬砌外周围形成一环形空隙，土体将向这一空隙产生位移，从而引起地面沉降。(3) 土体与衬砌相互作用。在周围土体压力作用下，衬砌要产生变形，同时衬砌对周围地层也产生相反方向的作用力，地层变形是土体与衬砌相互作用的综合表现。(4) 改变推进方向。掘进机向上或向下倾斜，使多余的土体被挖去，盾尾空隙增大，与施工质量有关。(5) 受扰动土体的再固结是地层变形的主要原因之一。在影响地表变形的各因素中，土体及衬砌材料的力学性质可以通过试验测定，土仓压力在施工时可以人为控制，最难确定而又对地表位移有着重要影响的是盾尾空隙、土体向盾尾空隙的自然充填、注浆后浆体的分布情况及隧道壁面受扰动的程度和范围。在实际施工中，要分别进行量化是难以达到的，为此将用一个均质、等厚、弹性的等代层来替代[48]，前提是用等代层替换衬砌周围实际的土层及注浆情况后地表变形保持不变，从而使计算结果与真实的变形情况更为接近，如图 4.3.22 所示。

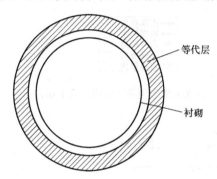

图 4.3.22 考虑盾构隧道开挖壁后真实位移的等代层法示意图

2) 等代层的参数取值

等代层反映了盾构隧道施工时壁后土体扰动、隧道壁面土体向盾尾间隙的运动及壁后注浆扰动等综合作用，其厚度和计算参数根据地层条件和盾构法施工工艺不同而变化。等代层是土、浆液的混合体，与壁后土体的性质、浆体材料和注浆压力等有关，通常将等代层作为弹性材料处理，计算参数为等代层厚度、弹性模量和泊松比。

等代层的厚度并不等于盾尾间隙的理论值。如果隧道壁面土体较硬，不被扰动，仅向盾尾空隙产生少许位移，其余空隙都被浆体充填，则等代层的厚度应略小于盾尾空隙的理论值；如果隧道壁面的土体较软，则当衬砌脱出盾尾后，土体迅速向盾尾空隙移动、充满盾尾空隙，隧道壁面土体受扰动。同时，在压力作用下，水泥浆渗入软土中，形成土与水泥浆的混合材料，考虑软土的易扰动性且隧道壁面位移较大，等代层的厚度将大于盾尾空隙的理论值，因此，张云等[48]建议等代层的厚度可取为：

$$\delta = \eta \overline{A} \quad (4.3.4)$$

式中，$\overline{A}$ 为计算的盾尾空隙，即盾构外径与衬砌外径之间的差值的一半（m）；η 为系数。η 可取为 0.7~2.0，对硬土层，取下限，对极软的土层，取上限。对不同土质中的盾构法隧道，η 值一般可取为[48]：硬黏土，0.7~0.9；密砂，0.9~1.3；松砂，1.3~1.8；软黏土，1.6~2.0。

本节分析中弹性模量参考水泥土的压缩模量取值，与土的性质、浆体材料及其组成比例等有关，泊松比取为 0.2。

3) 等代层应用分析

等代层法是一种概化模型，对盾构隧道做了一些假设，包括：(1) 本节拟采用莫尔-库仑模型；(2) 等代层和隧道衬砌均为弹性材料；(3) 土体本身的变形与时间无关，即不考虑土体的固结和蠕变作用；(4) 在每一步开挖中，衬砌一次施作到工作面，不考虑隧道前部在盾构外侧长度约一环宽左右的无盾构支护段，事实上因这一段四周还有盾构机护筒结构存在，超挖的长度也很小，并且受到土仓压力的反作用，因此这样的假设是合理的；(5) 工作面的推进是分段连续的，即每一段的推进是瞬时完成的，不考虑工序上的衔接时间，如图 4.3.23 所示，壁后的变形可通过设置单元材料参数来反映衬砌和等代层的延伸，从而与盾构的推进过程相吻合。

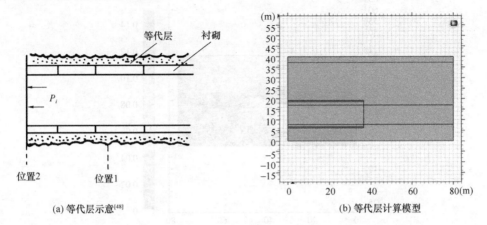

图 4.3.23　盾构隧道壁后真实位移的等代层法纵剖面示意与计算模型

4）开挖面支护压力比与中心点位移

图 4.3.24 给出开挖面支护压力比与中心点位移曲线，经历 3 个阶段的发展：当支护压力比在 0.8~1.0 时，中心点位移缓慢地增长，此时开挖面前方土体塑性区影响范围有限，可认为开挖面处于弹性变形阶段；当支护压力比在 0.8~0.6 时，位移曲线的斜率有一定程度的增大，塑性区向开挖面前方发展，可认为开挖面处于弹塑性变形阶段；当支护压力比减小至 0.5 时，曲线发生断崖式的下跌（中心点位移由 33mm 急剧地增大至 103mm），开挖面发生整体失稳破坏，此时塑性区由开挖面贯通至地表，可认为开挖面进入完全塑性变形阶段。

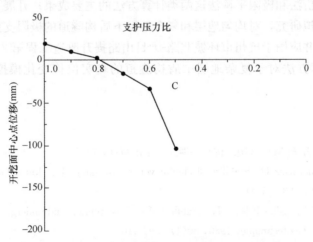

图 4.3.24　开挖面支护压力比与中心点位移曲线

5）开挖面破坏模式研究

由图 4.3.25 可知，地层开挖面破坏模式表现为：在开挖面前方为楔形状，在破坏区域顶部为烟囱状，从而达到失稳状态。由于等代层的考虑，位移云图中反映出上部的地层均有一定的变形量。

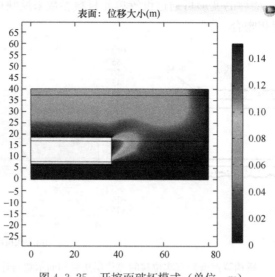

图4.3.25 开挖面破坏模式（单位：m）

总体来看，等代层法与不采用等代层的计算模型相比，两者的极限支护压力比和土层变形有较大差别，说明为更好地模拟盾构隧道的实际开挖情况，应采用等代层法来考虑隧道壁后的真实位移变化情况。

4.4 本章小结

本章归纳和总结了均匀地层、复合地层中盾构隧道支护压力及稳定性的理论分析方法，介绍了极限分析法和极限平衡法这两类计算方法的主要成果；开展了盾构隧道极限支护压力比的数值模拟研究，对均匀地层和复合地层下盾构隧道的极限支护压力进行了计算验证和参数分析，并应用于杭州市环城北路-天目山路提升改造工程第2标段工程项目中，结果表明数值计算方法对于复杂地层中盾构隧道的真实位移变化模拟具有重要的工程意义。

参考文献

[1] 龚晓南. 土塑性力学[M]. 2版. 杭州：浙江大学出版社，1997.

[2] Broms B B, Bennermark H. Stability of clay at vertical openings[J]. Journal of Soil Mechanics and Foundations, 1967, 93: 71-94.

[3] Davis H, Gunn M J, Mair F R J. The stability of shallow tunnels and underground openings in cohesive material[J]. Géotechnique, 1980, 30(4): 397-416.

[4] Leca E, Domieux L. Upper and lower bound solutions for the face stability of shallow circular tunnels in frictional material[J]. Géotechnique, 1990, 40: 581-606.

[5] Soubra A. Three dimensional face stability analysis of shallow circular tunnels[J]. In Proceedings of the ISRM International Symposium, 2015.

[6] Chambon P, Cort J F. Shallow tunnels in cohesionless soil: stability of tunnel face[J]. International Journal of Geotechnical Engineering, 1994, 120: 1148-1165.

[7] Mollon G, Dias D, Soubra A, Asce M. Face stability analysis of circular tunnels driven by a pressurized shield face stability analysis of circular tunnels driven by a pressurized shield[J]. Journal of Geotechnical and Geoenvironmental Engineering, 2010, 136: 215-229.

[8] Mollon G, Dias D, Soubra A. Rotational failure mechanisms for the face stability analysis of tunnels driven by a pressurized shield [J]. International Journal for Numerical and Analytical Methods in Geomechanics, 2011, 35: 1363-1388.

[9] Mollon G, Dias D, Soubra A. Continuous velocity fields for collapse and blowout of a pressurized tunnel face in purely cohesive soil [J]. International Journal for Numerical and Analytical Methods in Geomechanics, 2013, 37: 2061-2083.

[10] Mollon G, Phoon K, Dias D, Soubra A. Validation of a new 2D failure mechanism for the stability analysis of a pressurized tunnel face in a spatially varying sand[J]. ASCE Journal of soil Mechanics and Foundation Engineering Division, 2011, 137: 8-21.

[11] Mollon G, Dias D, Soubra A, et al. Probabilistic analysis of pressurized tunnels against face stability using collocation-based stochastic response surface method[J]. Journal of Geotechnical and Geoenvironmental Engineering, 2011, 137: 385-397.

[12] Jancsecz S, Steiner W. Face support for a large mix-Shield in heterogeneous ground conditions sandor jancsecz[J]. Tunnelling, 1994: 531-550.

[13] Anagnostou G, Kovdri K. The face stability of slurry-shield-driven tunnels[J]. Tunnelling and Underground Space Technology, 1994, 9: 165-174.

[14] 魏纲. 顶管工程土与结构的形状及理论研究[D]. 杭州: 浙江大学, 2005.

[15] Kusakabe O, Fujita K, Miyazaki Y. Geotechnical aspects of underground construction in soft ground [C]//In Proceedings of the International Symposium on Geotechnical Aspects of Underground Construction in Soft Ground, 1999: 3-23.

[16] Zhou Y, Zhu Y, Wang S, et al. Rotational failure mechanism for face stability of circular shield tunnels in frictional soils[J]. Advances in Givil Engineering, 2019: 1-14.

[17] 吕玺琳, 王浩然, 黄茂松. 盾构隧道开挖面稳定极限理论研究[J]. 岩土工程学报, 2011, 33(1): 57-62.

[18] Qarmout M, König D. A review of seven tunnel face stability models[J]. Advances in Givil Engineering, 2022: 1-20.

[19] 雷华阳, 刘敏, 程泽宇, 等. 透明黏土盾构隧道开挖面失稳扩展过程和失稳特征研究[J]. 岩石力学与工程学报, 2022, 41(6): 1235-1245.

[20] 陈强. 上软下硬地层中盾构隧道开挖面支护压力研究[D]. 武汉: 华中科技大学, 2010.

[21] 徐前卫, 唐卓华, 朱合华, 等. 盾构隧道开挖面极限支护压力研究[J]. 岩土工程学报, 2017, 39(7): 1234-1240.

[22] 赵文, 程诚, 李慎刚, 等. 盾构开挖面楔形体支护压力模型分析及改进[J]. 中国公路学报, 2017, 30(8): 74-81.

[23] 陈仁朋, 齐立志, 汤旅军, 等. 砂土地层盾构隧道开挖面被动破坏极限支护力研究[J]. 岩石力学与工程学报, 2013, 32(A01): 2877-2882.

[24] 申林方, 王志良, 魏纲, 等. 盾构隧道开挖面被动极限支护压力的三维解析解[J]. 现代隧道技术, 2014, 51(6): 35-40.

[25] 郑永来, 冯利坡, 邓树新, 等. 高水压条件下盾构隧道开挖面极限上限法研究[J]. 同济大学学报: 自然科学版, 2013(8): 1179-1184.

[26] 冯利坡, 郑永来, 李文峋, 等. 盾构隧道开挖面对数螺旋破坏模式研究[J]. 华中科技大学学报:

自然科学版，2013 (6)：103-107.

[27] 冯利坡，郑永来，邓树新，等. 深埋盾构隧道开挖面三维对数螺旋破坏模式的上限分析[J]. 岩土力学，2015，36(7)：2105-2110.

[28] Ibrahim E, Soubra A H, Mollon G, et al. Three-dimensional face stability analysis of pressurized tunnels driven in a multilayered purely frictional medium[J]. Tunnelling and Underground Space Technology, 2015, 49: 18-34.

[29] 代仲海，胡再强. 复合地层盾构开挖面极限支护力上限分析[J]. 工程科学与技术，2021，53(2)：95-102.

[30] Han K, Zhang C Z, hang D. Upper-bound solutions for the face stability of a shield tunnel in multi-layered cohesive-frictional soils[J]. Computers and Geotechnics, 2016, 79: 1-9.

[31] Zhang F, Gao Y, Wu Y, et al. Face stability analysis of large-diameter slurry shield-driven tunnels with linearly increasing undrained strength[J]. Tunnelling and Underground Space Technology, 2018, 78: 178-187.

[32] Chen G H, Zou J F, Qi M, et al. Face stability analysis of a shallow square tunnel in non-homogeneous soils[J]. Computers and Geotechnics, 2019, 114: 103-112.

[33] 闫军涛，姜新佩，王枭华，等. 上软下硬地层隧洞开挖面极限支护力及变形规律[J]. 人民长江，2018，21：61-67.

[34] 闫军涛，胡潇，刘波. 上软下硬复合地层盾构隧洞开挖面稳定性研究[J]. 隧道建设(中英文)，2020，40(2)：223-230.

[35] 赵明华，毛韬，牛浩懿，等. 上硬下软地层盾构隧道开挖面极限支护力分析[J]. 湖南大学学报：自然科学版，2016，43(1)：103-109.

[36] De Buhan P, Cuvillier A, Dormieux L, et al. Face stability of shallow circular tunnels driven under the water table: a numerical analysis[J]. International journal for numerical and analytical methods in geomechanics, 1999, 23(1): 79-95.

[37] Vermeer P A, Ruse N, Marcher T. Tunnel heading stability in drained ground[J]. Tunnelling, 2002, 20(6): 8-18.

[38] Kim S H, Tonon F. Face stability and required support pressure for TBM driven tunnels with ideal face membrane-Drained case[J]. Tunnelling and Underground Space Technology, 2010, 25(5): 526-542.

[39] Alagha A S N, Chapman D N. Numerical modelling of tunnel face stability in homogeneous and layered soft ground[J]. Tunnelling and Underground Space Technology, 2019, 94: 103096.

[40] 朱伟，秦建设，卢廷浩. 砂土中盾构开挖面变形与破坏数值模拟研究[J]. 岩土工程学报，2005，27(8)：897-902.

[41] 黄正荣，朱伟，梁精华，等. 盾构法隧道开挖面极限支护压力研究[J]. 土木工程学报，2006，39(10)：112-116.

[42] 黄正荣，朱伟，梁精华，等. 浅埋砂土中盾构法隧道开挖面极限支护压力及稳定研究[J]. 岩土工程学报，2006，28(11)：2005-2009.

[43] Lambrughi A, Rodríguez L M, Castellanza R. Development and validation of a 3D numerical model for TBM-EPB mechanised excavations[J]. Computers and Geotechnics, 2012, 40: 97-113.

[44] Senent S, Jimenez R. A tunnel face failure mechanism for layered ground considering the possibility of partial collapse[J]. Tunnelling and Underground Space Technology, 2015, 47: 182-192.

[45] Pan Q, Dias D. The effect of pore water pressure on tunnel face stability[J]. International Journal for Numerical and Analytical Methods in Geomechanics, 2016, 40(15): 2123-2136.

[46] Pan Q, Dias D. Three dimensional face stability of a tunnel in weak rock masses subjected to seepage forces[J]. Tunnelling and Underground Space Technology, 2018, 71: 555-566.
[47] 何小辉,周纯择,王海波,等. 上软下硬复合地层盾构隧道变形特征研究[J]. 现代城市轨道交通, 2019 (2): 49-52.
[48] 张云,殷宗泽,徐永福. 盾构法隧道引起的地表变形分析[J]. 岩石力学与工程学报, 2002, 21 (3): 388-392.

第5章 盾构穿越复合地层振动传播和衰减规律

城市地下交通无论是在建设阶段还是在运营阶段，都会对周围环境产生振动影响。在隧道工程建设阶段，采用盾构法施工造成的盾构机体振动为地下振动源头。这个阶段的振源具有复杂的随机性，机体振动主要为刀盘切削掌子面地层引起，其产生机理较为复杂，难以用简单的数学模型进行解释。除了刀盘运转和切削外，盾构机配套机器的运转也会造成机体振动，如液压机系统、电子转机以及各种施工运载设备，另外现场施工也会造成不同程度的振动影响。这些人为因素主动性较大，难以用传统的铁轨-车辆振源系统加以描述。为实现地下振源，即盾构掘进时机体振动的定性描述和定量分析，本节采用现场测试和数理分析的方法对盾构机在软土地层和上软下硬地层掘进时的振源特性进行了分析，主要内容包括：杭州市某地下城市道路沿线工程地质特征，分析了隧道工程的概况和地质条件，选取典型的监测断面，对监测掌子面的地质条件进行了物理力学特征分析；盾构机体振动的测试方法，分析了测试仪器的选择和测试系统的适用条件，拟定了盾构机体振动测试方案，机体测点的布置；测试数据的处理和分析，后处理程序对机体振动数据进行了时域和频域分析，通过数理方法对影响机体振动因素进行排序。

5.1 盾构穿越复合地层机体振动影响

5.1.1 盾构掘进机体振动实时监测

1. 测试场地工程概况

杭州市环城北路-天目山路提升改造工程项目是杭州快速路系统中的一段，是杭州市内连接多个中心市区的东西向重要地下城市道路，地下隧道包括明挖段和盾构段，其中盾构段自东向西穿越多条市区中心重要路段及地铁2号线。盾构开挖直径为13m，纵断面呈V形，隧道长度约2.7km。该隧道掘进起点埋深为6m，终点埋深为13m，最大埋深为24m，隧道主要穿越地层为粉土夹淤泥质土，以及全风化凝灰岩和软土层，盾构施工掘进时掌子面不但通过全断面软土地层，还通过上部为软土地层、下部为坚硬岩层的复合地层，两种地层强度差异明显。南北线地质剖面如图5.1.1所示，盾构施工范围内的主要地层分布如表5.1.1所示。

施工范围内地层分布　　　　表5.1.1

层号	土层分类	层厚（m）	分布情况
1	素填土/粉土夹淤泥质土	0.6~5.2	全场分布
2	粉质黏土	0.4~2.2	局部分布
3	砂质粉土	2.6~12.0	局部分布
4	粉质黏土	0.5~8.7	局部分布

续表

层号	土层分类	层厚（m）	分布情况
5	黏土	1.2~10.8	局部分布
6	含砾粉质黏土	0.4~3.8	局部分布
7	全风化晶屑玻屑凝灰岩	0.5~20.7	局部分布
8	中等风化晶屑玻屑凝灰岩	未揭穿	局部缺失
9	全风化粉砂质泥岩	0.5~4.8	局部分布
10	中等风化粉砂质泥岩	未揭穿	局部分布

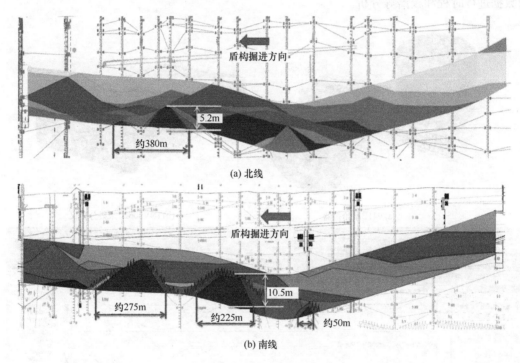

图 5.1.1　盾构隧道地质剖面

2. 现场测量仪器和方案

（1）测量仪器

现场测量仪器采用高精度振动测试系统（包括数据采集仪及传感器等）如图 5.1.2 所示，其中硬件包括 941B 型拾振器、INV3062C24 位网络分布式采集分析仪以及高性能笔记本电脑。数据采集和分析软件为 DASP-V11 工程版软件工作系统。

941B 新型拾振器是一种无源拾振器，不需要额外电源即可使用，简化了对现场条件的要求（图 5.1.2a）。通过拨动微型开关，拾振器可以转换不同的档位以测量加速度或速度，共有加速度档位一个和速度档位三个，量程分别为 20m/s、0.125m/s、0.3m/s 和 0.6m/s，测量的频率范围分别是 0.125~80Hz、1~100Hz、0.2~100Hz 及 0.07~100Hz，适用于低频结构的采集分析。941B 型拾振器分为水平和竖直两种型号，分别可以测量水平方向和竖直方向的振动信号。一个 941B 型拾振器可测量一个方向上的振动，测量三向振动共需要三个拾振器同时工作。

INV3062C数据采集仪是高精度的分布式采集仪,适用于旋转机械、桥梁振动和模态测试的数据采集,具有功能强大、性能优越、集成度高等特点(图5.1.2b)。采集仪和拾振器之间可以选择以太口线缆连接或者无限WI-FI连接,可以自由选择有线或者无线连接,采集分析的频率范围为0~108kHz的信号。

DASP-V11是一套运行在Windows平台上的多通道信号采集和实时分析软件,结合相应的采集硬件设备即可构成一个动静态采集分析试验室,DASP-V11具有多类型视窗的多模块功能高度集成的特点,又具有操作便捷的优点(图5.1.2c)。DASP-V11集采集和分析于一体,基于该软件系统既可实时观察振动数据和收集振动信号,也可对已收集的振动数据进行时程和频谱等分析。

(a) 941B型拾振器   (b) INV3062C采集分析仪

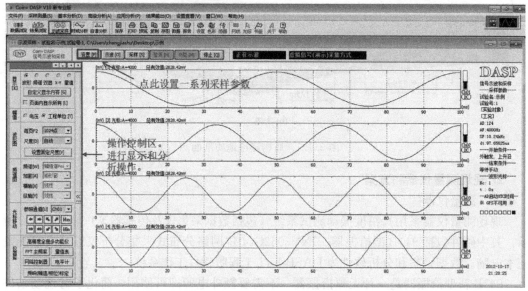

(c) DASP-V11工程版采集分析软件

图5.1.2 监测系统

(2)测量方案

为研究不同地层条件和施工参数下盾构机体振动规律,现场振动测试时首先依据施工纵断面中各个区域不同的地质情况,选取若干个上软下硬地层以及一般软土地层作为测试断面，同时为分析不同地质条件的影响，在考虑上软下硬地层时着重讨论了硬岩在隧道开挖掌子面的占比对隧道机体振动的影响。在选定测试断面之后根据盾构机体的实际情况，选取能够全面反映盾构机体振动响应水平的监测点，以获得较可靠的振源监测数据。振动测试结果中，测点 X 方向为盾构机掘进方向，Y 方向为竖直方向，Z 方向为与盾构机掘进方向正交的水平横向，测点布置如图 5.1.3 所示，测点仪器安装如图 5.1.4 所示。

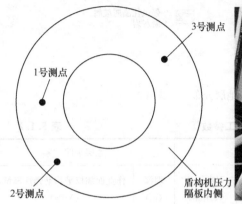
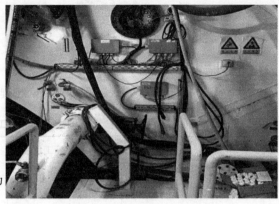

图 5.1.3　测点布置示意图

（3）测试工况

为分析盾构机在软土和上软下硬地层中施工振动的主要影响因素，选取地层条件和盾构施工参数作为参考变量。考虑盾构机体振动主要受地层刚度影响，在分析地层条件影响时选取隧道埋深和掌子面平均动弹性模量为主要影响地层条件参数，盾构掘进参数有掘进总推力、推进扭矩、推进速度和刀盘转速。掌子面平均动弹性模量依据地质勘探信息获取压缩模量，并通过模量转化和加权平均计算得到，具体计算步骤如下：首先，通过地勘报告和施工图获取各监测断面地层分布、层厚、泊松比和压缩模量；然后，通过公式计算出各地层的弹性模

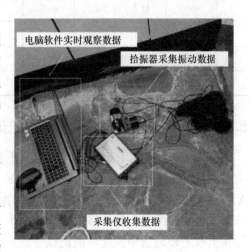

图 5.1.4　测点仪器安装

量，并通过经验公式计算出动弹性模量[1]；最后，以掌子面各地层的厚度为权重，通过加权平均可计算得到各监测断面平均动弹性模量。盾构施工参数依据各个施工断面实际掘进参数获得。掌子面岩石占比为地层条件的主要影响参数之一，其定义为掌子面中硬岩层厚与掌子面直径的比值。依据图 5.1.1 确定各测试断面地层分布，并搜集施工参数，如图 5.1.5 和表 5.1.2 所示。弹性模量与压缩模量关系式为：

$$E = \left(1 - \frac{2\mu^2}{1-\mu}\right)E_{\mathrm{S}} \tag{5.1.1}$$

式中，E_{S} 为压缩模量；μ 为泊松比；E 为弹性模量。

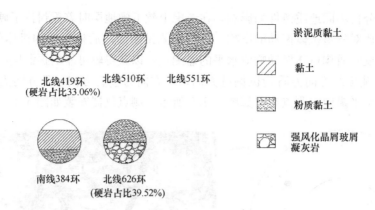

图 5.1.5　作业面地层分布

不同断面隧道施工参数　　　　　　表 5.1.2

工况	监测位置	地层类型	主要施工参数				地层条件	
			总推力 (kN)	刀盘扭矩 (kN·m)	推进速度 (mm/min)	刀盘转速 (r/min)	埋深 (m)	作业面加权平均动弹性模量 (MPa)
1	N419	上软下硬	63347	5368	11.8	1.38	20.91	357
2	N510	软土	70941	4039	6.6	1.6	20.64	289
3	N551	软土	24427	7671	10.4	1.41	19.11	317
4	N626	上软下硬	65855	8854	11.2	1.40	17.89	397
5	S384	软土	66195	3923	14.5	1.51	20.11	216

5.1.2　盾构机在不同地层掘进时机体振动分析

表 5.1.3、表 5.1.4 为盾构机在软土地层和上软下硬地层中掘进时机体三向振速峰值。可以看出，在软土地层中，各测点 Y 方向（竖直）振速峰值为三向振速中的最高值，X 方向与 Z 方向振速峰值相当。以竖向振速峰值为例，对比不同测点 Y 方向振速峰值，可知 2 号测点的竖向振速峰值普遍为 3 个测点中的最大值，1 号测点次之，3 号测点最小，而在上软下硬地层中振速峰值比软土地层提升显著。盾构机在上软下硬地层中掘进时，上部软土地层在刀盘切削作用下较容易发生破坏，土屑流动形态为流动型或断裂型[5]，而下部硬岩由于强度和刚度较大、土层整体性较好，导致刀盘与硬土层的接触压力不均，岩石发生脆性破坏，进而使刀刃底部受到较大的激振力，引起刀盘和盾构机体整体强度的大幅提升。造成不同测点振动差异的原因如下：（1）测点与盾构机刀盘之间的距离，相比 1、2 号测点，3 号测点到盾构机刀盘的距离较远，1、2 号测点到盾构机刀盘距离相当；（2）2 号测点附近受到电子转机的影响，而 1、3 号测点周围环境比较简单，由于使盾构机体振动的主要因素是盾构机刀盘转机的转动及刀盘、掌子面岩石的切削，2 号测点周围的机械情况比较复杂，该测点附近有较多的转子机械，造成盾构机体振动的局部增大，这种局部增大是机械发动机高速转动引发的，不过对盾构机体的整体振动影响不大。以上是造成盾构机体各个测点振动数据差异的原因，总体上看虽然现场复杂的因素造成了不同测

第5章 盾构穿越复合地层振动传播和衰减规律

点振动响应的局部差异,但盾构机各测点的振动影响处于同一水平。

软土地层盾构机体三向振速峰值　　　　　　　　　　表 5.1.3

位置	测点1			测点2			测点3		
	X	Y	Z	X	Y	Z	X	Y	Z
N510	0.07	0.13	0.10	0.21	0.33	0.09	0.05	0.09	0.07
N551	0.21	0.62	0.77	0.50	1.00	0.98	0.45	0.60	0.68
S384	0.15	0.41	0.20	0.42	0.71	0.48	0.31	0.66	0.41

上软下硬地层盾构机体三向振速峰值　　　　　　　　表 5.1.4

位置	测点1			测点2			测点3		
	X	Y	Z	X	Y	Z	X	Y	Z
N419	0.48	0.94	0.56	0.85	1.06	0.88	0.75	2.47	1.56
N626	0.70	1.50	0.52	0.56	1.48	0.63	0.70	0.82	0.54

为对比软土地层和上软下硬地层的盾构机体振动差异,选取1号测点为典型分析测点,在时域和频域内对比了软土地层和上软下硬地层盾构机体振动响应的差异,结果见图5.1.6。同表5.1.3、表5.1.4一样,机体振动中竖向振动响应大于轴向和水平向振动响应;盾构机在软土地基中掘进时机体竖向振动的振速峰值为0.1~1mm/s,在上软下硬地基中掘进时机体振动的峰值振速为0.4~2mm/s。在上软下硬地层中,由于岩层等刚度较大材料的存在导致机体振动显著提升,这是因为相比于强度和刚度较小的软土材料,硬质岩石材料刚度大,盾构掌子面切削时与岩石的动力相互作用大,同时硬质材料相比于软质材料阻尼更小,导致复合地层的机体振动有显著提升。从频谱分析来看,盾构机体不论在软土地层还是上软下硬地层,其峰值主要分布为0~30Hz,这部分频率主要对应于盾构机体刀盘旋转等引起的低频振动,同时可以观察到在60~100Hz之间有高频振动,这部分频率主要对应于盾构机体发动机转子。从频域中也可以观察到三向速度响应,上软下硬地层均大于软土地层,这与时域中结果一致。

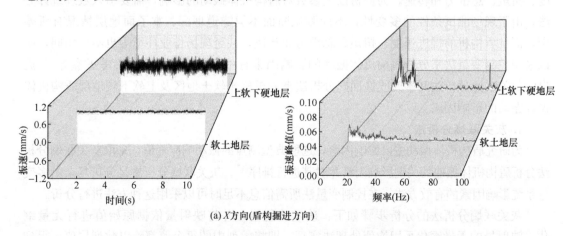

(a) X方向(盾构掘进方向)

图 5.1.6　1号测点软土地层和上软下硬地层测试结果分析(一)

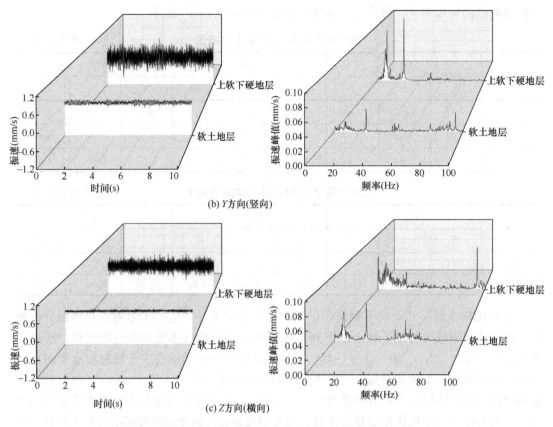

图 5.1.6 1号测点软土地层和上软下硬地层测试结果分析（二）

5.1.3 盾构掘进机体振动影响因素

为了分析盾构机体振源振动的影响因素，考虑了地层条件和施工参数对盾构机体振源振动的影响。地层条件包括掌子面平均动弹性模量和隧道埋深，盾构掘进参数有推进速度、扭矩、总推力和转速。为分析以上参数对盾构机体振动的影响，需要引入数理统计方法，由于现场测试条件的多变性，不同测试断面不但隧道埋深、掌子面地层情况有所差别，而且盾构机的掘进速度、扭矩、总推力和转速，甚至现场作业环境等也不尽相同，所以采用控制变量法来分析盾构机体振动的影响因素有一定的困难。本节参考王鑫等[2-4]提出的灰关联熵分析法和多元线性回归分析法来分析杭州软土地区及上软下硬地层盾构机体振源振动的影响因素。

1. 灰关联熵分析法

为研究盾构机体振动主要影响因素，选取典型测点的振动响应峰值，采取灰关联熵分析法分析盾构机体振速的关键影响因素并对其进行排序[1]。灰关联熵分析法是分析复杂的多变量系统影响因素的有效方法，在控制变量法所需信息不足时可以采用这种方法进行分析。

灰关联熵分析法的分析步骤如下：确定映射量，并将映射量依据原始值进行无量纲化，映射量的无量纲化采用均值处理法实现，即将数列中的每个值都除以数列均值，得到一组新的无量纲化数列。

计算灰关联系数，即：

$$\xi_i[x_0(k),x_i(k)] = \left|\frac{\min[\min\Delta_i(k)] + \rho\max[\max\Delta_i(k)]}{\Delta_i(k) + \rho\max[\max\Delta_i(k)]}\right| \tag{5.1.2}$$

式中，$\Delta_i(k) = |x_0(k) - x_i(k)|(k=1,2,\cdots,n;i=1,2,\cdots,m)$；$\rho$ 为分辨系数，取值为 $[0,1]$，可取 0.5；$\min[\min\Delta_i(k)]$ 为极差最小值；$\max[\max\Delta_i(k)]$ 为极差最大值。

关联系数的实质是两点间距离的反映，关联系数位于区间 $[0,1]$。

计算灰关联密度，即：

$$P_k = \frac{\xi[x_0(k),x_i(k)]}{\sum_{k=1}^{n}\xi[x_0(k),x_i(k)]} \tag{5.1.3}$$

式中，P_k 为灰关联系数分布映射，是分布的密度值，$P_k > 0$，且 $\sum P_k = 1$。

计算灰关联熵和灰熵关联度，即：

$$H(R_i) = -\sum_{k=1}^{n}P_k\ln P_k \tag{5.1.4}$$

$$E(x_i) = H(R_i)/H_{\max} \tag{5.1.5}$$

式中，$H(R_i)$ 为灰关联熵；$E(x_i)$ 为灰熵关联度；$H_{\max} = \ln n$，n 为数值列的最大元素数量值。

由灰关联熵定理可知：熵关联度值较大者，与参考列的联系程度更密切。利用灰关联熵分析法分析施工参数及地层条件与机体振速的关系，设自变量为掌子面平均动弹性模量、掘进速度、盾构机扭矩、盾构机总推力、转速和埋深，因变量为盾构机机体的三向振动，并假设因变量的变化都是源自自变量的改变，选取已有测试断面开展灰关联熵分析法分析，断面如图 5.1.1 所示，测点位置选取典型测点 1。由灰关联熵分析法可知：灰熵关联度越接近于 1，说明该自变量（地层条件、施工参数）对因变量（机体振动速度峰值）的影响越大。从图 5.1.7 中可以看出，作业面测点 Y 向振速对不同施工参数和地层条件的关联性排序自大到小依次是：作业面平均动弹性模量、盾构机扭矩、盾构总推力、盾构转速、埋深和掘进速度，因此对机体振动影响最大的地层条件是掌子面平均动弹性模量，对盾构机体振动影响较大的施工参数主要包括盾构机扭矩和推力，而影响较小的是盾构机转速与掘进速度。

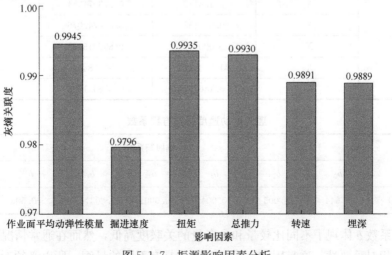

图 5.1.7 振源影响因素分析

2. 多元线性回归分析法

采用多元线性回归分析法进一步验证灰关联熵分析法的正确性。多元线性回归分析法被广泛用于分析社会经济领域变量之间的影响关系。多元线性回归分析的基本原理是：在一个客观系统中，一件事物的产生往往由多个因素引发，客观事物的联系错综复杂，虽然可以了解到结果与影响因素之间的因果关系，但是现象的变化往往是两个或多个因素共同作用的结果，这时就无法直观地感受到影响因素之间的主次关系，为了全面地了解多因素引发的事物之间的客观联系，科学准确地评价现象之间的数量变动，并提高预测和控制变量的精确度，需要运用多元线性回归分析模型来进行系统性分析[2-4]。

通过回归分析可以建立不同变量之间关联性的数学表达式[2-4]，在盾构机因掘进而产生的机体振动分析中，可用回归分析建立因变量（机体振动速度峰值）与自变量（影响因素包括地层条件和主要施工参数）间的数学表达式，即数学回归方程，并利用该数学回归方程评价影响因素对因变量的贡献度，本节进一步地针对杭州地区软土地层条件和上软下硬条件，采用回归分析法对已经获得的不同工况下的振动测试数据展开分析，以与前面章节的结论进行对比[2-4]。

利用多元线性回归分析法分析盾构机体振动的影响因素，首先要建立机体振动幅值与影响因素之间关系的数学模型，即：

$$Y = b_0 + b_1X_1 + b_2X_2 + b_3X_3 + b_4X_4 + b_5X_5 + b_6X_6 \quad (5.1.6)$$

式中，Y 为因变量（典型测点竖向振速）；$X_1 \sim X_6$ 分别为影响因素中的作业面平均动弹性模量、盾构机掘进速度、扭矩、总推力、转速和埋深。

通过线性回归编程计算程序可以得到盾构施工掘进时振动振源的多元线性回归分析结果，相关系数 R 计算结果见表 5.1.5，偏回归系数计算结果见表 5.1.6。由表 5.1.5 可知，多元线性回归方程的相关系数 R 为 0.95，接近于 1，这说明了线性回归方程的拟合效果良好。

盾构掘进施工影响因素多元线性回归分析　　　　表 5.1.5

因变量	自变量	标准误差	P 值	R
振速（m/s）	X_1	0.006214	0.709621721	0.95
	X_2	0.106115	0.973074954	
	X_3	0.000158	0.600742076	
	X_4	0.000017	0.697015055	
	X_5	4.274922	0.924984326	
	X_6	0.140197	0.696531982	

竖向振动速度回归方程系数　　　　表 5.1.6

因变量	偏回归系数						
	b_0	b_1	b_2	b_3	b_4	b_5	b_6
振速（m/s）	0.644	0.003	0.004	0.00011	8.803×10^6	−0.506	−0.072

偏回归系数 b 体现了不同比较量和参考量的关联度高低，然而在通常情况下其大小并不能反映其相对重要性，这是因为不同的自变量具有不同的量纲，所以必须对偏回归系数

进行标准化处理[2-4]。回归系数的标准化公式为：

$$P_j = |b_j| \sqrt{\sum_{i=1}^{n}(X_{ji}-\overline{X}_j)^2 \Big/ \sum_{i=1}^{n}(Y_i-\overline{Y})^2} \qquad (5.1.7)$$

式中，P 为标准化的偏回归系数；X 为自变量；Y 为因变量。P 越大表示对应自变量的相对重要度越高。将偏回归系数标准化后结果如表 5.1.7 所示。

竖向振动速度回归方程标准化回归系数　　　　表 5.1.7

因变量	偏回归系数					
	P_1	P_2	P_3	P_4	P_5	P_6
振速（m/s）	0.525	0.083	0.521	0.296	0.214	0.203

以 1 号测点竖向振速峰值为例，针对影响盾构机体振动的地层条件和施工参数开展多元线性回归分析，由表 5.1.7 可知，掌子面地层条件及施工参数所对应的标准化偏回归系数 P，$P_1 > P_3 > P_4 > P_5 > P_6 > P_2$，这说明掌子面加权动弹性模量对机体振动贡献最高，其余排序自大到小依次是盾构机扭矩、总推力、转速、埋深和掘进速度。这与灰关联熵分析法得出的结论一致，两种方法可相互印证[2-4]。

3. 主要地层因素对盾构机强度的影响

为了分析地层条件对盾构机体振动的影响，以掌子面加权平均动弹性模量为主要影响因素，以 1 号测点竖向振源振动峰值为因变量绘制如图 5.1.8 所示的关系曲线。可以看出：当掌子面的动弹性模量小于 350MPa 时，掌子面地层为软土地层，盾构机体的振源振动并未随着掌子面地层的动弹性模量的增长而明显提高，而是处于上下波动的状态；当掌子面的加权动弹性模量大于 350MPa 时，盾构机体振源振动将随着加权动弹性模量的增加显著升高，此时掌子面地层为上软下硬地层，这表明上软下硬地层中盾构机体的强度显著增大。

为了更直观地展现掌子面地层构造对盾构机体强度的影响，以掌子面硬岩比例为横坐标，竖向振动峰值为纵坐标绘制如图 5.1.9 所示的关系曲线。可以看出，随着掌子面硬岩占比的增加，机体振速也随之上升。当地层为软土地层时，机体振速增幅变化较小，当岩层占比进一步上升，处于 30%~40% 时，机体振速上升剧烈，这说明当硬岩占比大于 30% 时对盾构机体的振动影响非常显著。

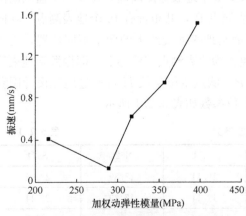

图 5.1.8　加权动弹性模量与盾构机体振动峰值关系曲线

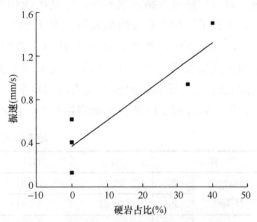

图 5.1.9　掌子面硬岩占比与盾构机体振速关系曲线

5.2 盾构穿越复合地层环境影响

城市地下隧道无论是在建设阶段还是在运营阶段，都会产生振动。振源产生的振动透过掌子面和衬砌传递至土体中，对周围环境，特别是在振动敏感区域和建筑物密集区域，造成不同程度的影响。地下隧道工程的建设和运营造成的环境振动影响主要如下：对居民正常休息、工作造成影响，甚至造成健康问题。人体对 $1\sim80Hz$ 范围内的低频振动尤为敏感，这是因为人体大部分器官的共振频率在这个范围之间，如果隧道工程引起的环境振动恰好在该振动频率范围之内，轻则将对居民的生活和工作造成影响，重则将对人体器官造成危害；对振动敏感区域造成影响，包括医院、歌剧院、具有紧密仪器的机构和古建筑等，这些区域对来自于地底的振动特别敏感，特别是在地下轨道交通运营期间，对敏感区域的影响更大。这是因为振源产生的振动不断地传递至振动敏感区域，相比于建设阶段时间要长得多，而且运营时段常常和正常工作时间冲突。对古建筑来说，地下振动传递至地表会引起多种问题：一是土体振动可能会使地层土体结构遭到破坏，从而使地层产生不均匀沉降；二是低频率振动传递至古建筑结构中时，当振动频率接近建筑物共振频率时，会使古建筑结构产生二次振动，并对建筑结构产生较大危害。

为分析振源振动在土层中的传播和衰减规律，本节采用现场测试和数据统计分析的方法对盾构机掘进时的地表振动特性进行了分析，主要内容包括：监测断面振源上覆土层物理力学特性分析，分析了监测断面振源上覆土层的结构、土性分类以及物理力学特性以及动力学特性；现场测试方案的拟定，分析了区域的选取、测点的布置、周围环境的影响等；地表数据的后处理和分析工作，对地表测点进行了时域和频域分析。

5.2.1 盾构掘进地表振动实时监测

以杭州环城北路-天目山路升级改造工程为背景，盾构区间自 2 号始发井出发，掘进至 3 号接收井结束，全长约 2.7km，期间下穿已建的地铁 2 号线隧道和上软下硬地层段，工况较为复杂。选取盾构段穿越地铁 2 号线后的一段区间进行地表测点的布置，测点为东西走向盾构隧道线路的地表处，包括南线和北线共 5 个地表监测断面。在同一个监测断面上，布置了盾构中心处的地表测点 P_1 和侧方地表测点 P_2，共布置有 10 个地表测点。在同一个监测断面中，测点 P_1 和测点 P_2 位于监测断面与地表面交线上的两个不同位置，为了准确描述地表测点的位置，本节定义了两个距离作为地表测点定位参数，即振源至地表测点的竖向距离 H 和振源至地表测点的水平距离 R。测点定位参数 H 可通过施工设计图获得，R 可通过施工图结合现场测算获得。测点定位参数如表 5.2.1 所示。

地表测点定位参数　　　　表 5.2.1

环号		N419	N510	N551	N626	S384
竖向距离 H (m)	P_1	20.91	20.64	19.11	17.89	20.11
	P_2	20.91	20.64	19.11	17.89	20.11
水平距离 R (m)	P_1	0	0	0	0	0
	P_2	3.2	3.6	2.7	4.7	5.2

在进行地表振动测试时,周围建筑环境较为复杂,测点处于已建城市道路的一侧,周围多为单层或多层建筑物,有商户、银行、写字楼、老旧公寓和小区等。测点的结构物周围还有城市景观花圃、绿地和路灯等。地表测试环境条件如表5.2.2所示,地表测点盾构区间位置如图5.2.1所示。北线419环地表测点断面位于城市绿化花圃内侧,周围除了绿化花圃外还有两幢多层建筑和一个停车场,测点断面北面正对两幢建筑间的巷道,巷道通往停车场,白天车辆来往较多,盾构隧道距邻近建筑物约为10～12m;北线510环地表测点断面位于城市绿化花圃内侧,北邻浙江出版集团办公建筑,该建筑占地约$1000m^2$,为多层结构建筑,测点周围路况较为简单,盾构隧道距北面建筑物约为24m;北线551环地表测点断面位于城市花圃内侧,西临马腾路,北靠宁波大厦高层建筑,测点路况简单,盾构隧道距建筑物约为17m;北线626环地表测点断面位于城市花圃内侧,北靠浙江省海洋与渔业局低层建筑,路况较为简单,盾构隧道距建筑物约为20m;南线384环地表测点断面位于城市花圃南侧,处于十字路口的西南侧,东临4车道城市道路及地铁2号线隧道,西南角有武林大厦办公楼,路况复杂,盾构隧道距办公楼约为26m。

地表测试环境条件　　　　　　　　　　　　　　　　　表5.2.2

环号	邻近建筑物	日间来往车辆	夜间来往车辆	路线类型	测量时间	测点位置
N419	两幢多层建筑和一个停车场	密集	较少	直行道路	夜间	绿化花圃内侧
N510	一幢多层建筑	密集	较少	直行道路	夜间	绿化花圃内侧
N551	一幢高层建筑	密集	较少	直行道路	夜间	绿化花圃内侧
N626	一幢低层建筑	密集	较少	直行道路	夜间	绿化花圃内侧
S384	无	密集	较少	十字路口	夜间	绿化花圃南侧

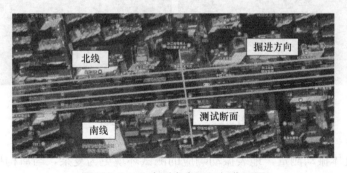

图5.2.1　地表测点布置区间位置图

地表振动测试能够有效反映盾构施工引起的环境振动在地层中的传播。为获得盾构机在软土地层和上软下硬地层中掘进时地表的振动响应,在选取了典型的盾构测试纵断面后,在其地表处布置相应的测试点位以测试盾构施工引起的地表振动响应。地表振动测点宜布置在与盾构机掘进方向相垂直的断面上,地表测点的X方向为盾构机掘进方向,Y方向为竖直方向,Z方向为横向。由于地表测试环境比较复杂,在环境允许时应符合地面水平、三向正交和等距布置等要求,并避免其他环境因素的振动影响,其他情况下应尽量满足以上要求。地表监测点如图5.2.2和图5.2.3所示。

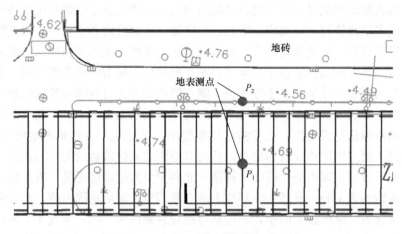

图 5.2.2 地表测点布置示意图

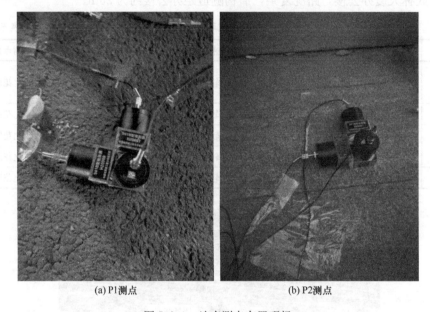

(a) P1测点　　　　　　　　　(b) P2测点

图 5.2.3 地表测点布置现场

较之盾构机体振动测量，地表振动响应的测试环境更为复杂，与盾构机体振动无关的环境振动因素会干扰地表振动响应的准确性和精确度。这些环境影响因素以不同干扰形式可分为多余振源干扰因素和拾取端干扰因素。主要多余振源干扰因素有：小客车产生的振动、行人走过产生的振动、电瓶车和人力车等交通工具产生的振动、大型货车产生的振动、公交车产生的振动等。由于盾构施工和测试段处于市中心路段，小客车数量大且密集，因此以小客车产生的振动为主要干扰因素。当偶有车辆或者大货车驶过时振动信号的高频段会有显著上升，而当车流在较远处驶过时，振动信号则集中在低频段，可知小客车和大货车产生的振动多为高频振动。

为减小环境振动产生的多余振源干扰因素，测试时段选取为车辆较少的凌晨时段，以此减小以小客车为主的城市道路车流产生的多余环境振动影响。

5.2.2 地表测点响应监测结果

1. 盾构穿越地段上覆软土特性

第5.1节中分析了掌子面地层条件对盾构机体振动强度水平的影响，本节主要研究点为盾构机体振动对周围环境的振动影响，因此对于盾构隧道上覆地层，即振源振动的传播媒介的特性研究是一个必要的前提条件。在分析盾构掘进引起的地表振动响应时，因为振动以波的形式穿越上覆土层到达地表，所以盾构隧道上覆土层的物理力学和动力学参数是一个重要指标。根据地质勘探资料并结合《杭州地铁岩土工程勘察地层编号规定》（下文简称为《规定》），可依据地层结构、岩性特征、埋藏条件、物理力学性质等指标差异将盾构隧道上覆主要土层作如下划分：

①$_1$层杂填土；①$_2$层素填土；②$_2$层粉质黏土；③$_1$层粉土夹淤泥质土；③$_2$层砂质粉土；③$_3$层粉砂夹粉土；④$_1$层淤泥质黏土；④$_2$层粉质黏土夹粉土；⑤$_1$层粉质黏土；⑥$_1$层淤泥质黏土；⑥$_2$层黏土。

可知，盾构隧道上覆地层全为硬度较低软土地层，没有硬度高的岩石地层。一些具有一定厚度的土层之间夹杂有一层或者多层2～10mm厚的与上下土层性质均不同的薄层，另外一些土层之间则没有薄层出现。由于地下水的作用，许多土层成流塑状态，压缩性较高，土质较为均匀，各地层间分层明显。

过多的土层划分增加了后续计算的难度和复杂性，在动力分析和计算中，将厚度较小的薄层作为单独项进行计算意义不大，反之亦然，如将具有相近动力特性的土层作为单一土层来进行动力学分析将会对结果产生很小的误差。因此为了减少繁杂的计算步骤，简化分析方法，本节结合监测断面地层分布情况，将具有相近物理动力学性质的土层做出了重新简化划分，结果如表5.2.3所示。

盾构监测断面上覆土层简化划分　　　　　　　　　　　　　　表 5.2.3

环号	厚度（m）				
	粉质黏土	粉土夹淤泥质土	砂质粉土	淤泥质黏土	淤泥质黏土
N419	3.29	0	0	8.05	9.53
N510	5.42	0	0	5.59	9.72
N551	4.71	0	0	7.36	7.05
N626	0	6.7	4.06	0	4.76
S384	7.66	0	0	4.16	8.45

根据监测断面上覆各个土层的物理力学参数和层厚可计算出盾构隧道上覆土层的平均动弹性模量（计算方法详见5.1.1节），并将掌子面土层平均动弹性模量、盾构总推力、扭矩和转速等对振源振动强度具有影响的主要参数汇总于表5.2.4，以方便后续分析。

盾构监测断面物理力学及施工参数　　　　　　　　　　　　　表 5.2.4

环号	掌子面土层平均动弹性模量（MPa）	上覆土层平均动弹性模量（MPa）	总推力（kN）	扭矩（kN·m）	转速（r/min）
N419	357	334	64347	5368	1.38
N510	289	329	72941	4039	1.60
N551	317	313	24427	7671	1.41
N626	397	537	65855	8854	1.40
S384	216	342	66195	3923	1.51

2. 地表测点响应监测结果与分析

如上节所述,在测量盾构机振源振动时选取经典的盾构掘进断面,包括软土地层和上软下硬地层共 5 个监测断面,并根据实际情况的主要施工参数和地层条件分析了影响机体振动的因素排序。为进行盾构机体振源振动引起的环境振动分析,在典型监测断面的基础上对地表振动响应进行监测,在地表测点处布置三向振动拾振器,通过拾振器将振动信号转化成电频信号,然后通过采集仪进行采集和分析。与盾构机体振动相同,地表测点 X 方向为盾构机掘进方向,Y 方向为竖直方向,Z 方向为与盾构机掘进方向正交的水平横向。按照表 5.1.2 将不同测量断面掌子面地层划分为软土断面以及上软下硬断面,现将振动测试数据分述如下。

(1) 软土地层地表振动时域分析

北线 510 环中心地表测点时域分析如图 5.2.4 所示,X 向振速峰值为 0.0229mm/s,Y 向振速峰值为 0.0681mm/s,Z 向振速峰值为 0.0215mm/s;从三向时域曲线来看,中心地表时域响应峰值在一个数量级以内,但是又具有一定的波动性,特别地,Y 向振动的波动性较明显,总体而言北线 510 环振速在 0.02~0.07mm/s 之间;通过对比三向振速幅值,可知 X 向和 Z 向振速幅值近似相等,而 Y 向振速幅值为三者中的较大值,约为另外两个方向的 2~3 倍;三向振速幅值差别不大,都在一个振级范围内,而在时域分析中竖

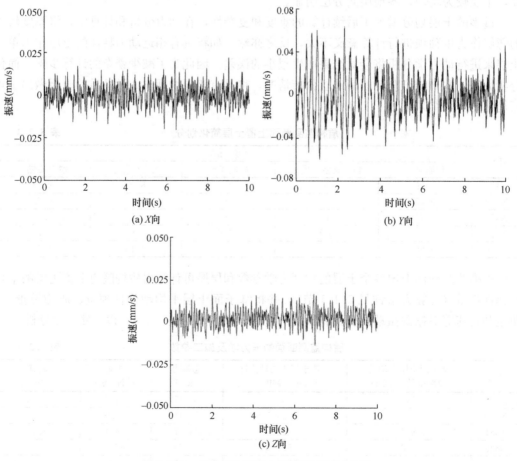

图 5.2.4 北线 510 环中心地表测点时域分析

向振动较大,故在地表振动的评估与分析中,可以竖向振动响应为主要控制因素。

北线 551 环中心地表测点时域分析如图 5.2.5 所示,X 向振速峰值为 0.0106mm/s,Y 向振速峰值为 0.0360mm/s,Z 向振速峰值为 0.0275mm/s;从三向时域曲线来看,中心地表时域响应峰值在一个数量级以内,又具有一定的波动性,然而波动性并不明显,总体而言北线 551 环振速在 0.01~0.04mm/s 之间;通过对比三向振速幅值,可知 X 向和 Z 向振速幅值近似相等,而 Y 向振速幅值为三者中的较大值,约为另外两个方向的 3~4 倍;三向振速幅值差别不大,与北线 510 环一样可以竖向振动响应为主控因素。

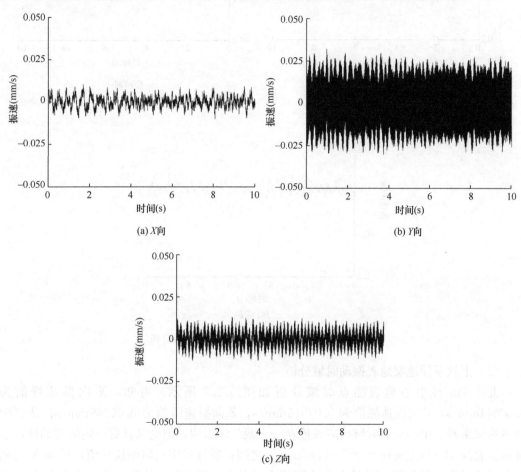

图 5.2.5 北线 551 环中心地表测点时域分析

南线 384 环中心地表测点时域分析如图 5.2.6 所示,可知该软土地层地表测点时域分析结果与上述相似,现将结果汇总于表 5.2.5。

软土地层地表测点时域分析结果   表 5.2.5

环号	X 向峰值 (mm/s)	Y 向峰值 (mm/s)	Z 向峰值 (mm/s)	振速范围 (mm/s)	曲线波动性	三向最大值
N510	0.0229	0.0681	0.0215	0.02~0.07	Y 向明显	Y 向
N551	0.0106	0.0360	0.0275	0.01~0.04	不明显	Y 向
S384	0.0410	0.0740	0.0560	0.04~0.8	Y 向明显	Y 向

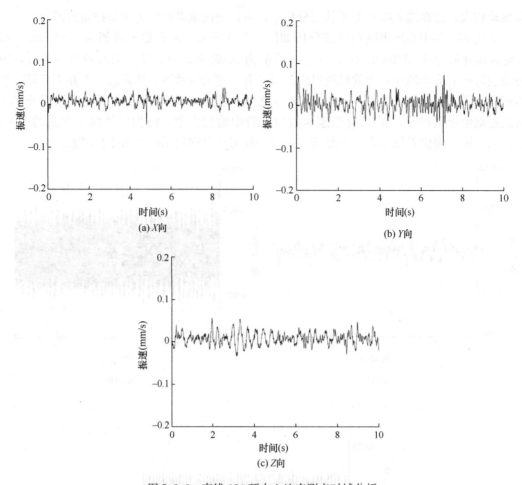

图 5.2.6 南线 384 环中心地表测点时域分析

(2) 上软下硬地层地表振动时域分析

北线 419 环中心地表测点时域分析如图 5.2.7 所示，可知，X 向振速峰值为 0.00844mm/s，Y 向振速峰值为 0.02915mm/s，Z 向振速峰值为 0.00969mm/s；从三向时域曲线来看，中心地表时域响应峰值在一个数量级以内，但是又具有一定的波动性，总体而言北线 419 环振速在 0.005～0.03mm/s 之间；通过对比三向振速幅值，可知 X 向和 Z 向振速幅值近似相等，而 Y 向振速幅值为三者中的较大值，约为另外两个方向的 2～3 倍，这种现象产生的原因是与传播方向一致的纵波受到土层材料衰减作用较小，而与传播方向垂直的横波受到较大的衰减作用；三向振速幅值差别不大，都在一个振级范围内，而在时域分析中竖向振动较大，故在地表振动的评估与分析中，可以竖向振动响应为主要控制因素。

北线 626 环中心地表测点时域分析如图 5.2.8 所示，X 向振速峰值为 0.354mm/s，Y 向振速峰值为 0.581mm/s，Z 向振速峰值为 0.250mm/s；从三向时域曲线来看，中心地表时域响应峰值在一个数量级以内，但是又具有一定的波动性，其中 X 向和 Z 向的波动性较大，而 Y 向波动性较小；总体而言北线 626 环振速在 0.2～0.6mm/s 之间；通过对比三向振速幅值，可知 X 向和 Z 向振速幅值较为接近，而 Y 向振速幅值为三者中的较大

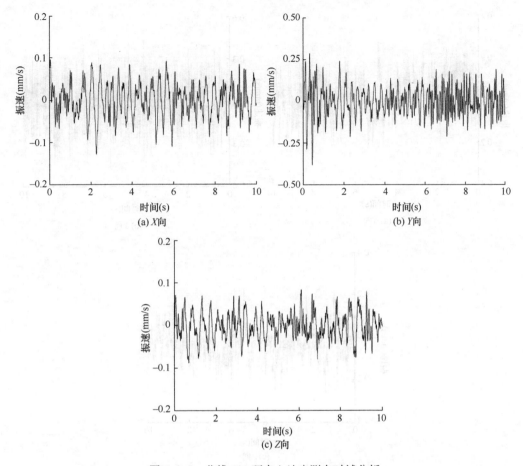

图 5.2.7 北线 419 环中心地表测点时域分析

值，约为另外两个方向的 2～3 倍；三向振速幅值差别不大，都在一个振级范围内，而在时域分析中竖向振动较大，现将结果汇总于表 5.2.6。

上软下硬地层地表测点时域分析结果　　　　　表 5.2.6

环号	X 向峰值 (mm/s)	Y 向峰值 (mm/s)	Z 向峰值 (mm/s)	振速范围 (mm/s)	曲线波动性	三向最大值
N419	0.00844	0.02915	0.00969	0.005～0.03	Y 向和 Z 向较明显	Y 向
N626	0.354	0.581	0.250	0.2～0.6	X 向和 Z 向较明显	Y 向

（3）盾构穿越软土地层时中心地表测点频谱分析

图 5.2.9～图 5.2.11 分别为当盾构机掘进至北线 510 环、北线 551 环以及南线 384 环等软土地层时中心地表测点频谱曲线，其中 X 向为盾构机掘进方向，Y 向为竖直方向，Z 向为与盾构机掘进方向正交的水平横向。可知，中心地表测点以 0～30Hz 的低频为振动主频率；对比振源测点频谱曲线与中心地表振源曲线，中心地表测点 30～50Hz 中低频段

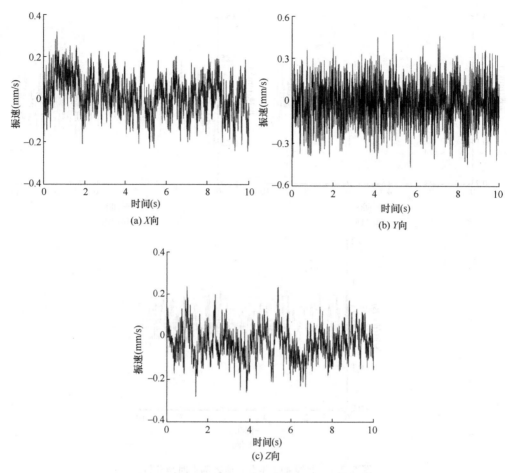

图 5.2.8 北线 626 环中心地表测点时域分析

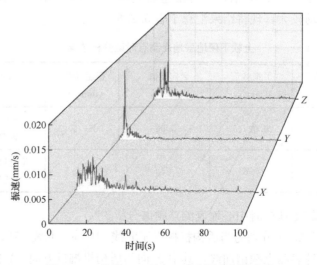

图 5.2.9 北线 510 环中心地表测点频谱曲线

第5章 盾构穿越复合地层振动传播和衰减规律

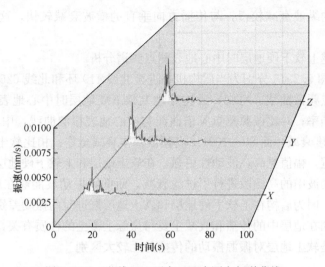

图 5.2.10　北线 551 环中心地表测点频谱曲线

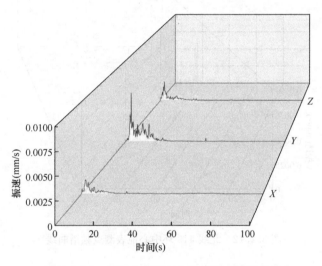

图 5.2.11　南线 384 环中心地表测点频谱曲线

大幅度衰减，而 50~100Hz 的中高频段基本衰减至零。结合前述内容可知，当掌子面岩层动弹性模量更大，或者盾构机掘进时的扭矩、总推力等施工参数更大时，振源振动幅值增大。当振源产生的振动波穿透地层到达地表时，中低频段的幅值具有一定衰减，但相对高频段衰减的幅度较小。这种现象体现了地层的滤波效果，地下振源产生的低频振动可以透过地层传播至地表甚至地上建筑，而高频振动在软土地层中传播时则衰减迅速，到达地表时几乎衰减殆尽。对比不同环号中心地表测点，可知影响中心地表测点低频段衰减的主要因素为振源振动信号的强度和振源上覆土层的动弹性模量，振源上覆土的厚度也有影响。由前述内容可知，影响振源振动强度的主要因素为掌子面动弹性模量，而盾构掘进时的总推力、扭矩和转速也具有一定影响，其他施工参数的影响相对较小。对比三向振动频谱曲线，可知 Y 向振动幅值相对其他两个方向大，这表明 Y 向振动波衰减较为缓慢，其他水平的两向则衰减相对迅速，这是因为对不同振动波的形式地层的衰减作用有所区别；

与传播方向一致的纵波衰减较慢,与传播方向垂直的横波衰减较快,这与时域分析结论相同。

(4) 盾构穿越上软下硬地层时中心地表测点频谱分析

图 5.2.12、图 5.2.13 分别为当盾构机掘进至北线 419 环和北线 626 环等上软下硬地层时中心地表测点频谱曲线。可知,盾构穿越上软下硬地层时中心地表测点以 0~50Hz 的低频为振动主频率;对比振源测点频谱曲线与中心地表振源曲线,中心地表测点 50~80Hz 中频段大幅度衰减,而 80~100Hz 高频段基本衰减至零。相比软土地层,上软下硬地层的低频段更宽,幅值更高,波动性更强。在软土地层和上软下硬地层中的滤波效果类似,都主要对振动波中的高频段进行了过滤衰减,而低频振动波能够在地层中传播更远,保留得更为完整,因为盾构在上软下硬地层和软土地层掘进时的振动差别主要体现在振源强度上,振源振动在地层中的传播和衰减主要与振源上覆土的性质有关,而掌子面地层是上软下硬地层还是软土地层对振源振动的传播并无较大区别。

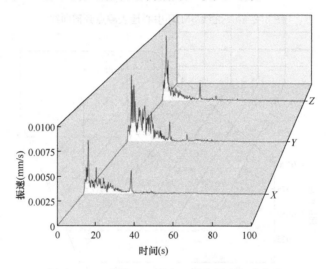

图 5.2.12 北线 419 环中心地表测点频谱曲线

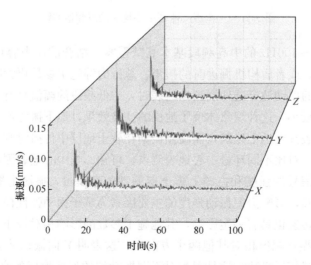

图 5.2.13 北线 626 环中心地表测点频谱曲线

相比于北线419环,北线626环频带更宽,幅值更大,中高频段衰减较缓。这种现象的产生有以下几个原因:(1)北线419环振源振动峰值为0.94mm/s,而北线626环振源振动峰值为1.5mm/s,相差0.56mm/s,增加了约60%,造成这种振源强度差异的主要因素为两者掌子面动弹性模量、盾构机扭矩、总推力和刀盘转速等不同,所以硬岩占比为32%的北线419环较之41%的北线626环振源强度要弱;(2)上覆土层的性质不同,北线419环上覆土厚度为20.91m,北线626环的上覆土厚度为19.11m,同时通过计算可知北线419环上覆土平均动弹性模量为334MPa,北线626环上覆土平均动弹性模量为537MPa。可知环境振动的衰减主要受到振源和环境测点距离的影响,另外振源覆土的强度和刚度以及土层的类型也对振动衰减具有影响。总的来说,盾构掘进引发地表振动和振源振动与上覆土性质有关,而上覆土性质是导致振源振动传播时衰减的主要原因,其衰减作用主要与上覆土的厚度,也就是距离因素以及上覆土层的材料阻尼因素有关。

为了方便后续进行地表振动预测实用计算方法的分析,整理地表测点竖向振速峰值并汇总于表5.2.7和表5.2.8(表中各项单位均为mm/s)。

软土地层地表测点竖向振速峰值　　　　　　　　　　表5.2.7

位置	P_1			P_2		
N510	0.07	0.13	0.10	0.21	0.33	0.09
N551	0.21	0.62	0.77	0.55	1.00	0.98
S384	0.15	0.41	0.20	0.42	0.71	0.48

上软下硬复合地层地表测点竖向振速峰值　　　　　　表5.2.8

位置	P_1			P_2		
N419	0.48	0.94	0.56	0.85	1.06	0.88
N626	0.70	1.50	0.52	0.56	1.48	0.63

5.3 盾构穿越复合地层环境振动传播和衰减

结合第5.2节中的实测数据与分析构建了环境振动的衰减公式,分析了影响振源振动在土体中传播的主要影响因素,并通过建立数学模型来拟合现场测试数据,构建出具有实用性的振动传播和衰减计算公式。

同时为分析对振源振动传播和衰减规律的影响,本节以北线419环测试数据为基础,建立了数值模型。首先建立了北线419环数值模型,对比分析了数值模拟结果和现场测试结果,对数值模型的准确性进行验证分析;进一步分析了振源强度和隧道埋深两个自变量对振动在土层中传播和衰减规律的影响。

5.3.1 振源振动传播和衰减规律分析

对于地下振源引起环境振动的传播和衰减规律,国内外已有较多研究,然而较多使用的考虑土层阻尼的计算方法过于复杂,且计算量较大,在工程应用领域的实用性较低。为了对振源引起的环境振动进行有效预测,基于实用计算的原则,探究一种有效的数学模型对地下振源引起环境振动的传播和衰减规律进行分析和预测。

1. 数学模型的建立

盾构掘进引起环境振动响应的影响因素很多且较为复杂，包括振源振动强度、上覆土层类型、上覆土物理动力学特性、上覆土厚度、响应点的位置、地下水、环境结构物基础类型等。若将所有环境影响因素都考虑周全难度较大，且无必要，仅考虑主要影响因素即可以很大程度上反映实际情况，同时将误差控制在一定范围内，因此在把握响应点振动强度的前提下，应将关注的重心放在主要影响因素上，并在此基础上使结果尽量贴近实际，能够总体反映环境振动强度。根据主次要影响因素的重要程度排序，可知引起环境振动响应的关键影响因素由三项组成：振源振动强度、地表响应点的位置和上覆土层物理动力学特性。其中振源振动强度与地表响应点振动强度正相关，即在其他影响因素不变时，振源振动强度越高，地表响应点振动强度也就越高，这是显而易见的。地表响应点位置可由响应点定位参数准确描述，响应点距振源越近，响应点的振动强度越高，反之越低。上覆土层物理动力学特性与土层种类、特性和厚度等参数有关，主要是材料阻尼对振动传播的影响，由此可见上覆土物理动力学特性与地表响应点振动强度负相关，即材料的阻尼越高，响应振动强度越低。

综上所述，地表响应点的振动强度项 $V_R(r)$，主要振动源强、距离增大导致的振动辐射阻尼衰减和土层本身材料特性具有阻尼项，因此地基振动可由以下三项影响因子构成：振源振动强度项 V_0、振动因距离衰减项 X_{di} 和振动因上覆土层阻尼衰减项 X_{da}[1-3]，构建的数学模型如下：

$$V_R(r) = V_0 - X_{di} - X_{da} \tag{5.3.1}$$

式中，$V_R(r)$ 为地表响应点的振动强度项（mm/s）；V_0 为振源振动强度项（mm/s）；X_{di} 为振动因距离衰减项；X_{da} 为振动因上覆土层阻尼衰减项。下面分别讨论组成 $V_R(r)$ 的三项影响因子。

（1）振源振动强度项 V_0

盾构掘进产生的振源振动主要来源于盾构机刀盘与掌子面岩土层的切削作用。本书第5.1节对此做出了详细的讨论与分析，可知对振源振动强度影响最大的是地层条件因素，在动力学振动分析中采用掌子面平均动弹性模量描述掌子面地层因素具有较好效果，能够正确反映地层条件对振源振动强度的贡献。除地层条件外，施工参数也会影响振源的振动强度，对振源振动强度具有一定的影响，主要施工参数有盾构机总推力、扭矩和转速，为此构建的数学模型应包含以上几项关键影响因素，参考王鑫等[2-4]的研究工作，针对杭州软土地层条件和上软下硬地层条件，引入上覆土平均动弹性模量，可构建如下表达式，但应注意由于施工参数和地层条件的不同，公式中的率定参数随之改变：

$$V_0 = a_0 (E_{dw} + a_1 E_{df})^{(b\ln F + c\ln T + d\ln n)} \tag{5.3.2}$$

式中，V_0 为振源振动强度项（mm/s）；E_{dw} 为掌子面土层平均动弹性模量（MPa）；E_{df} 为上覆土层平均动弹性模量（MPa）；F、T 和 n 分别为盾构机掘进时的总推力（kN）、扭矩（kN·m）和转速（r/min）；a_0 为振源振动强度影响系数；a_1 为上覆土层影响系数；b、c 和 d 分别为盾构机掘进时总推力、扭矩和转速的影响系数，各影响系数可由现场监测数据拟合得到。

（2）振动因距离衰减项（X_{di}）

盾构掘进引起的环境振动响应会根据响应点位置的不同而有所区别，响应点振动响应将随着振源距离的增加而减小，有时会有一定的波动性，总体而言距离振源越远的响应点振动强度衰减得越多。构建振动因距离衰减项如下所示[2-4]：

$$X_{di} = \alpha \ln R \tag{5.3.3}$$

式中，R 为响应点至振源的水平距离；α 为距离衰减系数。

(3) 振动因上覆土层阻尼衰减项（X_{da}）

为了描述振源振动在土体中传播而损失的部分能量，构建振动因上覆土层阻尼衰减项如下[2-4]：

$$X_{da} = \beta \sqrt{H^2 + R^2} \tag{5.3.4}$$

式中，H 为响应点至振源的竖向距离；R 为响应点至振源的水平距离；β 为材料阻尼影响系数。

可结合本节考虑的工程案例的施工参数、地层条件，构建盾构掘进引起的环境振动响应数学模型如下[2-4]：

$$\begin{cases} V_R(r) = V_0 - X_{di} - X_{da} \\ V_0 = a_0 (E_{dw} + a_1 E_{df})^{(b\ln F + c\ln T + d\ln n)} \\ X_{di} = \alpha \ln R \\ X_{da} = \beta \sqrt{H^2 + R^2} \end{cases} \tag{5.3.5}$$

式中参数如前所述。

2. 环境振动影响系数拟合和实用计算公式验证

为了使预测模型进一步成为具有工程适用性的实用计算公式，需结合实际测量数据对模型内的未知影响系数和因子进行数据拟合，式（5.3.5）中共有 7 个待定参数，其中 a_1、b、c 和 d 分别为上覆土层影响系数以及总推力、扭矩和刀盘转速的影响系数，可以通过经验参考取值，分别取为 0.18、0.028、0.03 和 0.026。另外 3 个参数分别为振源强度分项影响系数 a_0、振动随距离衰减分项影响系数 α 和振动由阻尼衰减分项影响系数 β，这 3 项和地表强度响应项构成线性关系，可通过多元线性回归分析计算得出，该过程可通过 ORIGIN 或其他相关数值处理程序的拟合功能实现，结果如表 5.3.1 所示。

预测模型系数拟合值　　　　表 5.3.1

影响系数	a_0	a_1	b	c	d	α	β
拟合值	0.03	0.18	0.028	0.03	0.026	0.001	0.045

将所有参数取值代入式（5.3.5）中，可得：

$$V_R(r) = 0.03 (E_{dw} + 0.18 E_{df})^{(0.028\ln F + 0.03\ln T + 0.026\ln n)} - 0.001\ln R - 0.045\sqrt{H^2 + R^2} \tag{5.3.6}$$

式中参数如前所述。

为验证计算公式的适用性，利用现场测量数据和模型预测结果进行两两对比分析，如图 5.3.1 和图 5.3.2 所示。可以看出，预测值和测量值总体拟合效果较好，当地表响应值较小时，预测值产生的误差较小，当地表响应值较大时，响应产生的误差较大，最大误差约为 30%。对比 P_1 测点测量值和预测值，发现除了 N551 环之外测量值都比预测值稍大，这个现象在 P_2 测点对比图中也有出现（除 N626 环外），这是因为振动自振源处通过土体传播至地表时,振动在地表面的反射产生振动放大效应的缘故。对比软土地层和上软下硬地层监测断面,可知实用计算公式对两者的预测效果并无明显差异,预测值和测量值产生的误差都在30%以内,因此不需要另外考虑振源处掌子面是软土还是上软下硬地层,这是因为振动在土体中的传播主要受到上覆土层的影响,对于振源处掌子面是软土还是上软下硬地层,并没有较大影响。

综上所述,实用计算公式的准确性主要受到响应点振动强度的影响,当响应点振动强度较小,即在 0.02～0.1mm/s 范围内时公式的准确度较高,当地表振动强度超过 0.3mm/s 时准确度将会降低。

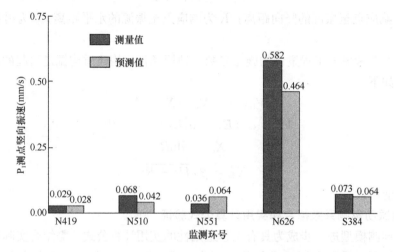

图 5.3.1　P_1 测点竖向振速和对应环号对比

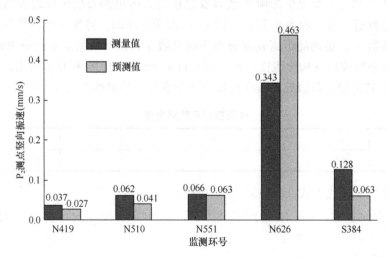

图 5.3.2　P_2 测点竖向振速和对应环号对比

5.3.2　盾构有限元数值模型

1. 有限元数值模型的建立

为研究盾构掘进引发的环境振动传播和衰减规律,采用有限元软件建立盾构穿越地层数值模型，通过在盾构机掌子面输入振源振动数据模拟振源振动。通过运算可获取在不同深度下和不同地表位置监测点的振动响应数据，并基于监测点响应数据分析深度和不同地表位置对振源振动的传播及衰减情况，从而获得振源振动在软土地层中的传播和衰减规律（图5.3.3）。本章振源振动数据基于第5.1节现场测量结果。

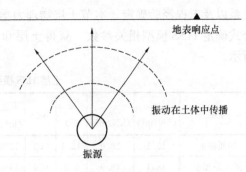

图 5.3.3　振动传播示意图

(1) 模型几何尺寸及边界条件

数值模型的几何尺寸拟定结合了实际的工程情况，参考了现有研究的相关成果，并主要考虑振源振动在土体中传播的空间效应。在实际工程中，盾构隧道衬砌外径为 13m，管片厚度为 0.55m，宽度为 2m，采用预制管片运输至现场，通过管片拼装和现浇组成隧道衬砌，衬砌混凝土强度等级为 C50。在本次数值模拟计算中，隧道衬砌模型的几何参数和混凝土强度与实际工程一致。振动在土体中传播具有空间效应，空间效应是指振动在模型边界会产生反射，从而影响模型运算结果的精确度。为消除振动在土体中传播的空间效应，应将数值模型的尺寸设成较大值，然而过大的模型尺寸将导致运算时间过长，因此模型尺寸也不宜过大。在本次数值模拟计算中，土体模型的长度、宽度和深度取隧道外径的 10 倍，即 130m。

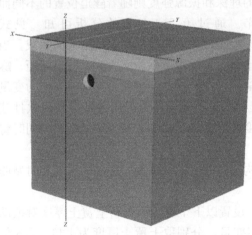

图 5.3.4　盾构模型

本次隧道工程采用气垫式泥水平衡盾构机，总机长度约为 133m，其中主机长度为 15m，数值计算中取盾构机长度为 15m，其中盾尾注浆设为一个管片的宽度，为 2m，其余部分为盾构机模型长度。

边界条件采用软件内置边界条件，数值模型共有 14045 个单元，22256 个节点，盾构模型如图 5.3.4 所示。

(2) 模型土体本构模型及物理力学参数

土体本构模型采用软件内置的硬化土小应变模型（Hardening Soil Small，可简称 HSS 模型），HSS 模型是在 HS 模型加以改进的，在此基础上考虑了土体的小应变。HS 模型可以同时考虑土体在荷载作用下的剪切硬化和压缩硬化行为，其破坏准则与莫尔-库仑本构模型一致，然而在盾构掘进引发的土体振动时，土体的应变通常为小应变，HS 模型不能准确反映土体的各种小应变特性。HSS 模型改善了这点不足，不仅能够正确反映 HS 模型所有的土力学特性，还考虑了土体在荷载作用时产生小应变的各种非线性特点，因此本节采用的 HSS 模型能准确反映土体在振动传播中的小应变特性。

确定 HSS 模型土体参数的方法一般有三种：室内土工试验、现场试验以及依据经验关系以及工程经验确定。本节土层物理力学参数主要根据隧道工程地勘报告,并结合经验公式确定 HSS 模型相关参数,获得土层和隧道衬砌物理力学参数如表 5.3.2、表 5.3.3 所示。

土层 HSS 模型物理力学参数　　　　　表 5.3.2

土层	γ (kN/m³)	c (kN/m²)	φ (°)	ν_{ur}	E_{50}^{ref} (kPa)	E_{oed}^{ref} (kPa)	E_{ur}^{ref} (kPa)	E (kPa)	G_0^{ref} (kPa)	$\gamma_{0.7}$
粉质黏土	19.1	28.0	13.4	0.3	5270	5.27×10^3	15810	5.27×10^3	80528.022	1.20×10^{-4}
淤泥质黏土	18.1	16.9	9.8	0.4	2980	2.98×10^3	8940	2.98×10^3	49973.102	1.20×10^{-4}
粉质黏土夹粉土	18.7	17.1	12.2	0.34	4790	4.79×10^3	14370	4.79×10^3	71156.891	1.20×10^{-4}
粉质黏土	19.4	19.8	16.2	0.3	7000	7.00×10^3	21000	7.00×10^3	81489.023	1.20×10^{-4}

隧道衬砌物理力学参数　　　　　表 5.3.3

材料	天然重度 (kN/m³)	弹性模量 (kPa)	泊松比	界面强度	初始条件
C50 混凝土	25	3.5×10^7	0.167	刚性	自动

(3) 盾构数值模型工况

影响振动在土体中传播和衰减的因素有很多,根据形式不同可分为工程因素和环境因素。工程因素包括隧道的施工方式、隧道间距和隧道直径等,环境因素包括隧道埋深、上覆土层的类型、上覆土层分层情况等。本节主要依托杭州市环城北路-天目山路提升改造工程第 2 标段工程项目,隧道工程的施工方式、隧道间距、隧道直径和土层类型等影响因素已有较为详细的设计值和测量资料,而隧道的埋深和振源强度则随着隧道位置的不同而发生变化,对该问题的详细分析详见 5.1 节。通过第 5.3.1 节的分析可知 [见式 (5.3.5)],当其他因素相同而隧道埋深增大时,地表振动响应将随埋深的增大而递减,当其他因素相同而振源强度增加时,地表响应将增大。为此本章将施工方式、隧道间距、隧道直径和土层类型等影响因素作为不变量,将隧道埋深和振源强度两个影响因素作为变量考虑。以实际工程北线 419 环 (N419) 断面资料作为工程参考,采用大型有限元软件建立数值模型,着重分析了隧道埋深和振源强度变化对振动传播和衰减规律的影响,同时将数值结果和实用计算公式结果进行对比分析。

在本次数值计算中,地下振源将设置为盾构隧道掌子面全断面,振源的强度和时域曲线参照现场测试结果。

数值模型以 N419 设计和测量数据为基础,设置以下工况:为分析上覆土厚度对振动传播和衰减的影响(埋深),将振源强度视作不变量,分别取上覆土厚度为 1 倍、1.5 倍和 2 倍建立数值模型;为分析振源强度对振动传播和衰减规律的影响,将覆土厚度视作不变量,分别取振源强度为实际值的 1 倍、1.5 倍和 2 倍。数值模拟工况见表 5.3.4。

数值模拟工况　　　　　表 5.3.4

工况	土层厚度系数(倍)	上覆土总厚度(m)	振源强度系数(倍)
1	1	20	1
2	1.5	30	1
3	2	40	1

续表

工况	土层厚度系数（倍）	上覆土总厚度（m）	振源强度系数（倍）
4	1	20	1.5
5	1	20	2

为了更好地展示数值模拟结果，对不同的模拟工况设置相应的断面测点，如图 5.3.5 所示。其中图 5.3.5（a）为工况 1、工况 4 和工况 5 测点设置；图 5.3.5（b）和图 5.3.5（c）分别为工况 2 和工况 3 测点设置。

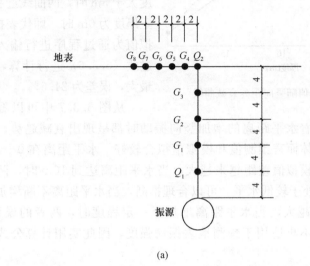

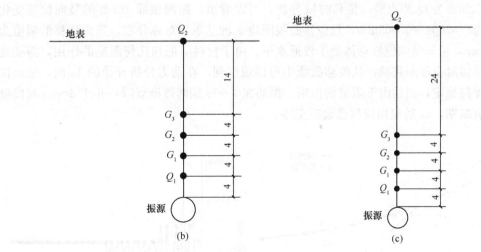

图 5.3.5 测点设置

2. 数值模型的验证分析

为分析振动在土体中的衰减，根据振源上部不同位置处测点以及地表不同位置处测点的竖向振动峰值可绘出竖向振速峰值随竖向距离和水平距离衰减曲线，如图 5.3.6 和图 5.3.7 所示，其中图 5.3.6 中各个测点水平距离均为 0m，图 5.3.7 中各个测点竖向距离均为 20m，即测点都位于地表处。图中预测值采用 5.3.1 节实用计算公式（5.3.6）进行

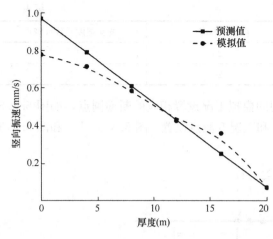

图 5.3.6 振速峰值随竖向距离衰减曲线

计算预测。从图 5.3.6 中可以看出，预测曲线随振源上覆土厚度的增加而减小，两者呈线性负相关。模拟曲线的趋势和预测曲线一致，振动峰值都随着上覆土厚度的增加而减小。预测值和模拟值拟合较好，当上覆土厚度小于 5m 时，预测值和模拟值具有较大偏差，当上覆土厚度大于 5m 时，两曲线近乎重合。当上覆土厚度为 0m 时，即代表振源振动时，模拟值为通过程序进行输入，预测值则通过式（5.3.6）进行计算，此时两者相差最大，误差为 24.6%。

从图 5.3.7 中可以看出，无论是预测值还是模拟值，随着水平距离的增加竖向振动时都呈现出衰减趋势，模拟值还表现出一定的波动性。总体而言预测值和模拟值拟合较好，水平距离在 0~4m 内拟合效果最好，而后预测值和模拟值差距越来越大，当水平距离达到 10m 时，两者差距达到最大，误差为 3.2%，处于较低水平。可以合理推断，当水平距离不断增加时，预测值和模拟值的差异会越来越大，当水平距离增加至一定程度时，两者的误差将不可忽略，此时实用计算公式将不再适用于预测地表振动强度，因此实用计算公式具有一定的适用范围和条件[6]。

图 5.3.8 为 Q_1 测点竖向位移时域分析。可以看出，振源顶部 4m 处的竖向位移变化范围约为 -0.004~0.003mm，且位移曲线围绕 x 轴基本呈对称分布，竖向位移的幅值为 0.0032mm，可知竖向位移总体处于较低水平。由于材料阻尼和几何阻尼的作用，振动在土体中传播时会逐渐衰减，从位移曲线中可以观察到，在动力分析开始的 1s 内，竖向位移水平保持稳定，而后由于阻尼的作用，振动在 1~3s 期间逐渐衰减，并于 3~5s 时段处于稳定衰减期，5s 后竖向位移已衰减至零。

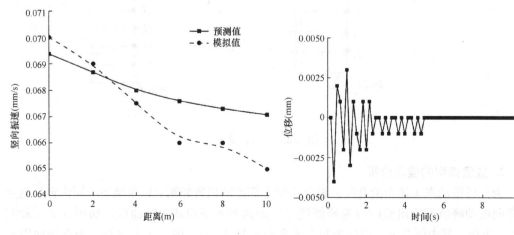

图 5.3.7 振速峰值随水平距离衰减曲线　　图 5.3.8 竖向位移时域分析

图 5.3.9 为 Q_1 测点竖向加速度时域分析。可以看出,加速度变化幅度较大,从开始时的 $-0.16\sim0.16\text{mm/s}^2$ 逐步衰减至零,幅值为 0.16mm/s^2。从时域上看,加速度衰减可大致分为三个阶段:振动初始阶段,对应动力分析的前 1s 内,在该阶段中加速度处于较高水平,由于振源振动持续传播,测点振动水平相对稳定,加速度波形呈对称分布;振动衰减阶段,对应动力分析的 $1\sim5\text{s}$,在该阶段中由于土体的阻尼作用,振动能量被吸收和扩散,导致测点振动不断衰减,但是在该阶段中尚且具

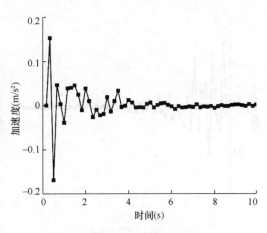

图 5.3.9 竖向加速度时域分析

有一定的振动水平;振动中止阶段:对应动力分析的 5s 之后,在该阶段中,土体振动几乎衰减殆尽,曲线处于零点处或在零点附近小幅度波动。

图 5.3.10 显示的是 Q_1 测点(振源顶部 4m 处)和 Q_2 测点(振源顶部 20m,地表处)竖向速度时域分析。可以看出,Q_1 测点由于距振源较近,竖向振速受到振源影响较大,曲线的对称性较差,而地表测点的对称性较好。Q_1 测点振动幅值为 0.778mm/s,Q_2 测点振动幅值为 0.07mm/s,这是土体阻尼作用的缘故。与加速度类似,振速曲线也可大致分为振动初始阶段、振动衰减阶段和振动中止阶段,但是每个阶段的时域区间有所不同。对于振速曲线,$0\sim2\text{s}$ 时段为振速较稳定的振动初始阶段,$2\sim5\text{s}$ 为振动逐步衰减的振动衰减阶段,5s 之后为振动中止阶段。

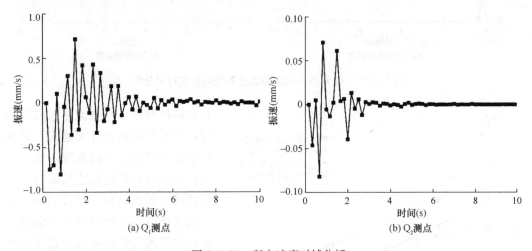

图 5.3.10 竖向速度时域分析

5.3.3 振源振动强度对振动传播和衰减的影响

图 5.3.11 为 Q_1 测点(振源顶部 4m 处)不同振源强度下竖向振速时域分析,图 5.3.12 为 Q_2 测点(振源顶部 20m,地表处)不同振源强度下竖向时域分析。可以看出,相比于地表 Q_2 测点,离振源较近的 Q_1 测点明显受到振源振动的影响较大,其振动曲线波动性较大

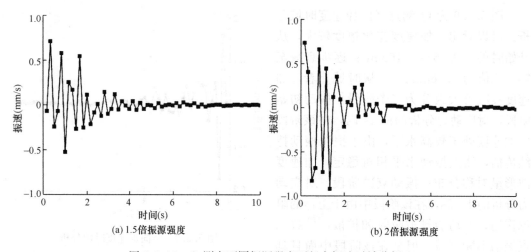

图 5.3.11　Q_1 测点不同振源强度下竖向振速时域分析

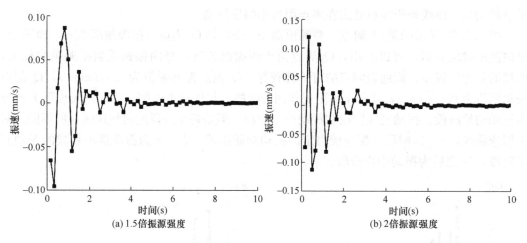

图 5.3.12　Q_2 测点不同振源强度下竖向振速时域分析

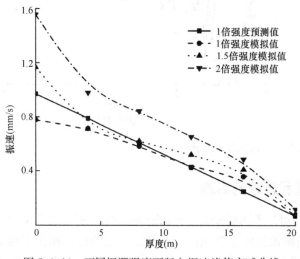

图 5.3.13　不同振源强度下竖向振速峰值衰减曲线

且对称性较差，与振源输入数据相符，而且振源振动强度越大，这种影响越加显著。不同振源强度下不同位置测点的竖向振速发展有一定规律性，即振动的分阶段衰减，这与前文相符，这种规律并不会因为测点位置的变化或者振源强度的变化而改变。

为更加准确地分析振源强度变化对振动衰减的影响，将不同深度测点竖向振速峰值绘出衰减曲线如图 5.3.13 所示，可以看出，不同振源强度下衰减曲线趋势并无较大差别，当振源强度为 1.5 倍和 2 倍时，0~5m 内振速峰值衰减较快，厚度 5~15m 时，三条曲线近乎平行，最后都衰减至零点处附近，这表明了随着振源强度的增加，在振源 5m 范围内受到的影响最大，且在这个范围内振动衰减剧烈。

5.3.4 地层厚度对振动传播和衰减的影响

图 5.3.14 和图 5.3.15 分别为 Q_1 测点（振源顶部 4m 处）和 Q_2 测点（地表处，至振源竖向距离分别为 30m 和 40m）竖向振速时域分析。

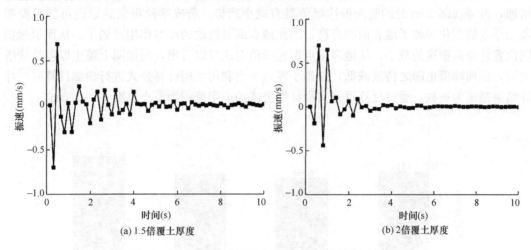

图 5.3.14　不同覆土厚度下 Q_1 测点竖向速度时域分析

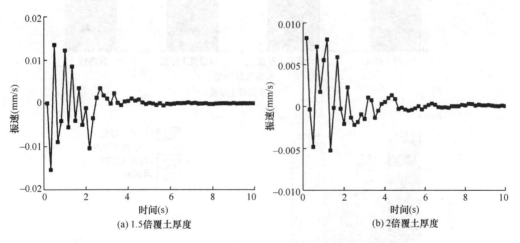

图 5.3.15　不同覆土厚度下 Q_2 测点竖向振速时域分析

从图 5.3.14 可以看出，在振动初始阶段，随着振源覆土厚度的增加，Q_1 测点处的时域曲线趋势并无较大改变，其波动范围均处于 ±0.7mm/s 之间，这说明覆土厚度的增加并未对振动在短距离内的传播造成较大影响。同时可以观察到 2 倍覆土厚度时，振动衰减阶段较 1.5 倍时波动范围明显收窄，且振动衰减阶段时间缩短，这说明覆土厚度的增加将会使幅度更大且衰减更快。这是因为覆土厚度的增加使相同位置处的附加压力增大，土体因此变得更加密实，在相同振动能量的情况下表现出的振速更小，而且地下水的影响也会相应增加。

从图 5.3.15 可以看出，在距振源 30m 和 40m 的地表，其振速波动范围分别。为 ±0.015mm/s 和 ±0.009mm/s，振动峰值分别为 0.0134887mm/s 和 0.00816mm/s，可知随着竖向距离的增加，测点的振速将会显著降低，为了更直观地分析振源覆土厚度对竖向振动峰值的影响，绘出不同覆土和不同位置处竖向振速峰值对比如图 5.3.16 所示。可知，振源顶部 4m 处的竖向振速峰值并无明显变化，三个模拟值均比预测值较低，这说明了采用实用计算公式所得的数值较为保守。从图 5.3.16（b）可以看出，随着振源覆土厚度的增加，振源顶部 20m 处的竖向振速峰值具有减小趋势，造成这种现象的原因可能是模型覆土厚度的变化导致了地表面的升高，因此地表面对振动的反射作用减弱了，从而引起相同位置处竖向振速的减小。从地表测点振速峰值对比可以看出，当振源上覆土厚度持续增加时，振速峰值也随之持续减低，并趋于零点。当利用实用计算公式进行预测计算时，计算结果振速为负数，通过反算可知实用计算公式的适用范围为覆土厚度 0~21.5m。

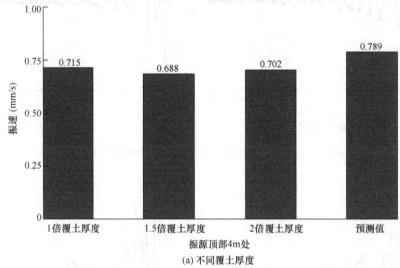

(a) 不同覆土厚度

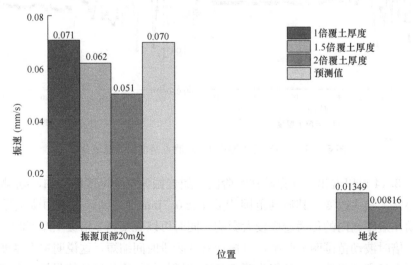

(b) 不同覆土厚度和位置

图 5.3.16 不同覆土厚度下竖向振速峰值对比

5.4 本章小结

本章首先以杭州市环城北路—天目山路提升改造工程第 2 标段工程项目为例，对盾构掘进机体振动进行实时监测，进而分析盾构机在不同地层掘进时的振动特性；然后采用灰关联熵分析法和多元线性回归分析法研究了盾构机体振动主要影响因素，同时研究了主要地层因素对盾构机强度的影响。对现场盾构机掘进时地表振动监测数据进行统计分析，由此提出环境振动的衰减公式，并通过建立数学模型来拟合现场测试数据，构建了具有实用性的振动传播和衰减计算公式。以北线 419 环测试数据为基础，建立数值模型，分析了振源振动传播和衰减规律的影响。

参考文献

[1] 周兰玉. 对于岩体动弹模与静弹模关系的初步讨论[J]. 陕西水利科技，1974，(4)：36-39.
[2] 王鑫，韩煊. 盾构施工振动振源的影响因素研究[J]. 地震工程学报，2014，36(03)：592-598.
[3] 王鑫，韩煊，周宏磊. 中心城区地铁盾构施工引起的环境振动响应研究[J]. 土木工程学报，2015，48(S2)：309-314.
[4] 王鑫，韩煊，周宏磊，等. 盾构施工引起环境振动的实用计算方法[J]. 土木工程学报，2015，48(S1)：222-227.
[5] 宋克志，潘爱国. 盾构切削刀具的工作原理分析[J]. 建筑机械，2007(3)：74-76.
[6] 邓智宝. 盾构掘进引起环境振动传播和衰减规律研究[D]. 杭州：浙江工业大学，2022.

第6章 软硬复合地层盾构掘进姿态控制与纠偏

软硬复合地层中盾构掘进姿态的控制与纠偏十分重要，而不同地层中刀盘和刀具对控制盾构姿态有着重要影响，合理选择盾构刀盘和刀具是保证盾构是否按设计轴线作业的关键。因此，本章首先对盾构刀盘和刀具进行介绍，并给出不同地层条件下如何合理选择刀盘和刀具；然后从盾构姿态参数、空间位置特征和变化过程三方面分析盾构掘进姿态变化特性，从盾构机性能、始发架、土体性质、管片姿态和推进系统区压五方面分析盾构姿态的影响因素，根据上述分析，提出对应盾构姿态控制与纠偏技术；最后，根据滚刀破岩特性以及目前各种数值方法的不足，引入一种新的数值方法——近场动力学方法（Peridynamics），对软硬复合地层滚刀破岩进行了模拟，以期应用于盾构姿态参数调整和设计中。

6.1 刀盘及刀具的选择

在软硬复合地层盾构施工中，刀盘和刀具选择的不合理是造成刀盘非正常损坏的重要原因之一[1-3]。盾构机在穿越软硬复合地层时，由于受力不均可能导致刀盘面板的严重磨损，这在盾构掘进过程中是不可逆的，修复或更换刀盘往往操作难度大、经济成本高。根据盾构机的工作机理，盾构刀具主要分为适用于软土的刮刀和适用于硬岩的滚刀和辅助刀具。其中刮刀以切削工作方式为主，适用于淤泥、黏土、强风化岩层等，而滚刀则以通过刀刃挤压破岩为主，同时不断滚动，实现连续破岩。在复合地层中，随着盾构的推进，滚刀破碎岩层，刮刀则将滚刀破碎的岩土刮到土仓内，并切削滚刀未破碎部分的土层。辅助刀具通常有先行刀、鱼尾刀、超挖刀、仿形刀等，可根据实际开挖需要进行更换和使用，以提高作业效率。

6.1.1 刀盘的选择

软硬复合地层中盾构机刀盘的选择主要涉及三方面：刀盘结构形式、刀盘开口率和刀盘支撑形式。

1. 刀盘结构形式的选择

刀盘的结构形式一般可以分为三类：辐条式、面板式和复合式[3,4]（其中复合式也称之为辐板式），其结构形式如图6.1.1所示。

辐条式刀盘适用于淤泥、砂质粉土、细中砂、砾石、砂卵石地层。在开挖过程中，有利于大粒径块石进仓，有利于砂土流动，防止黏土附着和泥饼的形成，不易堵塞。但中途更换刀具时安全性较差，此外开挖面岩土强度较高时，易导致刀盘变形和隔板磨损。

面板式刀盘适用于淤泥质黏土、粉砂、极细砂、中粗砂等软土地层。在开挖过程中，有利于保持工作面土体的稳定，刀盘整体强度和刚度较大，可通过刀盘开口控制进入土仓的块石粒径，中途换刀更为安全。但由于开口形状和尺寸制约砂土流动，易导致面板上形

第6章 软硬复合地层盾构掘进姿态控制与纠偏

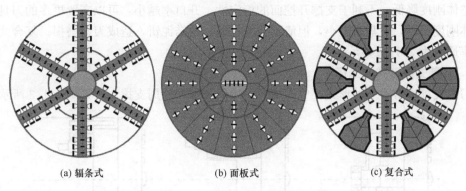

(a) 辐条式　　　　　　(b) 面板式　　　　　　(c) 复合式

图 6.1.1　盾构刀盘的结构形式

成泥饼，刀具易被泥饼糊住并加重磨损甚至损坏。

复合式刀盘介于辐条式和面板式刀盘之间，适用于开挖全断面硬岩。当遇到软土地层时，可通过更换刀具，变换为软土掘进模式，此时开挖效率低于辐条式刀盘。

在软土地层中，采用土压平衡盾构机可根据地质特征和沉降控制要求选择以上形式的一种。在复合地层中，考虑刀盘磨损、开仓作业、最不利受力工况等因素，通常选用复合式刀盘，而不选用辐条式刀盘。采用泥水平衡盾构机时，考虑管道直径对颗粒粒径的要求，一般选用面板式或复合式刀盘。选用复合式刀盘的盾构机，尽管在软土地层中开挖效率低于辐条式刀盘，但可以在硬岩和软土地层中连续掘进作业，因此在软硬复合地层条件下优先选用复合式刀盘。

根据面板式或复合式刀盘面板边缘纵向剖面构造形式，可进一步细分为平面圆角、平面斜角和平面直角三种类型[5]，如图 6.1.2 所示。

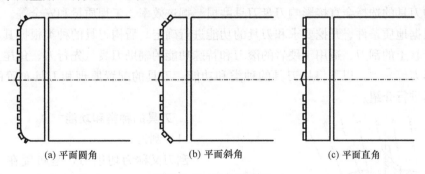

(a) 平面圆角　　　　　　(b) 平面斜角　　　　　　(c) 平面直角

图 6.1.2　刀盘的类型

复合式刀盘常选用平面圆角类型，该类型刀盘整体呈半球状，结构受力较好；平面斜角刀盘多用于软土地层中，在斜角区设置刀具以防止刀盘被围岩卡住；平面直角刀盘多用于对沉降控制要求较高的软土地层，其对周边围岩地层扰动较小。

2. 刀盘开口率的选择

刀盘开口率为刀盘开口区域面积和刀盘总面积的比值，与刀盘刀具布置形式和仓内相适应，刀盘面板的常见布置形式如图 6.1.1 所示。在开挖过程中，刀盘切削下来的渣土通过刀盘上的开口槽流向土仓，刀盘开口率取决于地质条件、开挖面的稳定性和挖掘效率。开口率越大，刀盘中心越不易出现泥饼堆积，渣土的导流性越好，但开口率越大也会导致刀盘整体刚度降低，不利于支撑开挖面的稳定性；开口率越小，可以布置更多的刀具，刀盘整体刚度更强，刀盘扭矩小，但渣土导流性差，易结泥饼，造成刀盘磨损。复合式刀盘开口率通常为25%~40%。

3. 刀盘支撑形式的选择

刀盘支撑通常有三种形式：中心支撑、中间支撑和外周支撑[5]，如图6.1.3所示。

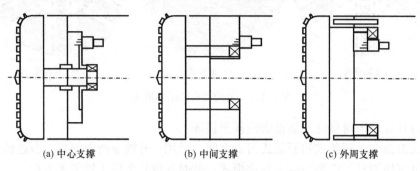

(a) 中心支撑　　　　(b) 中间支撑　　　　(c) 外周支撑

图6.1.3　刀盘支撑形式

刀盘支撑形式应与刀盘开口率和地质条件相适应。其中，中心支撑刀盘多用于中、小型盾构，因其结构简单，黏性土不易附着，但机内空间较小，处理块石和卵石较为困难；中间支撑刀盘主要用于大、中型盾构，其平衡性较好；外周支撑刀盘机内空间大，处理块石和卵石较为容易，但该结构形式驱动密封位置易附着黏性土，使用时需注意对此进行预防处理。

6.1.2　刀具的选择

盾构刀具的选择会直接影响刀盘刀具磨损、掘进效率、工程质量和安全等。刀具的选择需要根据地质条件、开挖要求和刀具的功能进行确定。盾构刀具的种类根据其功能可分为适用于软土的刮刀、适用于硬岩的滚刀和特殊功能的辅助刀具（先行刀、鱼尾刀、超挖刀、仿形刀等）[6,7]。以下将从刀具的种类和功能、刀具的配置原理和刀具布置的影响因素三方面进行介绍。

1. 刀具的种类和功能

（1）刮刀

刮刀又称为切削刀，是布置在刀盘开口边缘的切削工具，根据刀具沿刀盘径向的布置位置可分为正面刮刀和边缘刮刀。刮刀在掘进时随刀盘旋转，在土层中刮刀主要起切削作用；在岩层中，岩石被滚刀挤压破碎后，刮刀主要起刮渣作用，以减少滚刀二次磨损。

（2）滚刀

滚刀是针对破碎岩体而设计的刀具，由刀圈、刀体、轴、轴承、挡板等组成，如图6.1.4所示。

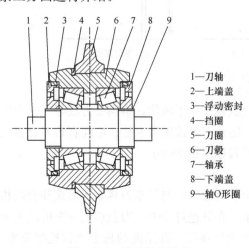

1—刀轴
2—上端盖
3—浮动密封
4—挡圈
5—刀圈
6—刀毂
7—轴承
8—下端盖
9—轴O形圈

图6.1.4　滚刀结构组成

在推力和转矩的作用下，滚刀同时绕刀轴自转和随刀盘公转，通过对岩体的挤压和剪切使岩体破碎或在岩石内部产生裂纹，相邻滚刀产生裂纹贯通时，岩石会脱落。根据刀圈刃的数量，又可以将滚刀分为单轴单刃滚刀、单轴双刃滚刀、双轴双刃滚刀和多刃滚刀，如图 6.1.5 所示。

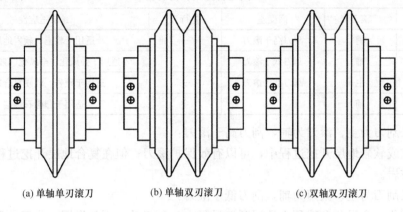

(a) 单轴单刃滚刀　　(b) 单轴双刃滚刀　　(c) 双轴双刃滚刀

图 6.1.5　滚刀

单轴单刃滚刀一个刀轴上只有一个刀圈刃口，启动扭矩大，破岩能力强，通常用于强度为 60MPa 以上的硬岩和超硬岩地层的开挖；单轴双刃滚刀同一个刀轴上有两个刀圈刃口，每个刀圈刃口相对于单刃滚刀减弱，不适用于高强度岩层和岩面不平整的岩层；双轴双刃滚刀是两把单刃滚刀串联组合，但从功能上讲，双轴双刃滚刀并不能等同于两把单刃滚刀，例如双刃滚刀可能被坚硬的岩石卡住，使得滚刀无法正常破岩；多刃滚刀有三个及以上刀圈刃口，每个刀刃破岩能力相对于单个刀刃有所降低。

(3) 先行刀

先行刀与刮刀组合协同工作，在刀盘上布置高于切削刀。先行刀首先将土分割成块，然后再由刮刀进行切削，可显著提高刮刀的切削效率。

(4) 鱼尾刀

鱼尾刀是为了改善软土层中刀盘中心位置土体切削效果的中心刀具，可用来切削刀盘中心部位断面，引领掘进姿态，形成临空面，提高刮刀的切削效率，改善刀盘前渣土的流动性。

(5) 超挖刀

超挖刀布置在刀盘边缘，保证隧道的开挖直径。刀盘转动时，超挖刀伸长至某个超挖量，全断面超挖，除保径外，还可以起到盾构机纠偏或脱困作用。

(6) 仿形刀

仿形刀布置在辐条的两端，掘进时根据超挖量和范围要求，在辐条两端沿径向伸缩，通过仿形超挖土体为盾构机在曲线段推进、转弯或纠偏时创造所需空间，减少对周边土体的干扰。

2. 刀具的配置原理

软土地层的刀具配置以先行刀和刮刀为主，全断面硬岩地层中以滚刀为主，软硬复合地层中需要组合配置。由于不同类型刀具切削机理不一样，因此刀具组合方式、高度差和刀间距将对切削效果产生显著影响。

1) 刀具组合方式和高度差

复合地层中，刀具的配置方式主要有四种[5]，如表 6.1.1 所示。

刀具组合方式和高度差　　　　　　　　　　　　　　　表 6.1.1

刮刀	滚刀	高度差	先行刀	地层适应性
主	辅	刮刀高于滚刀	—	适用于软土、软岩地层
主	辅	刮刀低于滚刀	—	不适用于强风化、全风化、残积土地层
辅	主	刮刀低于滚刀	—	适用于硬岩、软硬复合地层
辅	辅		主	适用于卵砾石地层

（1）以刮刀为主、滚刀为辅，刮刀高于滚刀：

在软土或软岩地层开挖过程中，可以有效保护滚刀；但在复合地层开挖过程中，刀具无法有效破岩。

（2）以刮刀为主、滚刀为辅，刮刀低于滚刀：

在强风化、全风化和残积土地层开挖过程中，刮刀基本不起作用，滚刀易先被严重磨损或偏磨。

（3）以刮刀为辅、滚刀为主，刮刀低于滚刀：

当刮刀和滚刀高度差小于 25mm 时，适用于岩石变形模量小、脆性大的复合地层，而在软岩地层或强、全风化岩地层中，滚刀的破岩效果大大降低，并且易结泥饼。工程经验表明，此时滚刀高出面板 150mm 及以上，且刮刀和滚刀高度差在 30～40mm 时较为合理。

（4）以先行刀为主，刮刀和滚刀为辅：

适用于卵砾石地层。

2) 滚刀的刀间距

刀间距对破岩能力具有显著影响，当刀间距过大，相邻刀刃贯入岩层产生的裂纹无法贯通，部分岩体不能剥落，形成"岩脊"，达不到破岩效果，滚刀磨损加快；当刀间距过小，相邻刀刃贯入岩层产生的裂纹重叠过多，岩渣会对刀具产生二次磨损，降低使用寿命。对于复合地层，盾构机刀盘部分滚刀的间距一般较小，正面滚刀的刀间距一般为 70～100mm，中心滚刀的刀间距一般为 90～100mm。

3. 刀具布置的影响因素

刀具的布置决定了刀具的掘进效率以及影响刀具的失效，合理的刀具布置是保证盾构机掘进效率的关键。刀具布置的影响因素主要有布置方式、刀间距、刀具高度等。

1) 刀具布置方式

刀具布置方式主要有同心圆布置和阿基米德螺旋线布置[7]，如图 6.1.6 所示。刀具安装后所受重力和离心力的合

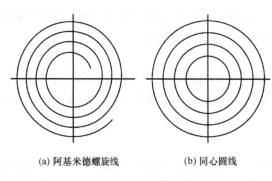

(a) 阿基米德螺旋线　　(b) 同心圆线

图 6.1.6　刀具布置方式

力应通过刀盘圆心,以减小偏磨、振动和附加弯矩。

2) 刀间距

刀间距需满足破岩和切削的要求,在硬度较低的岩石中,刀间距取值应较大,在硬度较高的地层,刀间距取值应较小,以避免出现"岩脊"和偏磨。

3) 刀具高度

在软弱地层中,刀具布置高度过小会出现糊刀或结泥饼,布置高度过大会增大刀体所受力矩,提高断刀风险。

4. 刀具的选择

根据地质特点,可将地层分为软土地层、砂层和砂卵石地层、硬岩地层、复合地层等。在黏土、淤泥为主的地层中,选用辐条式刀盘,并配置切削型刀具即可,如刮刀、先行刀等。砂层和砂卵石地层中,需要安装滚刀破岩,采用面板式或复合式刀盘,并配置切削刀具,其中滚刀用于破碎大粒径卵石,刮刀用于切削土体和刮渣,仿形刀用于弯道的开挖和纠偏。全断面硬岩中,由于地质单一,可采用面板式刀盘,配置滚刀破岩即可。软硬不均的复合地层中,需根据开挖需要和地质条件配置多种刀具。

6.2 盾构掘进姿态变化特性

在上软下硬地层中掘进时,盾构机姿态控制极其关键,一旦盾构掘进偏离了预定的掘进路线,由于上软下硬地层本身开挖难度大,利用推进千斤顶的推力差纠正盾构姿态要比在软土中困难得多。不仅如此,刀具的磨损量增加,对盾尾也会产生巨大的影响。

6.2.1 盾构姿态参数

盾构姿态参数是在盾构掘进中实时测量所得的能够反映盾构机掘进位置和状态的一系列参数,包括刀盘切口中心和盾尾中心的三维坐标、盾构转动角、水平角以及俯仰角[8],如图6.2.1所示。

1. 盾构姿态角

盾构机可看作一个运动的筒状空心结构,它的姿态可以由图6.2.1中三个角表示:(1)转动角指盾构机绕自身中心轴线转动的角度,表征盾构刀盘反作用力引起盾构机旋转情况。当盾构掘进前方土质较硬时,盾构刀盘提供较大的扭矩或者推进系统产生不平衡推力,继而盾构机易发生整体扭转现象。此外,转动角一般控制在$-3°\sim3°$,但当盾构掘进在含水量

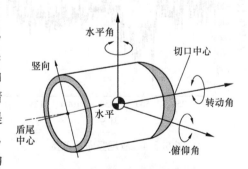

图 6.2.1 盾构姿态参数示意图

较大的软黏土或泥浆层时,盾壳与周围土层的摩阻力减小,引起盾构转动速度和幅度增大。该工况下,转动角控制值可放宽至$-5°\sim5°$。(2)俯仰角指盾构中心轴线与水平面之间的夹角,它表征盾构机掘进过程中垂直方向的偏转情况。(3)水平角指盾构掘进方向在水平面上的投影与隧道设计轴线的夹角,它表征施工过程中盾构机在水平方向的偏转情况。上述三个参数可以统称为盾构姿态角,监测所得的姿态角结合盾构上任一固定点坐

标，可得到盾构切口和盾尾中心坐标，即可确定盾构的位置[9]。

2. 盾构偏差量

为了反映盾构掘进路线与隧道设计轴线的偏差情况，工程上常采用盾构机切口及盾尾的水平偏差量和竖向偏差量描述盾构掘进过程中的偏离情况。

定义竖向、水平向的偏差量方向以坐标正方向为正，如图6.2.2所示。

以某城际铁路工程为例，选取盾构姿态变化较大区间段，整理了盾构掘进前1500环区间内切口、盾尾的水平和竖向偏差量，如图6.2.3～图6.2.6所示。其中两个方向偏差量的取值以坐标轴的正方向为正值，反方向为负值，如图6.2.2所示。

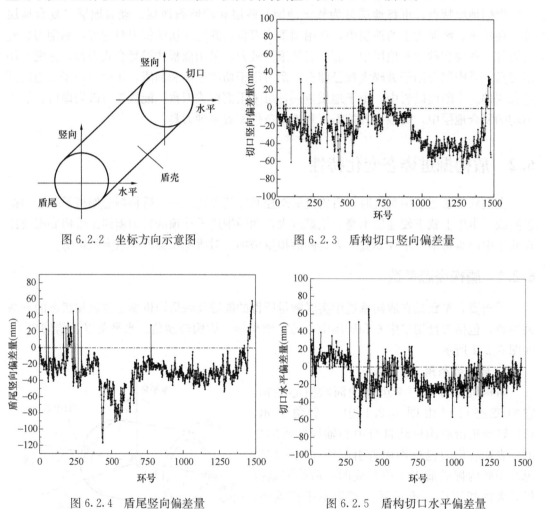

图6.2.2 坐标方向示意图　　图6.2.3 盾构切口竖向偏差量

图6.2.4 盾尾竖向偏差量　　图6.2.5 盾构切口水平偏差量

通过上述实测盾构机切头和盾尾水平、竖向偏差量整理发现，盾构机向下偏离隧道设计轴线最大可达117mm，盾构机整体上有向下趋势，平均偏离隧道设计轴线约20mm，盾构机在水平方向最大偏移89mm，左右平均变化幅度大约30mm。整体上盾构刀盘切口和盾尾的水平偏差量变化趋势是一致的，即切口或盾尾的水平偏差量可以代表盾构的水平偏差状态；而两个位置的竖向偏差量差别较大，从切口位置可以看出盾构机在竖向以设计轴线为中心，处于不断调整中。

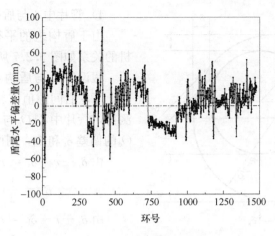

图 6.2.6　盾尾水平偏差量

在盾构的掘进过程中，姿态调整对于施工来说非常重要，直接影响盾构施工质量以及后续隧道的运营安全[10]。

6.2.2　盾构姿态的空间位置特征

在盾构施工过程中，姿态的变化或控制主要与三条线密切相关，分别是隧道设计轴线、盾构轴线、管片中线。盾构中心轴线可以直观地反映盾构瞬时姿态，但不能反映盾构姿态的偏离情况和运动趋势。管片中心轴线同样只能反映已拼装管片的瞬时姿态。三者之间的位置关系决定了盾构姿态变化的趋势和动态过程。地下工程盾构掘进路线以直线为主，当遇到不良的地质区域或避开一些重要建筑物时，盾构机的方向需要做较大的调整或者进行大角度转弯，掘进路线从直线过渡到曲线。因此，研究盾构轴线与隧道设计轴线和管片中线的位置关系，可以将施工掘进路线分为直线段和曲线段分别展开分析。

1. 直线段

直线段施工最理想的状态是隧道设计轴线、盾构轴线与管片中线重合。但实际施工情况，三条线之间存在偏差，下面分几种基本情况进行讨论。

1) 三条线基本重合

理论上，管片拼装时 K 块可以交替放在圆心对称的位置，但是，为了保证管片拼装精度，应避免 K 块出现在隧道下部，最好 K 块交替放于 270°位置。K 块在右侧，左右油缸行程差 25mm，K 块在左侧，左右油缸行程差 -25mm。

2) 管片中心轴线与隧道设计轴线重合

假设管片端面与隧道设计轴线的垂直面存在夹角 θ，最不利的情况是两平面在水平面上的投影夹角为 θ（顺时针为正）。此时管片一侧超前 $D \times \theta$，为保持盾构姿态不变，油缸行程差为 $D_0 \times \theta$。通过下环管片拼装，纠正管片轴线，并尽量与盾构轴线一致。因此，需要经常测量管片端面情况。

3) 盾构轴线与隧道设计轴线重合

假定管片拼装后，盾构机轴线与隧道设计轴线存在夹角为 θ，这时在盾尾间隙允许的情况下，一般应保证管片与设计轴线一致，同样通过调整油缸行程调整盾构姿态。

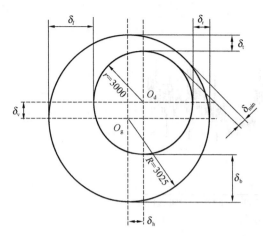

图 6.2.7 盾构机与管片轴线偏差示意图

4）管片中心与盾构中心有偏差

由于盾构机的平行移动，管片与盾构机的关系如图 6.2.7 所示。

假设管片与盾构不失圆，管片与盾尾的上下左右间隙值 δ_t、δ_b、δ_r 和 δ_l 可在现场测得，管片中心 O_g 与盾构机平行移动中心 O_d 的偏差 δ_v 和 δ_h，则可用以下公式计算：

由 $\delta_t + r + \delta_v = r - \delta_v + \delta_b$ 可得：

$$\delta_v = \frac{1}{2}(\delta_b - \delta_t) \quad (6.2.1)$$

由 $\delta_r + r + \delta_h = r - \delta_h + \delta_l$ 可得：

$$\delta_h = \frac{1}{2}(\delta_l - \delta_r) \quad (6.2.2)$$

由此可得：

$$\delta_{\min} = 40 - \sqrt{\delta_v^2 + \delta_h^2} \quad (6.2.3)$$

因 $\delta_{\min} > 0$，故尽管盾尾前部与尾端存在间隙，但如果 $\delta_v^2 + \delta_h^2 > 1600$ 时，管片与盾构机的尾部就有可能接触。实际上管片拼装后为椭圆形，如图 6.2.8 所示。如果椭圆度为 4‰，管片水平方向直径至少增加 22mm。相应一侧盾尾间隙减小 11mm。此时最小盾尾间隙为：

$$\delta_{\min} = 29 - \sqrt{\delta_v^2 + \delta_h^2} \quad (6.2.4)$$

如果上述情况发生在管片拼装前，管片 K 块设在间隙大的一侧，使管片中心向盾构中心移动；如果上述情况发生在管片拼装后，盾构轴线与管片轴线位于隧道设计轴线一侧，盾构最好沿原来的方向掘进，然后通过下一环管片进行调整，或调整盾构轴线远离隧道设计轴线。如果盾构轴线与管片轴线位于隧道设计轴线两侧，调整盾构姿态，使盾构中心向管片中心移动。

2. 曲线段

曲线段盾构施工的基本原则是盾构轴线与管片轴线始终沿曲线割线方向，如图 6.2.9 所示。隧道轴线从直线变化到圆曲线时，盾构从圆直点开始掘进 L，首先偏转 $\theta/2$，然后

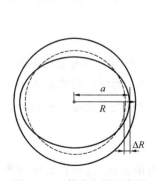

图 6.2.8 管片失圆示意图

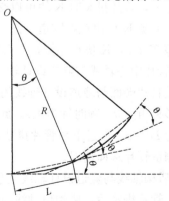

图 6.2.9 盾构曲线段掘进示意图

管片轴线偏转 $\theta/2$，之后在圆曲线上，由于盾构掘进始终超前管片拼装，盾构掘进一个循环，盾构轴线与管片轴线偏转角度 θ 从 0 变化到 $\theta(\theta = 2/R)$。因此，曲线段掘进，管片与盾尾需要一个最小的盾尾间隙。隧道轴线从圆曲线变化到直线，盾构从圆直点开始掘进 L，首先偏转 $\theta/2$，然后管片轴线偏转 $\theta/2$。

在整个掘进过程中盾构中心轴线与隧道设计轴线都存在角度的偏差，当偏差较大时，盾尾对管片产生挤压力导致管片姿态也发生变化，此时盾构轴线、管片中心轴线和隧道设计轴线三条线相互都存在一定的偏差，盾构姿态调整应综合考虑掘进方向，同时避免损坏管片，管片选型应考虑隧道设计轴线并与盾构姿态相适应，逐步调整盾构掘进方向。

6.2.3 盾构姿态变化过程

盾构的推进是一个动态过程，作用在盾构上的力可分解为前进方向的推力、水平方向的扭矩和竖向的扭矩[11]。推力使盾构向前推进，水平及竖向的扭矩使盾构姿态发生变化，包括角度变化和位置变化，如图 6.2.10 和图 6.2.11 所示。盾构角度变化指盾构与设计轴线的夹角变化，位置变化指盾构形心相对于设计轴线的偏移[12]。

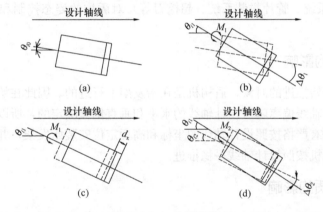

图 6.2.10 角度变化

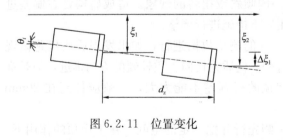

图 6.2.11 位置变化

角度的变化可用如下过程表示：

（1）盾构与设计轴线之间的初始夹角为 $\theta_{i0}(i = y, p)$，下标 y 表示水平方向，p 表示竖直方向；

（2）在推进油缸产生的纠偏扭矩作用下，盾构角度变化到 $\theta_{i1}(i = y, p)$；

（3）以此角度向前推进 d_z；

（4）盾构的受力平衡状态被打破，角度发生变化至 $\theta_{i2}(i = y, p)$。

盾构的位置偏离变化量为：

$$\Delta \zeta_i = \xi_{i2} - \xi_{i1} = \theta_i d_z (i = y, p) \tag{6.2.5}$$

可以看出盾构机位置变化受到角度的控制，只有盾构中心与隧道设计轴线之间有夹角时，才可能发生位置的变化。盾构掘进过程中随着每环的推进，盾构机切口和盾尾中心与隧道设计轴线都有一定偏移量，所构成的盾构机轴线与隧道设计轴线必然存在一定夹角，因此盾构机在掘进过程中位置一直发生着变化，需要引起重视。

6.3 盾构姿态影响因素分析

盾构机掘进施工中的姿态控制是隧道施工质量的重要内容。影响盾构姿态发生变化的因素很多，如盾构机性能、始发架、穿越的土体性质、管片姿态、注浆、盾构参数等，在施工过程中应加以注意。

6.3.1 盾构机性能的影响

盾构机的性能直接与姿态调整相关。不同的盾构类型，推进油缸设置的分区不同，油缸的锁定或启用控制区域也不同，直接影响盾构掘进调向控制。盾构机的灵敏度主要表现在调向和转弯方面，为保证盾构调向的需要增加铰接机构，但是由于铰接机构设置不同，在调向表现上也不同：有的盾构铰接为被动式，即随着盾构的需要走；有的则在盾构调向时，可以主动调节铰接油缸的行程，调整各分区油缸行程差。此外盾构设备的配置水平（测量系统、注浆系统、管片拼装系统、超挖刀等）对盾构的姿态控制和调整也起到了不同程度影响。

6.3.2 始发架的影响

在盾构机刚开始推进的时候，盾构机是在始发架上行进的。因此在始发阶段，盾构机的姿态是由始发架轴线偏离隧道设计轴线的水平和垂直偏差决定的，所以始发架的测量精度是很重要的，只有严格按照设计轴线的坐标和高程定位安装始发架，并保证始发架的稳固，才能保证盾构机按照设计轴线平稳推进。

6.3.3 土体性质的影响

在盾构推进过程中，如果刀盘周围的土质软硬程度不同，而盾构机的推进参数又没有及时调整，就会发生盾构机向土质松软的一侧倾斜或扭转的现象，造成盾构姿态偏差过大。为了防止这种情况发生，工程中常采用以下措施进行调整：

（1）保证每一环的推进都严格按照上一环的测量数据进行，如果发现盾构机跑偏现象，及时调整相应油缸的油压及千斤顶的行程，使盾构机向土质较硬的方向推进，但是推进的时候要注意上下两端和左右两端千斤顶的行程差不能太大，一般应控制在 20mm 之内。

（2）利用盾构机的超控在土质较硬的一侧先行开挖一定的空间，在千斤顶的作用下，使盾构机有向土质较硬的一侧推进的趋势，或在有铰接的盾构机上，还可以调整软土侧的铰接千斤顶，使该侧铰接千斤顶伸出，以此来克服盾构机向软土侧行进的趋势，以此达到调整盾构姿态的目的。

（3）注意盾构机土压力的设定值。土压力的设定值是根据覆土厚度、土体内摩擦角、土体密度来确定。一般在纠偏时，土压力的设定值比较大，这样有利于土体对机头的反作用力将机头托起或横移。

6.3.4 管片姿态的影响

管片是在盾尾内部拼装的,因此管片拼装也会影响盾构姿态。盾构机偏离隧道设计轴线的趋势和管片中心偏离隧道设计轴线的趋势应该是一致的,管片中心和盾构机中心的几何关系如图 6.3.1 所示,其中 A 是管片中心,B 是盾构机中心,$D_\text{上}$、$D_\text{下}$、$D_\text{左}$、$D_\text{右}$ 分别表示盾尾上、下、左、右的间隙,推进过程中可以根据盾尾上、下、左、右间隙来判断盾构机和管片的相对位置[13-15]。如果盾尾间隙很小,盾构姿态的调整空间就很小,姿态控制的难度会增大,严重的会导致盾尾和管片的碰撞、管片破损、盾尾钢丝刷损坏或者漏浆。因此在推进的过程中,要时刻注意盾尾间隙的变化,以保证盾构机和管片的安全。

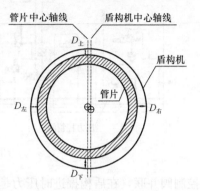

图 6.3.1 盾尾间隙示意图

6.3.5 推进系统区压的影响

盾构的前进是通过千斤顶的推力实现的,即油缸的伸长使得盾构向前推进。而对于已发生偏差的盾构,需进行姿态的纠偏,使盾构行走路线与设计轴线尽可能一致,这同样是依靠调整油缸的行程来实现的。因此,推进系统作为盾构的重要组成部分,不仅承担整个盾构的推进任务,实现盾构向前运动的功能,而且要完成盾构的曲线掘进、推进纠偏以及姿态控制等相关复杂任务。

推进系统是由多个平行或近似平行于盾构纵轴线的推进油缸环向布置而成,由于推进油缸数量众多,盾构司机无法直接操控每根推进油缸实现掘进作业,因此通常采取固定分区控制方法,将全部油缸划分为上下左右 4 个区,每个分区内所有推进油缸压力在掘进时是相同的,由同一个压力控制阀控制。

盾构司机通过分别调整每个分区的压力,产生相对方向上的转弯力矩,实现盾构的姿态调整。当遇到盾构姿态异常,特定方向上的压力差已达到最大,还无法使盾构姿态有正确的调整趋势时,如果这种情况发生在进出洞门,软弱地层很有可能发生地质塌陷,严重影响整个隧洞的安全。

1. 推进分区的现状及问题

目前地铁建设盾构机推进油缸采用最多的是固定分区控制,由于各城市管片分度不同,推进油缸布置形式也不尽相同,但总体都是按上下左右 4 个分区控制,如图 6.3.2 所示,16 组推进油缸按上下左右分为 D、B、C、A 4 个区,考虑到盾构主机自重的影响,B 区比 D 区多 2 组油缸,B 区为 5 组,D 区为 3 组,C 区和 A 区都是 4 组。每区设有 1 个压力阀用来调整压力,即本区的推力,以 A 区为例,控制原理如图 6.3.3 所示[16]。A 区的 2 号、3 号、4 号和 5 号油缸通过液压

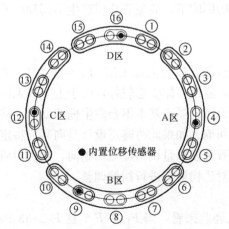

图 6.3.2 推进油缸分区示例

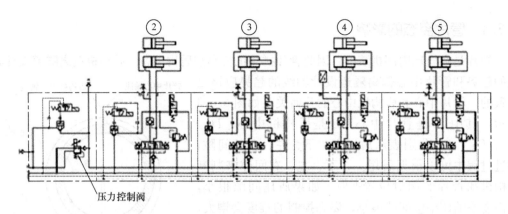

图 6.3.3 推进分区控制原理

控制阀并联,在盾构掘进时压力是相同的,由同一个压力控制阀调整压力[17]。

当遇到上软下硬或其他特殊地层,盾构一直有"抬头"的趋势,掘进时将 D 区压力调到最大,B 区压力调到最小,盾构姿态依然保持向上的趋势,这种情况时有发生,如果严重到无法掘进时,就只能采取其他临时辅助措施,如提高推进系统最高压力来加大上下两区压力差,不但会对油缸造成永久损伤,还有可能造成爆管等危险。

2. 区压设置对盾构姿态的影响

盾构的推进动力来自于千斤顶顶住管片产生的反作用力,盾构的方向控制是依靠由千斤顶组成的区压设置来实现的。在盾构掘进过程中,当盾构姿态发生偏移时,一般采取增大偏移方向的区压值,减少其对应方向的区压的方式,让盾构形成对应不同的推力,使盾构产生纠偏的力矩,达到盾构姿态纠偏的目的。

区压的合理设置是调整盾构姿态的必要条件,而在盾构推进系统中需要考虑的因素很多,比如当加大某一区压的参数设置时,其产生的力会影响管片的受力平衡,而管片因受到不同的压力形成的变形又影响盾构姿态的调整。有时会出现区压设置不当反而加剧盾构姿态偏差的情况,这样的案例在盾构施工中时有发生。因此,盾构姿态的调整需要考虑多种因素与多种条件进行。

根据盾构动力系统的原理可知,提供给盾构多大的总推力,同样对管片产生相等的压力,不同区压差产生的力矩也是如此,在不同区压的影响下,成型管片将产生不同程度的弯曲变形。下面将分析几种区压设置情况。

1)当上下区压相等时

管片上下受力均匀如图 6.3.4 所示。F_1 为下部区压,F_2 为上部区压,$F_1 = F_2$ 时,上下区压相等,管片受力均匀,管片之间连接较紧密,隧道整体姿态较好,由于上下区无压差或压差较小,不会产生导致隧道发生弯曲变形的力矩,隧道基本不会发生偏移变形。同样在该区压下盾构姿态也是处于正常状态下而无须纠偏。如果此时隧道设计是向某一特定方向前行的,则可以调整管片的拼装点位,即通过管片楔形量调整隧道的走向,达到对盾构姿态进行调整,该方法不需要较大的区压差即可对盾构姿态进行纠偏调整。

2)当下部区压大于上部区压时

管片上下受力不均匀如图 6.3.5 所示,从施工经验来看,当 $F_1 > F_2$,且 $F_2 > 5\mathrm{MPa}$ 时,管片受力不均匀的效果显示不明显,但上部区压大于 5MPa,仍能保证管片之间受到

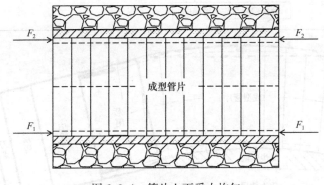

图 6.3.4　管片上下受力均匀

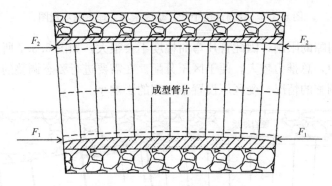

图 6.3.5　管片上下受力不均匀

足够的压力，管片之间连接较为紧密；受区压差影响，隧道可发生少量弯曲变形，但是管片的连接强度可以减弱区压差对隧道的弯曲变形影响。区压差产生的作用主要对盾构的偏移量影响较大，即盾构的偏转量大于管片的偏转量，才能有利于盾构姿态调整。

当 $F_1 > F_2$，且 $F_2 < 3MPa$ 时，管片受力很不均匀，上部区压不能保证管片之间产生足够的压力，甚至因隧道偏心受压而可能导致上部受拉，管片复紧后，止水带不能充分压缩，管片之间连接不紧密严重影响管片的连接强度，此时上下区压差产生的力矩对管片产生的偏转量大于对盾构的偏转量，不仅不利于盾构姿态的纠偏，甚至会加剧盾构姿态的偏差。

3）不同地层时

在软弱地层中掘进，盾构总推力偏小，当发生盾构姿态偏差，盾构司机一般会通过设置区压差产生的力矩来调整盾构姿态，但力矩同样会对已成型管片产生影响。若区压调整过度，则某一区域区压设置值过大，而相对应的区域区压值过小，形成不均匀受力。此时区压较小的一侧管片不能压紧，将影响管片的连接强度，在该力矩的作用下会导致管片变形严重。软土地层因其土质易于产生塑性变形，对成型管片没有足够的约束力，管片的变形量易突破开挖截面的限制，管片将侵限至地层中，由此造成隧道整体产生变形，如图 6.3.6 所示。管片因弯曲变形产生的偏转量大于盾构的偏转量，最终加剧了盾构姿态偏差。

而在硬岩地层中，地层强度较高、刚度大，对管片变形有较强的约束力，管片弯曲变

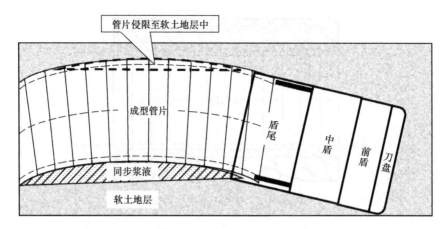

图 6.3.6　软弱地层中管片受区压不合理影响示意图

形无法突破盾尾间隙的限制，因此管片弯曲幅度不会很大，如图 6.3.7 所示。另外，盾构在硬岩地层掘进中，总推力较大，便于区压分配。在需要进行姿态调整的过程中，一般不会发生区压过度调整的情况，受区压设置不合理的影响小。

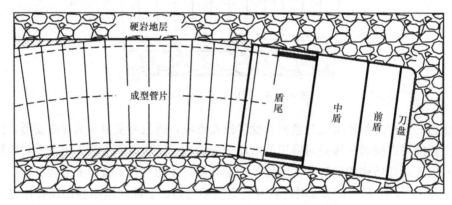

图 6.3.7　硬岩中管片受区压不合理影响示意图

4) 上下区压差过大时

一般盾构施工时的区压设置主要考虑盾构姿态控制，并未考虑已成型管片轴线变化的影响。一般软土地层中，在盾构刀盘转动的影响下，土层承载力进一步降低。在这种情况下，盾构会发生沉降，出现垂直姿态超过临界值，这时盾构就将进入调整姿态的过程。

在盾构姿态调整过程中，有时会出现姿态越纠越偏的现象，产生这种现象的根本原因是在纠偏过程中仅仅考虑了盾构机姿态，而未将管片受力不均也会产生偏移的因素考虑进去，这就导致了在盾构姿态调整时，忽略了区压对后方管片所产生的影响。盾构姿态的调整其实是盾构设置的偏转量对成型隧道产生的逆向偏转量发生叠加效应，如果盾构自身的偏转量大于成型隧道的反向偏转量，盾构姿态的调整才能实现；如果盾构自身的偏转量小于成型隧道的偏转量，盾构姿态调整方向将与管片偏移方向相同，会发生加剧盾构姿态偏离设计轴线的现象，如图 6.3.8 所示。

原因如下：

(1) 盾构推进区压过度调整，使管片受力不均，进一步加剧成型隧道发生偏移。

第6章 软硬复合地层盾构掘进姿态控制与纠偏

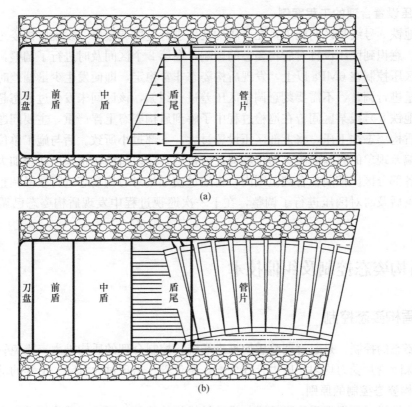

图 6.3.8 上下区压差过大时对隧道管片轴线变化的影响示意图

（2）区压差产生的力使得管片受到挤压的一侧发生内敛，压力小的一侧管片连接松弛，造成隧道的弯曲变形增大。

（3）个别情况下采取收回上部推进油缸的措施，使盾构仅下半部受力，目的是增大区压差，上部管片不承受油缸的作用力，导致管片承受严重的偏心受压，不仅加剧了隧道的弯曲变形，而且上部管片受拉，隧道上部呈张口状，并加剧姿态偏差。

以上所述的情况是实际隧道工程建设中经常遇到的，也是目前地铁隧道施工盾构机普遍采用固定分区推进系统所存在的弊端，浮动分区可以在增加推力的同时有效地缓解区压设置对管片变形的影响。以盾构姿态存在较大"抬头"趋势为例，工程上一般是采取尽可能增加上部区压同时降低下部区压来达到纠偏的效果，考虑区压差对管片变形的影响，区压差不宜过大，否则达不到有效的纠偏效果。推进系统浮动分区可以将上下左右四个分区切换成以上下分区控制为主，此时增加了油缸推力与管片的接触面积，有效缓解管片局部受力过大产生变形而影响盾构姿态，并且在下部区压保证管片具有足够连接刚度情况下，大大提高了上部区压对盾构的推力，更好地达到纠偏目的。同理，盾构机在小半径曲线段施工中借助调整区压来控制掘进方向，施工中可以通过调整左右两侧分区油缸数保证盾构沿隧道设计轴线平顺掘进。

因此，在软弱土层中，如果在保证合理的区压设置下，仍不能使盾构机姿态处于可控状态，可以考虑将盾构推进系统分区改进成浮动分区来有效控制盾构姿态，同时避免了采用强制调整隧道设计轴线、加固土体等措施，很大程度上节约了成本和降低了施工难度。

3. 区压设置合理的工程案例

深圳地铁 9 号线某区间施工，在对盾构区压进行过度调整后，发现盾构姿态出现频繁超限现象。意识到区压设置对盾构姿态的影响，在第 2 个区间及时进行了调整，始终保持盾构各个区压控制在 6MPa 以上，发现盾构姿态非常稳定，即便发生少量偏差时，也可以通过楔形量进行调整，不需要刻意调整区压差进行纠偏，该区间未发生过姿态超限现象。

武汉地铁 8 号线某区间曾在巡检过程中了解到盾构姿态上浮严重，主要问题是施工单位为了将盾构姿态往下压，将上部区压设置过大、下部过小所致。后与施工单位沟通，将姿态发生偏差现象的原因向施工单位解释及分析后，建议盾构司机采用适当加大下部区压措施，将各部分区压控制在合理范围内，再通过楔形量对盾构姿态进行缓慢调整。施工单位采纳意见后及时对区压进行了调整，在下一次巡视过程中发现盾构姿态已调回至合理范围。

6.4 盾构姿态控制及纠偏技术

6.4.1 盾构姿态控制

盾构姿态的控制，是通过调整盾构推进系统，控制合理的盾构推力，避免管片出现应力集中，保障管片受力均匀，应力合理分配，避免管片出现过大沉降、上浮的动态过程。

1. 盾构姿态控制的原则

在盾构推进时，根据盾构机轴线与设计轴线间的偏差位置进行盾构掘进姿态的动态控制。姿态控制包括推力调整和推进方向的控制两方面。

1）推力调整

推力大小和方向改变对管片的位移及应力都有较大的影响。

（1）推力大小的调整

盾构姿态变化时，推力大小的变化对管片应力、位移的影响相当显著。随着推力的增大，管片的应力及位移也相应增大。当盾构机能提供足够推力，即未施加反力措施时，控制较小的盾构推力，使管片的受力均匀，充分发挥自身抵抗荷载的能力，避免管片出现破损及资源浪费。当推力超过盾构机能提供的范围时，需要施加反力措施，随着反力的增大，管片的应力及位移先减小后趋于稳定。

理想状态时，千斤顶分区压力是垂直作用在管片上的。控制 x 向、y 向位移时，选择较小的推力。沿管片的推进方向为 z 向，z 向的拉压应力是主控力，随着推力增大，z 向拉应力先增大后减小，压应力整体增大。应选择较大的推力，从整体效果考虑，需要增加反力措施来弥补盾构推力的不足。

（2）推力方向的调整

盾构姿态变化时，不仅推力大小会发生变化，方向也会发生改变。由于倾斜角的存在，作用在盾构机上的力比实际施加的推力小，但是对管片受力的影响却很复杂。推力方向如果没控制好，会造成实际管片未压紧、渗水等工程质量问题。

在多数情况下，盾构机不是按照理想的轴线姿态推进的，需要实时调整盾构机的偏差。当盾构机左偏时，加大左侧的推力；盾构机右偏时，加大右侧的推力。作用在水平方向的力，是实际施加推力的分力。推力相同时，随着倾斜角度的增大，x、y 位移整体呈先增大后减小的趋势。z 向拉应力总体先减小后稳定，压应力总体呈缓慢增大的趋势。选择较大的倾斜角度，使管片充分发挥自身的力学性能。

2）推进方向的控制

盾构推进方向对管片的应力及位移都会产生影响，控制盾构推进方向，对优化管片受力起参考作用。自动导向测量与人工测量相结合，是控制盾构推进方向常用的两种监测方法。

（1）自动导向测量与人工测量相结合自动测量系统能自主引导，及时显示隧道设计轴线与盾构机轴线的位置偏差。运行该系统能及时调整盾构机的推进方向，控制偏差。为保证盾构偏差在合理范围内，在实际施工中，每周需进行两次测量：一方面是校核导向系统的数据；另一方面复核盾构机的推进姿态，保证盾构机准确推进。

（2）通过控制推力来控制盾构方向依照盾构控制程序，联系盾构推进的实际情况，按照下列措施控制盾构机的推进方向：在下坡段时，适当增大上部油缸的推力；盾构机在曲线段向右转时，适当增大左侧的油缸推力；在直线平坡段，保持油缸推力一致；当土层硬度不均时，根据土层分布，在硬质地层侧适当增大油缸推力，适当减小软质地层侧的推力。

2. 复合地层大直径盾构不同施工阶段盾构姿态的控制

1）盾构机出洞时的控制方法

由于反力架和发射架为盾构始发时提供初始的推力和空间姿态，因此，在安装时，控制盾构机中心线的平面位置、高程和坡度与隧道设计轴线及坡度保持一致。考虑隧道后期沉降因素，盾构中心轴线比设计轴线抬高 10～20mm，反力架左右偏差控制在 10mm 以内[18]。

盾构机出加固区时，由于土层软硬相差较大及其自身重量，容易产生"磕头"现象，对盾构姿态造成较大影响。对此，通过调节上、下两区域内千斤顶的油压差来控制。反力架的挠曲变形也会严重影响盾构的姿态。在安装反力架时，必须保证其能足够支承盾构机推进时的后盾力。

2）盾构机进洞时的控制方法

在盾构机进洞前系统地对洞内的控制点进行一次全面精确的复测，确保盾构进洞位置准确；进洞期间严格控制盾构的掘进参数，逐渐减小千斤顶的推力，降低刀盘的转速和掘进速度；由于管片出盾尾时要受到很大的弯曲应力，进洞时应尽量使管片与盾构机保持同心，以减小弯曲应力。

3）盾构机正常掘进时的线形控制方法

（1）合理选用千斤顶编组

盾构机掘进是在千斤顶推力作用下完成的，合理选择盾构千斤顶的使用区域、个数及推力，对于保证盾构机沿设定的隧道理论轴线进行推进是至关重要的。其推进方向是由采用多大的油压，施加在哪些位置来决定的，故掘进过程中必须事先考虑曲线、坡度、"蛇行"修正等因素来决定千斤顶各区域的推力、个数及富余量。当盾构需要调整方向时，可调节每组千斤顶的工作油压，借此纠正或控制盾构前进方向和坡度。在用千斤顶编组施工时应注意：①千斤顶的个数应尽量多，以减少对已完成隧道管片的施工应力；②管片纵缝处的骑缝千斤顶一定要用，以保证在环管片的环面平鉴；③盾构机纠偏是一个缓慢的过程，纠偏数值不得超过操作规程的规定值。

(2) 合理控制盾构机"蛇行"偏差

施工时，控制纠偏量遵循"频纠偏、小纠偏、不超限"的原则，避免"急纠偏、大纠偏、屡超限"的现象出现，控制原则如下。

① 盾构机"蛇行"轴线控制

为了保证盾构掘进有良好的姿态，蛇行曲线需要不断修正以接近隧道设计轴线，在推进施工中必须由每一环的实测结果，计算出盾构姿态及成环隧道中心与设计轴线的偏差，绘制成图，并及时、连续、缓慢地纠偏。每推进1环，用高精度经纬仪和水准仪进行三角网贯通测量校核。

② 盾构机在纵坡线段时线形的控制方法

变坡法，适用于盾构机在竖曲线段的推进。在每一班或一定距离推进时，盾构机用不同的坡度进行，尽可能逼近隧道理论曲线的线形。

稳坡法，适用于盾构机在纵坡恒定段的推进。为使盾构机的推进轴线和隧道轴线线形保持一致，在纵坡段应采用稳坡法。

盾构机平面线形的控制方法一般用左、右千斤顶的行程差来控制盾构机平面位置的运动轨迹，设定行程差参数是以测量的盾构机推进为依据的。当盾构机首尾位于轴线同一侧，并发现切口偏离轴线的数值小于盾尾时，说明盾构机运动轨迹有渐进设计轴线的趋势，此时可保持原有姿态推进，反之应立即纠偏。在推进曲线段时，应合理使用设在盾构机上的曲线仿形刀和正确选择使用楔形环。

4) 正确选用刀盘正、反转模式

盾构机的旋转偏差一般可通过改变刀盘的旋转方向，施加反向的旋转力矩进行修正。实际操作过程中，必须根据旋转角的测量数据在一定调整范围内正确选用。

5) 控制管片拼装质量

在盾构机推进过程中，由于管片与盾构机的相对位置常常不能保持理想状态，管片的环面与盾构机推进方向存在一定夹角，盾尾间隙上下、左右产生一定的偏差，影响盾构姿态的正常调整，故要求其环面不平整度应<3mm，相邻环高差<4mm、环纵缝张开<2mm。

6) 注重曲线段盾构姿态

盾构掘进至曲线段或变坡点前，提前拟合了盾构机掘进线路。现场结合盾构机掘进和地层地质情况，确定盾体与线路夹角及方向。由于在软土地层掘进，盾首姿态略高于盾尾，不但可以防止盾构机突然"磕头"，而且有利于控制盾尾管片上浮和掘进姿态的调整。盾构掘进曲线段及变坡段，盾体均需在曲线的内弧线，且盾构机的趋势要大于隧道设计中心的变化趋势。

6.4.2 盾构姿态纠偏技术

盾构姿态控制与纠偏就是指如何合理操作，使盾构机沿着设计隧道轴线前进。上软下硬中软土地层具有含水量高、孔隙比大、压缩性高、强度低、灵敏度高和易触变、流变的特性，在外动力作用下土体结构极易破坏，区间隧道线穿行于软土地层中盾构姿态极不理想,当盾构轴线偏离设计轴线时又应如何操作使其尽快回到设计轴线上来。

1. 盾构机姿态的预偏

《地下铁道工程施工及验收规范》GB 50299—1999 规定:"盾构掘进中应严格控制轴线平面位置和高程,其允许偏差均为 50mm,发现偏差应逐步纠正,不得猛纠硬调"。但是出于地质条件的变异性、施工工艺的局限性和掘进姿态控制的准确性,在实际施工过程中一般常出现超出规范要求的现象。而且出于成型管片后期位移,即使盾构沿线路轴线掘进也不一定保证成型隧道与设计线路相吻合。为了控制隧道轴线最终偏差控制在规范要求的范围内,盾构掘进时,考虑给隧道预留一定的偏移量。将盾构沿曲线的割线方向掘进,管片拼装时轴线位于弧线的内侧,以使管片出盾尾后受侧向分力向弧线外侧偏移时留有预偏量。预偏量的确定往往需依据理论计算测量监测数据分析和施工实践经验的综合分析得出,同时需考虑掘进区域所处的地层情况。

2. 盾构掘进姿态不良时的纠偏

盾构机在掘进过程中纠偏时必须有计划有步骤地进行,进行纠偏时应该注意以下几点:

(1) 在掘进过程中随时注意滚角的变化,及时根据盾构机的滚角值调整刀盘的转动方向。

(2) 应根据各段地质情况对各项掘进参数进行调整。

(3) 在纠偏过程中,掘进速度要放慢,并且要注意避免纠偏时由于单侧千斤顶受力过大对管片造成破损。

(4) 尽量选择合理的管片类型,避免人为因素对盾构机姿态造成过大的影响,严格控制管片拼装质量,避免因此而引起的对盾构机姿态的调整。

(5) 在纠偏时,要密切注意盾构机的姿态、管片的选型及盾尾的间隙等,盾尾与管片四周的间隙要均匀。

(6) 当盾构机偏离设计轴线较大时,不得猛纠猛调,避免往相反方向纠偏过大。

3. 纠偏常用方法

在软土地层中,出于盾构机刀盘重盾尾轻,以及管片上浮带动盾构机盾尾上翘,最常见的就是盾构机的"磕头"现象;软土地层的承载力较弱,盾构机在掘进过程中易出现整体下沉的现象;对于软弱富水地层,浆液易受到地下水稀释,在很长一段时间内未达初凝而处于流塑状态,易造成了盾构机的不稳和上浮。为防止地面沉降,浆液的注入率一般较大,然而过多的浆液在地下密闭空间内无处可去,只能将盾构机抬高,造成盾尾的反常隆起。针对软土地层中常见的几种盾构姿态问题进行分析,并给出建议性的纠偏方法。

(1) 千斤顶编组与油压调整

盾构机掘进是在千斤顶推力作用下完成的,合理选择盾构千斤顶的使用区域、个数及推力,保证盾构机沿设定的隧道理论轴线进行推进是至关重要的。千斤顶编组是通过对千斤顶的选用,使千斤顶合力位置和外力合力位置组成一个有利于纠偏的力偶,从而调整高程位置和平面位置。另外,浮动分区的提出大大提高了盾构姿态调整的转弯力矩,并且使纠偏角度更加灵活。千斤顶编组适用于盾构掘进的各种情况,是盾构弯道掘进和姿态调整的主要控制方法。

(2) 采用楔形衬砌环修正

盾构机在转弯或纠偏时，除了安装不同方向的楔形管片外，还可在管片背对千斤顶环缝凹处分段粘贴不同厚度的低压石棉橡胶板，使之受压后形成一平整楔形环面，以达到转弯和纠偏的目的，对管片法面及环纵缝的纠偏尤其重要。

(3) 采用盾构"铰接"装置

盾构机的"铰接"装置使盾构机本身在中部能够产生一定角度的折角，一般控制在 $2°$，使用"铰接"装置能够很方便地使盾构机向所需要的方向掘进。

(4) 同步注浆控制

同步注浆时应严格控制注浆质量，根据施工条件尽量缩短浆液的凝结时间，同步注浆量达到设计要求值，保证管片衬砌环能够与土体密贴，提供给盾构主机足够的抗扭转摩阻力，防止盾构产生过大滚动，保证管片环自身稳定。应优先选用双液浆，加强土层的承载力和提高盾壳与周围土体的摩阻力。

使用不对称注浆，利用注浆压力对管片与盾构机的相对位置进行调整改变管片姿态。注浆过程中，可根据实际需要确定注浆孔位及每个注浆孔的注浆压力和注浆量。对于注浆过多引起的盾构机上浮的情况，应适当减少浆液的注入量。该方法可以减少周围土体的松动，增强管片的稳定性和达到修正隧道"蛇行"的目的。注浆过程中，可根据实际需要确定注浆孔位及每个注浆孔的注浆压力和注入量。特殊情况下，可以采用不对称注浆，利用注浆压力对管片与盾构机的相对位置进行调整，改变管片姿态。

(5) 抛压重物控制

对于盾构施工区间盾构机掘进过程中出现姿态不良现象，比如软弱土层含水量较大时，容易造成盾构机头部下栽后尾上浮的"磕头"现象。从盾构机重量分布出发，在盾尾部分抛压一些重物，如钢块等，以此来平衡盾构的重量，使盾尾沉了下来。

(6) 使用仿形刀

仿形刀是盾构掘进时纠偏的有力武器，它能够在盾构机刀盘上下左右等各个方向超挖，减轻须纠偏方向的土压，以利于盾构机头向所需要的方向转弯。

6.4.3 浮动分区的提出与纠偏应用

为解决固定分区中存在的问题，李光[19]创造性地提出了浮动分区的概念。区别于固定分区，浮动分区是指部分推进油缸所属的分区是浮动的，并不固定。目的就是增加相对方向上分区的推进油缸数量，通过增加油缸数量相应地增大力矩差。

1. 浮动分区的控制原理

以第 6.3.5 节双缸布置为例进行说明，4 号、8 号、12 号和 16 号油缸分属 A、B、C、D、4 个区固定不变，将 D 区的 1 号油缸和 A 区的 2 号和 3 号油缸分别相连，同样的，将 A 区的 5 号油缸和 B 区的 6 号和 7 号分别相连，将 C 区的 11 号油缸和 B 区的 10 号和 9 号分别相连，将 D 区的 15 号油缸和 C 区的 13 号和 14 号分别相连，组成 4 个浮动组。浮动分区原型如图 6.4.1 所示。

以增大上部推力、减小下部推力为例，通过切换控制阀，1 号、2 号、3 号组成的浮动组与 15 号、14 号、13 号组成的浮动组同属 D 区，由 5 号、6 号、7 号组成的浮动组与 11 号、10 号、9 号组成的浮动组同属 B 区，这样上下 B、D 两区各有 7 组油缸，左右 A、C 两区各有 1 组油缸，重组后分区如图 6.4.2 所示。

第 6 章 软硬复合地层盾构掘进姿态控制与纠偏

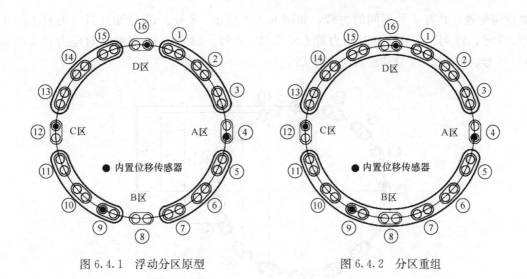

图 6.4.1 浮动分区原型　　　　　图 6.4.2 分区重组

与重组前相比，压力调整至最大的上部 D 区增加了 4 组油缸，压力调整至最小的下部 B 区增加了 2 组油缸，这样通过增加油缸数量相应地增加了上下力矩差，提高了盾构调整姿态的能力。

以 1 号、2 号、3 号组成的浮动组为例，浮动分区控制原理如图 6.4.3 所示。

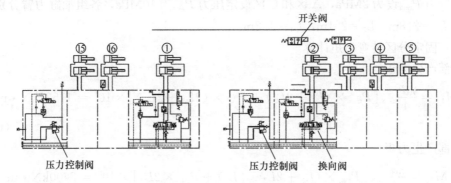

图 6.4.3 浮动分区控制原理

在原控制原理不变的基础上，将 1 号油缸无杆腔与 2 号和 3 号油缸无杆腔连通，中间增设开关阀控制油路的通断，4 个浮动分区控制原理相同。以增大上部推力、减小下部推力为例，控制策略如下：将 4 个浮动组对应的 8 个开关阀全部得电，使之连通，将 A 区的 2 号、3 号、5 号油缸和 C 区的 11 号、13 号、14 号油缸相对应的换向阀失电，换向阀处于中位，使这部分油缸无杆腔断开和原分区的控制关系，改受上下两组控制，而有杆腔通过换向阀中位可以正常回油，不受影响。

2. 浮动分区的纠偏应用

在盾构掘进过程中，盾构姿态受土层情况和施工荷载的影响容易偏离设计轴线，这时需要及时有效地进行纠偏，固定分区只能提供四个方向且固定大小的推力，而浮动分区的设计提供了更大的纠偏空间和转弯力矩，为对比固定分区和浮动分区对盾构姿态的纠偏效果，以增大上部推力、减小下部推力为例进行计算。由于油缸上下对称布置，因此根据油缸空间位置，共有 4 种不同的力臂，如图 6.4.4 所示。8 号、16 号油缸对应力臂 L_1，1 号、7 号、15 号、9 号油缸对应力臂 L_2，2 号、6 号、14 号、10 号油缸对应力臂 L_3，3 号、5 号、13 号、11 号油缸对应力臂 L_4。

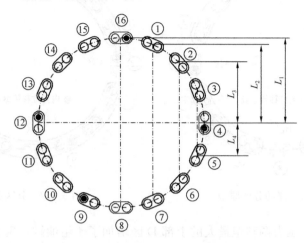

图 6.4.4　推进油缸力臂简图

为方便计算，设定以下参数：油缸直径 $d=0.2$m，D 区最大压力 P_{max} 设为 35MPa，B 区最小压力 P_{min} 设为 2MPa，A 区和 C 区设定压力 P_{AC} 为 10MPa，各组油缸力臂分别为 $L_1=3$m，$L_2=2.8$m，$L_3=2.1$m，$L_4=1.2$m。

(1) 固定分区转弯力矩计算

上部产生力矩：

$$M_{上} = \frac{\pi d^2}{4} \times [P_{max} \times (L_1 + 2L_2) + P_{AC} \times (2L_3 + 2L_4)] \times 10^3 = 11522 \text{kN} \cdot \text{m}$$

(6.4.1)

下部产生力矩：

$$M_{下} = \frac{\pi d^2}{4} \times [P_{min} \times (L_1 + 2L_2 + 2L_3) + P_{AC} \times 2L_4] \times 10^3 = 2600 \text{kN} \cdot \text{m}$$

(6.4.2)

则由式 (6.4.1) 和式 (6.4.2) 可得固定分区产生的转弯力矩为：

$$M_{固} = M_{上} - M_{下} = 8922 \text{kN} \cdot \text{m} \quad (6.4.3)$$

(2) 浮动分区转弯力矩计算

上部产生力矩：

$$M_{上} = \frac{\pi d^2}{4} \times [P_{max} \times (L_1 + 2L_2 + 2L_3 + 2L_4)] \times 10^3 = 16704 \text{kN} \cdot \text{m} \quad (6.4.4)$$

下部产生力矩：

$$M_{下} = \frac{\pi d^2}{4} \times [P_{min} \times (L_1 + 2L_2 + 2L_3 + 2L_4)] \times 10^3 = 955 \text{kN} \cdot \text{m} \quad (6.4.5)$$

则由式 (6.4.4) 和式 (6.4.5) 可得浮动分区产生的转弯力矩为：

$$M_{浮} = M_{上} - M_{下} = 15749 \text{kN} \cdot \text{m} \quad (6.4.6)$$

(3) 计算结果的比较

由式（6.4.3）和式（6.4.6）可得浮动分区与固定分区转弯力矩的变化情况为：

$$\frac{M_{浮} - M_{固}}{M_{固}} = \frac{15749 - 8922}{8922} \times 100\% = 77\% \tag{6.4.7}$$

由式（6.4.7）计算可知，浮动分区比固定分区最大可以增加77%的转弯力矩，极大程度地提高了盾构姿态的调整能力，避免由于盾构姿态调整困难或不及时危害隧道安全的情况发生。浮动分区还可以有效应对特殊地层对姿态调整的要求，操作简单，效果显著。

6.5 近场动力学方法在盾构姿态控制与纠偏中的应用

6.5.1 近场动力学方法的引入

盾构机在软硬复合地层中极易引起盾构向软弱地层方向偏移，给盾构姿态的调整带来很大难题。在盾构隧道的施工过程中，盾构机是最核心的部分，因此有必要重点研究盾构刀具与掌子面岩土材料的相互作用。在相同贯入度下盾构滚刀在硬岩中的法向力要远大于软岩，正是由于掌子面硬岩部分较大的法向力在盾构刀盘上产生较大的不平衡弯矩导致盾构机倾覆以及姿态难以控制。基于此，需要重点研究盾构滚刀对岩石的破碎过程。尽管目前滚刀破岩的室内试验已经非常成熟，但是存在试验成本高、可重复性差的缺点，以及无法观察岩石内部损伤演化过程。随着计算机水平的不断提高和数值方法的发展，数值模拟也成为研究滚刀破岩的主要手段之一，其成本低，模拟结果的可重复性强，而且可以得到很多试验无法测得的量，正好弥补了试验研究存在的缺陷。常用的数值方法包括有限元法、离散元法、光滑粒子流法。

有限元法主要适用于连续性的物体，对于模拟物体的损伤需要引入特定的裂纹扩展准则，同时网格划分必须与破坏演化方向一致，随着破坏的发展，网格必须不断地更新，这一条件严重降低了有限元法的计算效率。

离散元法能够研究岩体中节理的间距与节理的方向对滚刀破岩的影响，不同滚刀刃角以及刃宽下破碎区的范围与裂纹分布，以及围压对滚刀破岩的影响。该方法也存在一定的缺陷，例如如何确定合适的颗粒尺寸建立岩石的模型，如果颗粒尺寸太大会导致计算精度的下降，不能很好地模拟裂纹发展的形态，如果颗粒尺寸太小会大大提高计算成本。

光滑粒子流法是一种拉格朗日无网格粒子方法，其基本思想是将视作连续的流体（或固体）用相互作用的质点组来描述，各个物质点上承载各种物理量，包括质量、速度等，通过求解质点组的动力学方程和跟踪每个质点的运动轨道，求得整个系统的力学行为。但是，该方法不能准确捕捉岩土材料损伤的产生、扩展与融合。

由于上述的数值方法在模拟滚刀破岩方面存在各自的不足，因此需要引入一种更好的数值方法——近场动力学方法（Peridynamics）。该方法由美国桑迪亚国家实验室的Silling博士在2000年提出[20]，属于连续介质非局部理论的范畴。对于求解盾构滚刀破岩问题，该方法有如下优势：

（1）近场动力学是一种动力分析方法，可以模拟物体的运动过程，同时能够反映损坏的演化，对破坏过程的呈现更加直观，可以帮助我们抓住问题的本质；

(2) 目前关于滚刀破岩的模拟二维模型比较多，三维模型比较少，利用该方法可以建立滚刀破岩的三维模型计算，计算结果将与实际情况更加接近；同时该方法由于是积分形式构建的基本方程，能够实现并行计算，能够模拟大尺度的模型，即可以计算尺寸较大的问题，更加地贴近工程尺度；

(3) 近场动力学利用质点之间的相对位矢伸长率超过其临界伸长率为损伤产生的准则，可以模拟裂纹在物体中自由产生、扩展与融合，不需要受特定裂纹扩展准则的限制，同时能够避免实时跟踪裂纹面等繁琐的过程。

6.5.2 近场动力学方法简介

近场动力学理论在局部连续介质模型与分子动力学模型之间建立了联系。在传统局部连续介质模型中，任一质点的状态仅受到周围与其紧邻质点的力学作用；而在近场动力学理论模型中，任一质点的状态会受到有限半径区域（作用半径）内所有质点的作用。因此，当近场动力学理论模型的作用半径趋于无穷小时就转变为局部连续介质模型；同理，当近场动力学理论模型的作用半径趋于无穷大时就转变为连续状态下的分子动力学模型，如图 6.5.1 所示。从以上分析可以得出，当质点的作用半径趋于无穷小时可以用来描述宏观尺度效应，当质点的作用半径趋于无穷大时可以用来描述微观尺度效应，具有多尺度分析问题的能力。

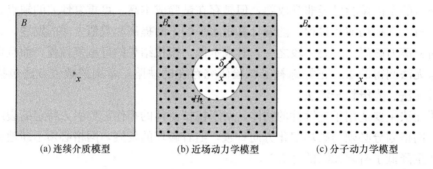

(a) 连续介质模型　　　　(b) 近场动力学模型　　　　(c) 分子动力学模型

图 6.5.1　三种理论模型的比较

在理论方面，近场动力学方法利用积分方程来构建基本方程，替换了传统方法中位移分量的偏微分项，因此可以克服应力场在裂纹尖端出现的奇异性，使该方法依然可以对问题求解。

基于上述描述，可以通过虚功原理构建任意质点 $x(k)$ 处的近场动力学运动方程，从而推导出近场动力学的基本方程，如下式所示：

$$\rho(x)u(x, t) = \int_H [\underline{T}[x, t]\langle x' - x \rangle - \underline{T}[x', t]\langle x - x' \rangle] dH + b(x, t) \quad (6.5.1)$$

式中，$\rho(x)$ 为质点 x 处的质量密度；$u(x,t)$ 为质点 x 处的位置矢量；$\underline{T}[x, t]\langle x' - x \rangle$ 为质点 x 处的力密度矢量；$\underline{T}[x', t]\langle x - x' \rangle$ 为质点 x' 处的力密度矢量；H 为近场范围；$b(x, t)$ 为体力。

由上式可知，该控制方程的核心是得到各质点处的力密度矢量，因此，Silling 通过假设不同形式的力密度提出了三种计算模型：键型近场动力学、常规态型近场动力学和非常规态型近场动力学[21]，如图 6.5.2 所示。

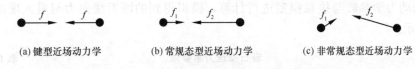

图 6.5.2　三种近场动力学模型的比较

(1) 键型近场动力学

键型近场动力学假设质点间的相互作用力密度大小相等,方向相反且作用方向沿着质点间的连线;质点间的相互作用力密度与质点间连接键的伸长率有关,其表达式为:

$$f(u'-u, x'-x, t) = c_1 s(u'-u, x'-x) \frac{y'-y}{|y'-y|} \quad (6.5.2)$$

键型近场动力学的形式简单,易于理解。然而,由于假设质点间的相互作用力密度沿质点间的连线,所以只能考虑质点间的轴向变形,导致材料的泊松比在二维情况下被限定为 1/3,而在三维情况下被限定为 1/4。但是可以通过增加质点间的转动变形来解决键型近场动力学泊松比的限制。

(2) 常规态型近场动力学

在常规态型近场动力学中,依然假设质点间的相互作用力密度方向沿着质点间的连线,但是力密度的大小不同,其力状态计算公式为:

$$\underline{T}[x, t]\langle x'-x \rangle = \underline{t}\underline{M}(Y) \quad (6.5.3)$$

式中,$\underline{t}$ 定义为力的标量状态;$\underline{M}(Y)$ 为单位方向向量,代表从质点 y 指向质点 y' 的方向。

(3) 非常规态型近场动力学

非常规态型近场动力学假设质点间的相互作用力大小不同,方向也不再沿着质点间的连线,其力状态计算公式为:

$$\underline{T}[x, t]\langle \xi \rangle = w(\xi) P_x K_x^{-1} \langle \xi \rangle \quad (6.5.4)$$

式中,$\xi = x' - x$;$w(\xi)$ 为影响函数;P_x 为皮奥拉-基尔霍夫应力张量;$K_x\langle \xi \rangle$ 为形状张量。

在非常规态型近场动力学中,可以将应力与力状态建立联系,因此能够实现一些比较复杂的本构,例如 Drucker-Prager 塑性本构[22]、Johnson-Holmquist2(JH2)本构[23]、Johnson-Cook 本构[24]、黏塑性本构[25]等。但是,非常规态型近场动力学模型在计算的过程中会出现零能模式,造成数值的不稳定。目前,关于零能模式的解决也是近场动力学的研究热点之一。

6.5.3　软硬复合地层滚刀破岩的近场动力学模拟

近场动力学在模拟软硬复合地层方面具有较广的应用前景。如图 6.5.3 所示,建立的岩石模型尺寸为 400mm×300mm×200mm,软岩与硬岩的物理力学参数如表 6.5.1 所示[26],软硬比例为 1∶1;滚刀尺寸选用本项目盾构机刀盘安装的 20 寸滚刀,滚刀具体尺寸依照《全断面隧道掘进机盘形滚刀刀圈》JB/T 13953—2020 简化为直径 508mm,宽度 22mm 的圆柱体。同时为了减少模型的计算量,仅建立滚刀与岩石接触部分;模型边界为四周固定,网格尺寸选为 5mm。盾构机在掘进过程中实际贯入速率很慢,接近拟静力加载条件,本模拟将滚刀的贯入速率设置为 5mm/s,虽然比盾构机的实际掘进速率大,但根据学者的相关研究,该速率在近场动力学框架中可以达到拟静力加载的条件。最后选择相关的近场动力学参数与接触模型进行计算，模拟得到的滚刀法向力与贯入度的曲线如图 6.5.4 所示。

岩石物理力学参数　　　　　　　　　　　　表 6.5.1

岩石类型	弹性模量（GPa）	泊松比
花岗岩	55.0	0.293
砂质泥岩	19.8	0.212

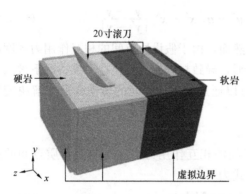

图 6.5.3　软硬复合地层滚刀破岩数值模型

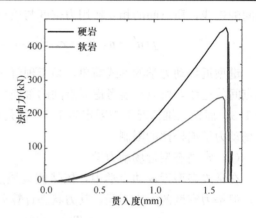

图 6.5.4　滚刀法向力-贯入度关系曲线

由图 6.5.4 可知，硬岩的滚刀法向力要大于软岩的滚刀法向力。值得注意的是，在本次模拟中，两把滚刀的贯入速度保持一致，对应于工程中的现象为盾构的姿态与掘进线路的方向一致，在该状态下，硬岩与软岩滚刀法向力的差值将会在盾构刀盘上产生不平衡的弯矩，使得盾构机有向软弱地层倾斜的趋势，导致盾构机在上软下硬地层中掘进姿态难以控制。而根据图 6.5.4 模拟得到的滚刀法向力与贯入度的关系曲线可以为盾构机姿态的实时调整提供参考，具体思路为：盾构机在上软下硬地层掘进的过程中，软岩与硬岩法向力的不同将导致刀盘上下部分的油缸伸缩量不同，而刀盘上下部分油缸伸缩量的差值导致刀盘与掌子面产生夹角即盾构姿态偏离设计线路，为了使盾构机的姿态重新与设计线路重合，通过调整刀盘后方扭矩油缸的上下伸缩带动主梁上下移动，实现俯仰角的变化，根据模拟得到的刀盘不平衡弯矩随推进油缸伸缩量的变化，通过计算可以得到扭矩油缸伸缩量随推进油缸伸缩量的变化，由此便可对盾构姿态调整参数的确定进行施工前的预测。

6.6　本章小结

本章首先介绍了不同地层条件下根据刀盘和刀具的特性如何进行合理选择。然后引入盾构姿态角和盾构偏差量对盾构姿态进行描述，分析了直线段和曲线段下盾构姿态的空间位置特征，进而分析了盾构姿态的变化特性。在盾构掘进过程中，除了盾构机性能会对盾构姿态有影响外，其他如始发架、土体性质、管片姿态和推进系统也有着显著的影响。针对不同影响因素，给出了盾构姿态控制和纠偏措施，以保证盾构按设计轴线掘进。最后利用近场动力学对滚刀破岩过程进行了简单模拟，分析了滚刀法向力与贯入度之间的关系，该数值方法可为盾构姿态调整与设计提供参考。

参考文献

[1] 王胤彪. 极度软硬不均地层大直径盾构刀盘适应性研究[C]//. 2021年全国工程建设行业施工技术交流会论文集(中册), 2021: 137-140.

[2] 肖京. 岩溶发育区复合地层盾构刀具选型研究与应用[J]. 机床与液压, 2021, 49(14): 80-83, 113.

[3] 周刘刚. 大连地铁软硬互侵复合岩层盾构刀盘选型与刀具配置技术[J]. 施工技术, 2016, 45(S1): 428-434.

[4] 黄旭. 盾构机刀盘选型及刀具强度分析[J]. 传动技术, 2018, 32(02): 28-33.

[5] 竺维彬, 鞠世健. 复合地层中的盾构施工技术(新版)[M]. 北京: 中国建筑工业出版社, 2020.

[6] 吴沛霖, 李代茂, 陆岸典, 等. 海底盾构隧道刀盘刀具选型综述[J]. 土木工程学报, 2020, 53(S1): 162-167, 193.

[7] 刘文波, 杨学锋, 万壮, 等. 盾构机刀具的分类与布置[J]. 重型机械, 2019(02): 6-11.

[8] 黄俊杰. 基于多种测量方式数据融合的盾构姿态测量[D]. 武汉: 华中科技大学, 2012.

[9] 李博览. 盾构位姿测量与导向中的优化问题研究[D]. 上海: 上海交通大学, 2011.

[10] 王晖, 竺维彬, 李大勇. 复合地层中盾构掘进的姿态控制[J]. 施工技术, 2011, 40(19): 67-69, 97.

[11] 李惠平, 安怀文, 夏明耀. 盾构运动特性分析[J]. 地下空间与工程学报, 2006(01): 101-103, 107.

[12] 孙晓丽, 李效超, 王智. 地铁盾构隧道轴线测量及纠偏曲线设计[J]. 城市勘测, 2014(02): 138-140.

[13] Yang H Y, Shi H, Gong G F. Motion control of thrust system for shield tunneling machine[J]. Journal of Central South University of Technology, 2010, 17(3): 537-543.

[14] Duan X M, Xie H B, Liu Z B, et al. Precise control of thrust force on the shield tunneling machine[J]. Applied Mechanics and Materials, 011, 48: 834-839.

[15] Qian Z, Qu C Y, Cai Z X, et all. Modeling of the thrust and torque acting on shield machines during tunneling[J]. Automation in Construction, 2014, 40(15): 60-67.

[16] 邓颖聪, 郭为忠, 高峰. 盾构推进系统分区性能分析的等效机构建模[J]. 机械工程学报, 2010, 46(13): 122-127.

[17] 胡国良, 龚国芳, 杨华勇. 基于压力流量复合控制的盾构推进液压系统[J]. 机械工程学报, 2006(6): 124-127.

[18] 王升阳, 高俊强, 刘伟诚. 地铁盾构施工中盾构姿态的控制方法[J]. 测绘地理信息, 2013, 38(1): 39-42.

[19] 李光. 盾构推进系统分区控制及改进[J]. 建筑机械化, 2017, 38(12): 38-40.

[20] Silling S A. Reformulation of elasticity theory for discontinuities and long-range forces[J]. Journal of the Mechanics and Physics of Solids, 2000, 48: 175-209.

[21] Silling S A, Epton M, Weckner O, et al. Peridynamic states and constitutive modeling[J]. Journal of Elasticity, 2007, 88(2): 151-184.

[22] Lai X, Ren B, Fan H, et al. Peridynamics simulations of geomaterial fragmentation by impulse loads: Peridynamics simulations of geomaterial fragmentation by impulse loads[J]. International Journal for Numerical and Analytical Methods in Geomechanics, 2015, 39(12): 1304-1330.

[23] Lai X, Liu L, Li S, et al. A non-ordinary state-based peridynamics modeling of fractures in quasi-

brittle materials[J]. International Journal of Impact Engineering, 2018, 111: 130-146.
[24] Wang H, Xu Y, Huang D. A non-ordinary state-based peridynamic formulation for thermo-viscoplastic deformation and impact fracture[J]. International Journal of Mechanical Sciences, 2019, 159: 336-344.
[25] Foster J T, Silling S A, Chen W W. Viscoplasticity using peridynamics[J]. International Journal for Numerical Methods in Engineering, 2010, 81(10): 1242-1258.
[26] 刘学伟,魏莱,雷广峰,等. 复合地层TBM双滚刀破岩过程数值流形模拟研究[J]. 煤炭学报, 2015, 40(06): 1225-1234.